职业技术教育"十二五"规划教材

应用文写作与处理实训教程

YINGYONGWEN
XIEZUO YU CHULI SHIXUN JIAOCHENG

邓素林○编著

西南交通大学出版社
·成 都·

图书在版编目（CIP）数据

应用文写作与处理实训教程/邓素林编著. —成都：
西南交通大学出版社，2019.6（2021.8 重印）
职业技术教育"十二五"规划教材
ISBN 978-7-5643-3711-7

Ⅰ.①应… Ⅱ.①邓… Ⅲ.①汉语–应用文–写作–
高等职业教育–教材 Ⅳ.①H152.3

中国版本图书馆 CIP 数据核字（2019）第 115303 号

职业技术教育"十二五"规划教材
应用文写作与处理实训教程
邓素林 编著

责 任 编 辑	罗小红
特 邀 编 辑	汪 芳
封 面 设 计	何东琳设计工作室
出 版 发 行	西南交通大学出版社 （四川省成都市二环路北一段 111 号 西南交通大学创新大厦 21 楼）
发 行 部 电 话	028-87600564　028-87600533
邮 政 编 码	610031
网　　　　址	http://www.xnjdcbs.com
印　　　　刷	成都中永印务有限责任公司
成 品 尺 寸	185 mm×260 mm
印　　　　张	13.5
字　　　　数	339 千
版　　　　次	2019 年 6 月修订本
印　　　　次	2021 年 8 月第 5 次
书　　　　号	ISBN 978-7-5643-3711-7
定　　　　价	32.00 元

图书如有印装质量问题　本社负责退换
版权所有　盗版必究　举报电话：028-87600562

前 言

现代社会的工作与生活离不开应用文写作。国家机关、社会组织、企事业单位或个人在社会活动中处理事务、交流信息都需要借助应用文为载体及管理的辅助工具，因此应用文写作能力在现代人的职业基本素质中占据了核心地位。目前，大学生的应用文写作能力普遍欠缺，严重影响了其专业知识和技能在社会工作中的发挥。为了提高大学生的应用文写作能力，使得其所学即所需，提高大学生的就业竞争力和适应力，特根据任务驱动教学的需要编著了此教材，以满足社会对学生应用文写作能力的要求。

本教材的创新点是：

（1）根据应用文写作及应用的实际需要，增添了应用文处理的内容，把应用文撰写及应用的流程（听、看、想、写、改、印、发、存）的相关知识与技能作为整体一并教学，提高学生应用文写作与运用能力。

（2）教材的编排体例是按实际工作的常规流程展开的，方便教师实施任务驱动的教学方法。工作流程是：阅读材料，身临职场→任务分析，明确文种及处理→掌握要点，模拟写作→文稿诊改。教师按工作流程就可以懂得如何进行"任务驱动"的教学设计，备课省心省力。

（3）典型任务书编写翔实，方便教师利用计算机指导学生开展实体的模拟写作，解决了教师实施任务驱动教学的大困难——典型工作的情景设置、学生模拟写作的资料运用、教学时间少，教师写作实践经验不足，配套教学资源缺乏等问题，对推广"任务驱动"教学法实现"教学做一体化"的教学要求来说是不可多得的配套教材。

（4）范例典型、格式规范。所选范例充分考虑应用文人文性、社会性、实用性的特点，既教学生写作知识和技能，又教学生认识及处理人事关系及管理的层级关系，从而准确地遣词造句及正确行文。同时，根据2012年4月16日由中共中央办公厅、国务院办公厅联合发布的，从2012年7月1日起施行的《党政机关公文处理工作条例》及《党政机关公文格式》（中华人民共和国国家标准GB/T 9704—2012）的要求规范文种、规范格式及规范管理等。

（5）行业专家指导，内容新颖实在。《关于全面提高高等职业教育教学质量的若干意见》（教高〔2006〕16号）"高等职业院校要积极与行业企业合作开发课程，根据技术领域和职业岗位（群）的任职要求，参照相关的职业资格标准，改革课程体系和教学内容"的要求，本教材在编写、修订的过程中得到了我校（广西工业职业技术学院）文秘专业、汉语专业、语文教育专业实习基地行业专家的指导，不但及时地解决了学生在实习中碰到的应用文写作的问题，而且加强了应用文在实际应用中就"工作过程"（听、看、想、写、改、印、发、存）涉及的知识和技能的编写指导，实现了应用写作教学改革突出"教材建设为一个'准'（对准工作过程）字"的目标。

初稿完成后，已经在不同专业的学生中试用了两年，反响较好。同时，作者吸纳了教师及学生的意见，对教材进行了多次的修改，使得《应用文写作与处理实训教程》成为应用文写作教学实施任务驱动教学法不可多得的配套教材。

教材编写借鉴了应用文学界同仁的一些研究成果，在此表示衷心的感谢。同时，敬请专家、同行和读者对本教材存在的不足给予批评和指正。

编著者
2014 年 11 月

目　录

第一章　绪　　论 1
　　第一节　应用文概述 1
　　第二节　应用文写作常识 6
　　第三节　公文写作要领 16
　　第四节　公文处理常识 23
　　第五节　提高应用文写作水平的途径 28

第二章　礼仪文书 30
　　第一节　申请书·证明·简历·求职信·推荐信 30
　　第二节　邀请书·请柬·聘书·祝词 39
　　第三节　倡议书·喜报·表扬信·慰问信 46
　　第四节　悼词·讣告·唁电 54

第三章　事务文书 60
　　第一节　计划·总结·调查报告 60
　　第二节　通知·方案·简报 71
　　第三节　请示·批复·报告 77
　　第四节　启事·声明·新闻稿 86

第四章　会务文书 94
　　第一节　方案·通知·议程·日程 94
　　第二节　主持词·开幕词·报告·讲话·提案 103
　　第三节　记录·决议·闭幕词·纪要 118

第五章　科技文书 129
　　第一节　毕业论文·毕业设计·答辩 129
　　第二节　实验报告·实习报告 138

第六章　经贸文书 ·· 148
　　第一节　招标书·投标书·意向书·合同 ··· 148
　　第二节　市场调查报告·营销策划案·产品说明书·广告策划书·广告文案 ······ 163
　　第三节　商务信函·传真·备忘录 ··· 183

第七章　司法文书 ·· 191
　　第一节　遗嘱·赠与书·公证书 ·· 191
　　第二节　起诉状·上诉状·答辩状·申诉书 ·· 198

参 考 文 献 ··· 210

第一章 绪 论

现代生活中，文书已经成为国家机关、社会组织、企事业单位或个人在社会活动中处理事务、交流信息不可或缺的重要工具。它如同一根纽带，将政治、经济、科学、文化等各个领域和行业紧密联系在一起。它广泛应用于上传下达、发布信息、沟通商洽、交际礼仪等社会活动，与人们的日常生活和工作密切相关，左右着每一个人生活品质的高低。因此，在应用文写作课程的学习中，学生不但要学会写作应用文，而且要学会处理应用文；不但要懂得撰写应用文，更要懂得使用应用文提高办事效率及管理水平；努力培养"会写作、会办文、会做事"的能力，满足现代社会对高素质人才的需求。

第一节 应用文概述

一、应用文的概念

应用文，顾名思义是应用性的文字材料，是人类在社会生存发展过程中，为了信息沟通的需要而逐渐产生的具有直接实用价值和一定惯用文章体式的文字材料，是常用的书面交际工具。

通常情况下，人们习惯于把正式的加带红色文件头的文字材料称为"公文"，而日常事务性的文字材料称为"应用文"，其实这是一种概念上的混淆。公文与应用文的概念基本相同，广义上没有区别，狭义上应用文大于公文，包含了公文。

公文一般指机关、社会团体和国有企事业单位在处理各种公务时使用的书面文字工具。在我国，公文是党和国家机关在领导党的事业和治理国家的工作中，用以表达意志、传递策令的文字工具和手段。

2012年4月16日由中共中央办公厅、国务院办公厅联合发布，要求从2012年7月1日起施行的《党政机关公文处理工作条例》（以下简称"新《条例》"）第一章第三条明确规定："党政机关公文是党政机关在实施领导、履行职能、处理公务过程中形成的具有特定效力和规范体式的文书，是传达贯彻党和国家的方针政策，公布法规和规章，指导、布置和商洽工作，请示和答复问题，报告、通报和交流情况等的重要工具。"

新《条例》规定党政机关使用的15种正式文种：决议、决定、命令（令）、公报、公告、通告、意见、通知、通报、报告、请示、批复、议案、函、纪要。公文除上述文种外，还包括机关常用应用文（即"事务文书"或"准公文"），大到总结、计划，小至条据、便函，种类繁杂，素无定目。

根据新《条例》中对公文的定义，推广开来，应用文的定义应为：

应用文是党政机关、社会团体、企事业单位以及人民群众在日常工作、生产和生活中处理公务以及个人事务时，交流情况、沟通信息，具有直接实用价值和惯用格式的一种书面交际工具。

二、应用文的作用

应用文的使用非常广泛，几乎涉及各个领域、各个部门、各个阶层、每个个人，相对于其他文体来说，应用文的使用频率要高得多。许多人可以一辈子不看和不写小说、剧本、诗歌、散文，但免不了不看和不写应用文。正如著名教育家叶圣陶先生所说："大学毕业生不一定能写小说、诗歌，但一定要能写工作和学习中实用的文章，而且非写得既通顺又扎实不可。"可见，应用文在工作、生活、学习中有着重要的作用。

1. 公关交际作用

在当前的社会活动中，任何人、任何单位都免不了与外界接触、打交道。比如开业，要向工商管理局申请执照；双方合作，需要签订协议合同；销售产品，要策划广告、发函等，都需要用应用文联系，以此来促进业务的开展，协调各方的联系。应用文表达清晰、准确，无疑会给企业树立良好的形象，促进企业的发展。

2. 宣传教育作用

党和政府通过应用文下达各种文件、法规、制度，向全国宣传党和国家的方针政策。各地区、各部门、各企业通过应用文推广先进经验，表扬先进人物，批评揭露不良现象、丑陋行为，制裁不法分子，以此来提高人们的思想政治觉悟，规范人们的行为，保障社会的安定，推动各项事业的健康发展。

3. 沟通联系作用

应用文是加强上下级联系的纽带，也是与各有关方面联系的有效工具。比如上下级之间的上情下达、下情上报；各单位之间的信息交流、经验交流。以此取人之长，补己之短，互相促进，共同提高，推动社会主义现代化的建设等。

4. 领导和指示作用

应用文写作是领导意志的传达者和立言人。它是党政机关、企事业单位和社会团体的意志的体现。应用文写作可以反映出党和国家的路线、方针、政策。上级组织可以通过制发文书向下级组织宣布政策、传达指示、布置任务、提出要求和督促检查，起到领导和指示的作用。企业可以通过发布员工手册指导职工规范工作管理等。

5. 凭证资料作用

在社会生活中，应用文也是开展工作，解决、处理问题的依据和凭证。向下级下达的文件、党和政府颁布的法规、有关方面的规章制度，都可作为开展工作和检查工作的依据；而一些条据、合同文本、公证材料等，也是业务中的凭证，一旦出现问题、纠纷，依靠这些凭证，可通过法律追究对方责任，维护自身利益。另外，一些重要的应用文也是历史档案资料，要了解某一时期的政治、经济情况，或某一方面的生产经营情况，只要查阅当时存档的应用文，就可以知道。有些冤假错案在事后也能凭借这些档案应用文得以澄清事实，还其本来面目。

三、应用文的特点

应用文作为一种文体，与其他文学作品的写法相比较，除具有一定的共性外，还有其独特的个性。一般来说，应用文写作的特点主要有以下几种。

1. 实用性

应用文最大的特点在于"实用"，"实用"是应用文与其他文体的主要区别之一。一般文学作品的创作是"有感而发"，诗歌、散文、小说等文学作品主要是表达人们的喜怒哀乐，抒发理想，反映现实。而应用文的写作主要是为了解决实际问题，是"有事而发"，无事不发。比如要和远方的朋友联系，就要写信；要借款，就得立字据；要向上级汇报工作、反映情况，就要写报告；要推销产品，就要写广告文案等，都是为了解决实际问题而写的，所以应用文往往被人称为实用文，是"为实用而作之文"。

2. 针对性

应用文的写作都有明确、直接的对象。比如信写给谁，字据立给谁，报告打给谁，都有对象。即使是一些广告、启事也是针对有关消费者、知情者的，只不过对象的范围大一些。而文学作品的阅读对象往往是不明确，没有严格的针对性。像一首诗、一篇小说、一部电影剧本，谁都可以看，谁都可以不看，不分老少，雅俗共赏。

3. 时效性

由于应用文是为了解决实际问题而写的，所以它的时效性很强。一旦出现问题，就必须及时反映，否则就会给生活、工作、生产、经营带来影响。尤其是当今社会，市场竞争激烈，信息传递慢，企业随时就有被淘汰的危险。而信息反映及时，就会给企业带来效益。相对而言，文学作品的写作时效性不强，像《红楼梦》写了十年之久，欧阳修的《醉翁亭记》写好后又搁置了很长时间才发表。

4. 真实性

应用文写作必须讲究真实、客观，实事求是地反映问题、反映情况。不允许像文学创作那样"杂取种种、合成一个"，追求艺术性；也不能发挥主观想象、夸大其辞，否则就会歪曲事实真相，蒙骗对方，误导接受信息者，给个人或单位甚至社会带来不良影响。

5. 程式性

应用文的写作有其特定、惯用的格式。这些格式，有的是长期以来约定俗成、相沿成习的；

有的是由国家、有关部门统一制定的。如书信有书信的格式，公文有公文的格式，经济合同有经济合同的格式等。每一种应用文包括哪些内容，哪些在前，哪些在后，分几部分，都应严格遵守，不得随意标新立异，也不能像有些文学创作那样，随意编排，自由联想，打破时空观，讲究情节的曲折变化等。但应用文的格式也不是一成不变的，随着社会的发展，人们生活习惯的变化，观念的变化，应用文写作格式也会变化，以更加方便人们表情达意，更加顺应社会发展的需要。如我国 2012 年 4 月 16 日新《条例》的颁布。

6. 平实性

由于应用文注重实用，所以它的语言讲究务实。应用文的语言要简洁、朴实、明白、准确、规范，便于理解执行，不能像文学创作那样讲究生动、形象、含蓄、朦胧，或为了取悦打动读者。平实是应用文写作的基本风格。

四、应用文的分类

一般来说，应用文的分类有以下几种。

1. 根据应用文形成者不同划分

（1）私人文书。

私人文书是专门用于私人事务的应用文。公民个人、家庭或家族在办理私人事务的过程中，凡是为了直接应用的目的，按照约定俗成的格式制作和使用的书面材料，都属于私人文书的范畴。私人文书的具体种类、形式和名称灵活多样，有日记、自传、家谱、著作手稿、私人书信、私人契约、墓志、遗嘱等。

（2）公务文书。

公务文书，简称公文，是各级各类机关和社会组织、企业在办理公共事务过程中形成和使用的书面材料。与私人文书相比，公务文书涉及人数较多、应用范围更广。

2. 根据应用文的使用范围划分

（1）行政公文。

行政公文指新《条例》规定党政机关使用的 15 种正式文种：决议、决定、命令（令）、公报、公告、通告、意见、通知、通报、报告、请示、批复、议案、函、纪要。

（2）礼仪文书。

礼仪文书主要分为书信类和慰问类。前者指申请书、自荐书、推荐书、证明信、介绍信、邀请函、请柬、聘书等。后者包括贺信（贺电）、祝词、喜报、表扬信、慰问信、答谢信、悼词、讣告、唁电等。这类体裁的一个鲜明特点是，针对不同的受文对象，讲究一定的礼仪规矩。如果措辞不当，言语失礼，往往会造成不良后果。

（3）事务文书。

事务文书主要包括工作计划、总结、报告、政务信息、请示、批复、通知、演讲稿、述职报告、大事记、简报、启事、声明等。

(4) 会务文书。

会务文书是在举行会议、座谈时的文字材料，主要包括主持词、开幕词、欢迎词、会议报告、会议讲话、会议记录、经验介绍、欢送词、闭幕词。在语言风格上要求庄重大方，在内容上要有针对性，不同类型的会议、座谈在工作的过程和取得的成果上都不相同。

(5) 科技文书。

科技文书是人们在科学领域内为解决各种科学问题而撰写的书面材料，用于科学技术、学术研究和科技管理等方面。科技文书根据其具体适用范围，可以分为论文类、报告类、说明类三类文书。

(6) 经贸文书。

经贸文书是当前经济工作中使用频率较高的一类文体，主要包括协议书、合同、合作意向书、招标书、投标书、市场调查报告、项目可行性报告、招商说明书、股票上市公告、商品说明书、商标注册申请书、外贸函电、审计报告、财务报告、纳税检查报告、财务分析报告、财政预算报告等。

(7) 司法文书。

司法文书包括诉讼类和公证类。诉讼类指起诉状、申诉状、答辩状、代理词、仲裁申请书、仲裁协议书等；公证类指公证书和赠予书。该类文书一经形成就进入法律范畴，具有法定效力。

(8) 宣传文书。

宣传文书分为：信息类，如海报、口号标语；新闻类，如广告、消息、通讯、电视新闻、广播新闻、墙报、新闻评论；序跋类，如凡例、发刊词、编者按、序跋、题词等。作为对单位、个人或某项活动的宣传，此类文书要求简明得体，在有限的篇幅内有重点地向读者传递丰富的信息。

(9) 传记史志。

传记史志类包括传记类、史志类和笔记类。传记类有简历、传记、人物简介、回忆录；史志类有地方志、方言志、风俗志、年谱；笔记类有工作笔记和读书笔记等。

以上 9 类的划分不是绝对的，有部分文种可以在不同的使用范畴内出现，可以分属不同的类型。具体属于哪一类还得看实际工作的需要。

3. 根据应用文涉密程度划分

(1) 绝密。

绝密指涉及党和国家或企业核心机密内容的文书，一旦泄漏会使党或国家的安全和利益或企业的利益遭受特别严重的损害。

(2) 机密。

机密指涉及党和国家或企业重要机密内容的文书，一旦泄漏会使党或国家的安全和利益或企业的利益遭受较大的损害。

(3) 秘密。

秘密指涉及党和国家或企业一般机密内容的文书，一旦泄漏会使党或国家的安全和利益或企业的利益遭受一定的损害。

(4) 普通。

普通指在党和国家机关内部、行业系统内部、公司企业内部使用的不宜或不必对社会公开的文书。

凡属于涉密文件，应按照公文格式规定，用3号黑体字，顶格编排在版心左上角第二行，保密期限中的数字用阿拉伯数字标注。在文书封套上标识秘密等级，提醒领导、秘书人员和有关部门注意保密；涉密文件与普通文件需要分别保管。

4. 根据应用文办理时限划分

（1）特急。

内容特别紧急，要求在最短时间内传递与处理的文书。

（2）加急。

内容紧急，要求迅速传递、处理或在规定的时限内办理完毕的文书。

（3）普通。

有较充裕的时间按通常渠道传达与处理的文书。

凡有明确办理时限的文件，应按照公文格式规定，用3号黑体字，顶格编排在版心左上角，文书封套上标识办理时限，提醒领导、秘书人员和有关部门迅速传递和办理，以免耽误工作。

5. 根据应用文行文关系划分

（1）上行文。

上行文，指下级机关向所属上级机关报送的文件，如请示、报告等。

（2）下行文。

下行文，指上级机关向所属下级机关下达的文件，如决定、通知、批复等。

（3）平行文。

平行文，指同级机关或不相隶属机关或社会团体、事业单位、企业之间往来的文件，如议案、函等。

上行文、下行文、平行文反映了机关、社会团体、事业单位、企业之间不同的工作关系。对外行文，必须正确区分收文与发文单位之间的行文关系，选择不同的文种，并注意语言和语气的得体。

第二节 应用文写作常识

应用文写作，就是实际应用文体文章的写作，有其自身的规律。

一、应用文结构特点

文章结构是指文章内部的组织结构。一篇文章的结构如何，直接影响到表达效果。只有结构合理才会使得文章主旨鲜明突出、层次清晰、承接自然、前呼后应，表情达意完美。应用文结构有如下特点。

1. 固定性

应用文经过长期写作实践，逐渐形成了较固定的写作结构，以适应实际工作需要，使写作更快速，阅读更便捷，提高办事效率。特别是公文写作，其格式更规范，结构更固定。

2. 条理性

应用文写作要求有严密的思路，表现在结构上即要求文章结构清晰有条理。在写作中要根据主旨的需要安排好写作结构。如写事件，就应按"开端——发展——结果"的顺序安排结构；写问题就应按"发现问题——分析问题——解决问题"的顺序安排结构。

3. 差异性

凡文种都有相对稳定的结构样式，应用文写作结构安排需适应不同文体的要求。如写合同就需要将合同的条款按标的、数量、质量、价款等内容分条列项地写清楚；写通知要按拟写通知的目的、依据、事项与执行要求的顺序安排结构。

二、应用文结构模式

1. 单段式

单段式即正文内容用一个自然段来表达。用于内容少而单一，不便分开的正文。如写在商品外包装上的说明文，公文中的函、批复，都常用一段文字来进行写作。如某化妆品写在外包装上的说明："经实验证明能帮助减少细纹。四星期内，肌肤重现青春光泽。请不要涂抹在眼睛及眼睑周围。如不慎入眼，即用清水彻底洗清；如有持续眼睛刺激请向医生咨询；如有持续皮肤刺激，请停止使用。请置于儿童接触不到的地方。"这就是单段式。

2. 两段式

两段式即正文内容用两个自然段来表达。内容简单，不需每层内容都分段的正文，往往采用两段文字来表达。这种结构模式，一般用于以下几种情况：

（1）把结语部分内容和主体内容分开写，各列一个自然段，成为两段式。即行文的缘由和行文事项为一段，希望、要求等为一段。

（2）写作目的（缘由）、行文事项各为一段。

（3）在转发、发布性公文中，将转发或发布的文件名和发文意见列为一段，执行要求另为一段。

（4）在答复性公文中，将表示收到对方文件的内容列为一段，而答复事项列为另一段。

（5）没有开头、结语部分，将主体内容编为两段。

3. 三段式

三段式是短篇应用文比较规范的常用模式。正文把写作目的、写作事项、结尾分为三段来写。

4. 多段式

多段式用于内容较多、篇幅较长的应用文书，总共有四个以上自然段。多段式结构开头一般概述基本情况，说明原因、目的、依据，结尾单独成段或省略结尾，主体部分内容分为若干段，各部分不采用分条列项的方法。

5. 条款式

条款式是用分条列项的形式安排结构。规章制度、计划、合同和职能部门的一些文书，较多使用这种形式。全文从头到尾都用条款组织内容，给人以眉目清楚、排列有序的印象。

6. 表格式

表格式是应用文不同于其他文体所特有的一种结构形式。表格式通常有以下两种形式。

一种是由职能部门、企事业管理部门或企业，如银行、厂矿、公司等单位，事先印制好表格式的规范文本，将有关内容分项列出，各项之后留下空白，让合作单位或个人按规定填写。表格文书一般要注明填写要求和注意事项。如申请专利、商标的文书，合同，税务征管文书，财务会计文书，大都采用这种形式。

另一种是作者单位临时制作的表格式文书。通常是根据写作目的，将有关统计数据编制成表格。

三、应用文结构要素

结构的要素，也称结构的内容。一般认为，文章结构应包括标题、开头、段落和层次、过渡和照应、结尾等。

（一）标题

应用文写作的标题，要求充分体现主旨，有的标题还有规范要求。这与文学作品形式多样、灵活多变的标题有着明显的不同。应用文的标题通常有三种形式。

1. 公文式标题

这类标题程式性强，表达直接而少变化，主要用于公文。

2. 新闻式标题

新闻式标题通常又称文章式标题，可分为单标题和双标题两种形式。单标题有的直接提出文章主旨，如"小商品也要高质量""做好纪检信息工作实践与体会"；有的概述主要内容，如"积极财政政策仍将持续至少两到三年的时间"；有的在标题中提出问题，如"日本经济何时走出低谷"。双标题包括正题和副题，其中正题符合单标题的要求，更多地突出文章主旨，副题则对正题起补充作用，常常说明应用文的内容范围和文种，如"靠名牌赢得市场——关于深圳市飞亚达（集团）股份有限公司的调查"。

3. 论文式标题

这类标题表达文章的观点和内容，一般会点明所论述范围，如"核心竞争力——企业制胜的根本""双峰县农村劳动力转移的调查与思考"。

（二）开头

应用文写作的开头担负着统领全文、揭示主旨的作用，要求开门见山。常见的开头方式有：

1. 概述式

这种方式要求用简明扼要的语言，围绕主旨介绍有关情况或背景。如一篇题为《加强民族团结，繁荣民族事业》的总结开头："××省××市是少数民族居住比较集中的地区之一，有回、满、蒙古、朝鲜等27个民族，2.6万余人，占全市人口的2.5%，近年来，××市积极加强民族团结，繁荣民族事业，有力地推动了全市经济和社会各项事业全面发展。"这就是用了概述式的开头方式。报告、会议纪要、调查报告等文种也常用此开头方式。

2. 说明依据式

开头引用上级指示精神或有关法律，常以"根据""按照""遵照"等词语领起下文。如《关于粮食政策性财务挂账停息的意见》一文的开头："根据中共中央、国务院关于妥善解决粮食财务挂账问题的一系列文件精神，结合各地清理粮食财务挂账的实际情况，经过反复研究，对粮食财务挂账实行停息的有关政策提出如下意见。"这种方式常在通知、批复、通告、规章等文种的开头使用。

3. 陈述目的式

开头以简明的语言，直接说明写作的目的和意义，常用介词"为""为了"领起下文。如《国务院关于成立经济贸易办公室的通知》一文开头写道："为适应加快改革开放和经济建设的新形势，加强宏观调控和协调日常经济工作，国务院第××次常务会议决定，……"

4. 说明原因式

开头常用"由于""鉴于""因为"等词领起下文，也可以简述发文原因，再引出写作目的。如《××市建设用地起坟通告》的开头："因建设的需要，经核准，市公安局××区分局征用区东圃镇堂下乡（村）土地。为便利建设工程顺利进行，……"

5. 议论式

开头用议论的表达方法，表达作者的看法，提出观点。如《现代化企业需要什么样的复合型会计人才》的开头："随着社会主义市场经济的不断深入发展，会计工作也不断拓宽，过去那种单一的会计知识结构已远远不能适应会计管理工作的需要，会计人员作为企业经济管理重要的专门人才，必须相应地提高自身的专业素质，改变原来那种单一的知识结构，以适应市场经济发展的需要。因此，培养造就一批复合型会计人才是当前会计工作的一项重要任务，也是企业发展向现代化迈进的关键所在。"

6. 提问式

开头先提出问题，然后引出下文。这种开头方式能引起读者的注意和思考，常见于调查报告、学术论文的写作。如《核心竞争力——企业制胜的根本》的开头："在激烈的市场竞争中，一个企业制胜的根本是什么？为什么有的企业能长盛不衰，有的企业只能成功一时，而有的企业却连一点成功的机会都没有？笔者一直为这些问题而困惑。"这篇论文就是采用了提问式开头。

（三）段落和层次

1. 段落

段落也叫自然段，是文章层次的基本构成单位。段落既表现作者思路展开的步骤，又帮助读者理清文章的层次，理解文章内容之间的联系。

段落的设置要注意单一性、联系性和适度性。单一性，指一段只表达一个中心意思（段旨），不要把两个以上的意思硬塞进一个段落。同时，又指一个意思在一个段落中完整地表述，不要将一个意思写到两个段落中去。联系性，指各个段落间的意思要有内在联系，做到分之为一段，合之则为一篇。适度性，指段落可长可短，但要防止过长或过短。过长，可能内容繁杂，形成多中心，破坏段落的单一性，使读者抓不住要点。过短，不易把意思说透，还可能模糊文章的层次，视觉上给人造成七零八碎的印象。

2. 层次

层次又叫意义段、大段或部分，是文章内容表达的次序，体现作者思路的走向和文章内容展开的逻辑顺序。层次通过段落表现出来。大多数情况下，层次大于段落，一个层次可以包含一个至几个自然段。也有层次小于段落的情况，一个较长的自然段，可以分成几个小层次。还有篇段合一的情况，层次等于段落。

（四）过渡和照应

1. 过渡

过渡指段落与段落、层次与层次之间的衔接或转折。过渡可强化文章的逻辑性和层次感，使结构更为严谨。内容转换，表达方式改变，由总述到分述或由分述到总述时，一般需要过渡。常见的过渡形式主要有三种：用关联词语过渡、用过渡句过渡和用过渡段过渡。

2. 照应

照应指文章前后的关照呼应，是使文章连贯和严丝合缝的方法。通常是交代在前，呼应在后。常见的形式有：首尾照应、题文照应、前后照应。

（五）结尾

应用文的结尾讲究言尽意尽，不留余味，不添"蛇足"，更不能草率。有的应用文没有结尾，自然收尾。而有结尾的则通常采用如下的方法：

1. 强调式

对文中提出的问题作强调说明，以引起重视。

2. 结论式

对文中的主要观点或问题，加以归纳总结或略作重申，以加深印象。

3. 说明式

对与主体内容有关但性质不同的问题或事项作补充交代、说明，以保证内容的完整性。如公文结尾交代施行日期，执行范围，传达对象，与该文规定不符的原有规定如何处置等；批复结尾处说明尚未解决而应另作讨论的问题等。

4. 号召式

提出希望，发出号召，展望未来。公文的通报、市场预测、报告等常用这种结尾形式。

5. 建议式

针对设定的施行目标、产生的问题提出意见和建议。

四、应用文的语言与表达

（一）应用文语言的特点

应用文的语言与文学创作的语言有较大的差别，其主要特点：

1. 程式化

应用文常用的一些专门性术语是应用写作实践中常用的习惯用语，通常也称公文用语，具有程式化的特点，这是写作实践的产物。如"关于""鉴于""为了""兹因"等，这种语言已经约定俗成，得到广泛的认可。学习掌握这种语言的关键是表达要简明、合乎规范。

2. 书面化

应用文的写作性质决定其语言风格表现为简明、规范、严肃、准确，而书面语能较好达到这一语言要求，因而应用文大多采用书面语进行书写。如《中共中央关于接受×××同志为中国共产党正式党员的决定》中写道："她一贯是共产党最亲密的战友，是中国各族人民包括台湾同胞和海外侨胞衷心敬爱的领袖之一，是爱国主义、民主主义、国际主义和共产主义的伟大战士，是保卫世界和平事业久经考验的前驱，是全体中国少年儿童的慈爱的祖母……"文中的"同胞""战士""祖母"等用的都是书面语，改为口语就不合适了。

3. 常用数词

应用文写作常用数据来说明问题，因此会大量使用数字。在分析问题、说明问题时，运用数字，可以比较明确地说清楚事物的状态，从而加深对该事物的认识。如一个企业管理是否先进，可运用同行业国内外的数字对比说明。邓小平同志在《关于科学和教育工作的几点意见》中，讲到我国科研人员少、队伍小时用了三个数字：美国科研队伍有 120 万人，前苏联是 90 万人，我们是 20 多万人。这三个数字勾勒出三个国家科研队伍的基本状况，十分清晰地说明了我国科研人员少、队伍小的现状。应用文常用的数字有以下几种：

（1）绝对数和概数。如，乐山大佛身高 71 米，头高 14.7 米，宽 10 米等。这个西瓜有五六斤重。

（2）平均数。如，力争五年内人口年平均增长率控制在 12.5‰ 左右。

（3）百分数。如，从重庆市教委获悉，2014 年重庆市有普通毕业生的高校 62 所，毕业生总数 18.3 万人，比 2013 年增加近 2 万人，增幅 12.3%。

（4）对比数。如，甲比乙多生产了三倍。

（二）应用文语言的表达要求

1. 叙述语言简洁、概括

在进行叙述时要用最简短的语言陈述特定时空的信息，概述事实的主干，而不应纠缠于耗时费事的具体情节之中。如有一篇表彰通报是这样写的："×××在科学研究上走的是一条不平凡的路，他全心扑在科研上，而忘记了个人的事。有一次孩子病了，他妻子在家里忙着护理，打电话到×××单位叫他赶回家把孩子送往医院治疗。×××接了电话答应后，电话筒一放他又埋头开始实验。他妻子在家中左等右等等不到他回家，急得像热锅上的蚂蚁，又往×××单位打电话，这时×××正潜心做实验，连电话铃声都没听见。他的妻子又急又气，只好打 120 急救中心的电话，才把孩子送往医院治疗。他的小孩高烧退后，还在问他妈妈：'爸爸又出差了吗？或者还没下班……'"该公文将×××的先进事迹作为表彰的理由时，不懂得以最简洁的文字陈述特定时空的信息，没有通过快叙概述事实的主干，而仍用记叙文慢叙的方法表述公文事实，结果导致公文内容冗长，违背了文约事丰的要求。

2. 语言表达要严谨、有分寸

应用文语言表达是否严谨有分寸，关系到对问题的判断、处理是否合理、准确。如一份处理决定，其中这样写道："李××在 2014 年 9 月间收受×××工程公司 50 万元巨款。案发后李××还和×××工程公司经理及会计订立攻守同盟，妄图掩盖其过错。"文中"过错"一词有失严谨，表述与事实不符，李××的行为不是过错而是严重犯罪。

3. 数据语言书写要规范、清晰、准确

具体要做到以下几点：

（1）在同一篇文章中序数数字的体例要统一，不能体例混杂。如"农历初一至初 7 放假"一句，前后数字体例书写不规范，需统一书写。同时分数与小数的体例也必须统一。又如"该县企业所得税收入完成 95.6 万元，比去年增长百分之十三"也出现了混写的错误。

（2）表示公元、世纪、年代、年、月、日、时刻，均需使用阿拉伯数字，而星期则用汉字。如"21 世纪""90 年代""星期五"。

（3）邻近两个数字并列表示概数时，应该用汉字书写，数字与数字之间不能用顿号将其隔开。如"3、4 天"应写成"三四天"，"七、八种"的"七"和"八"之间不能用顿号。

同时还要注意，应用文的语言要求准确无误，朴实无华，简洁有力，不像有些文学作品用华丽多彩的语言去描摹事物，呈现事物形象，而是提倡朴素美，简洁美。如一篇公文是这样写的："×年×月某天深夜，乌云密布，雷声隆隆，大雨倾盆而下，刹那间，美丽富饶的鱼米之乡被一片汪洋吞没。接连几天如注的暴雨，淹没了田野，冲毁了村庄和工厂，交通、电力、通讯一度中断。这百年不遇的特大洪涝灾害，给我乡造成了不可估量的损失。"这段语言就违反了应用文语言的写作要求，带有浓厚的文学色彩，不够朴实、简洁，感情表达不恰当。

（三）应用文专用语汇

应用文专用语汇可大致分为以下几方面：

（1）称谓用语：本人、我、你、同志、先生、女士、小姐、甲方、乙方、双方、同仁、诸位、随行等。

（2）开头用语：兹因、据核实、关于、鉴于、为了、根据、遵照、据查、据报、据了解、喜悉、奉悉、欣闻等。

（3）结尾用语：特此、专此、为鉴、为荷、为盼、请批示、敬陈、谨呈、当否、敬请查照等。

（4）经办用语：已经、迄今、经过、未经、业已、联系、照办、可行、同意、须、拟、暂缓等。

（5）谦敬用语：请、承蒙、惠示、惠允、提请、报请。

（6）时限用语：当即、立即、从速、届、期。

（7）期望用语：务希、务请、如蒙、勿误。

（8）回复用语：此复、收悉、电悉。

（9）实施性用语：事宜、自行、另行、暂行、遵照执行。

（10）列举概括用语：各类、多起、数事、上项、如下。

（11）陈述用语：此前、一度、所有、悉数、就绪、拟于、定于、基于、限于、如期、不料、不日、即日、确系、另行、以资、会同等。

（12）特殊含义的用语：签发、核查、归口、取缔、缺口、责成、任命、复议、追加。

（四）应用文专用语汇模拟写作

（1）××省××局：

局×字〔2014〕1 号请示____，经与××部研究____如下：……

（2）_____部领导指示精神，我局会同××司××办公室抽调×名同志组成了"××事件调查组"……

(3)《××××办法》____厂务委员会讨论通过，现发给你们，望结合本单位具体情况执行。

(4)……以上意见，如____，____批转各部属院校。

(5)……为了……的需要，特____如下指令。

(6)____局大力协助，我校×××研究所各项筹建工作已基本告一段落。

(7)×××来函____，关于××一事，我部完全同意××局意见……特此____。

(8)……以大力协作____。

(9)以上所请____，以迅即____为盼。

(10)____生____我校××系××专业××级学员……

(11)____该厂此类错误做法，上级有关部门曾多次行文，____其有关领导迅即查清问题，限期纠正错误。

(12)____悉____总公司成立，谨表____。

(13)以上命令____施行，不得____。

(14)以上通令，应使全体公民____，切实____执行。

(15)随函附送《××××情况统计资料》一份，请____。

(16)____国务院领导同志的指示精神，我们____有关部门，对农村电网改造工作进行了研究。

(17)_____进一步提高我省企业管理干部的管理素质，决定对在岗企业管理干部有计划地进行培训。____征得四川省行政管理学院同意，____委托____院举办企业管理专业班……

(18)以上请示，望予_____，并列入 2015 年招生计划。

(19)____防止计算机 2000 年问题[①]，____国务院批准，_____将有关问题通知如下。

(20)_____省人民政府领导同志的指示，_____将国务院办公厅《关于公文处理等几个具体问题的通知》____给你们。

（五）应用文的表达方式

表达方式是文章表明主题、观点、思想情感的方式。应用文写作中常用的表达方式主要有叙述、说明、议论三种，而描写、抒情一般在广告、调查报告、经济新闻等文体中偶尔使用。因此，我们现在只谈叙述、说明、议论这三种方式在应用文体中的使用。

1．叙述

叙述这种表达方式是应用文体写作常用的一种方法。有的以叙述事实作立论的依据，如通报、经济活动分析报告、市场调查、总结等；有的以叙述事实为依据进行决策和预测；有的对事实作如实反映和记载，如会议纪要、合同、诉讼公文等。叙述在应用文写作中有如下几个特点。

（1）以记事为主。应用文写作反映现实，解决问题，与记叙文以写人为主不同，多以记事为主，如反映经济活动状况、市场情况、经济信息，介绍典型经验，阐述事情原委，总结工作等，均采用叙述来记事。

[①] 由于当时的计算机系统只采用两位十进制数记录年份的最后两位，因此当时间跨入 2000 年时，计算机计时系统会将 2000 年解释为 1900 年，造成计算机系统工作紊乱，影响计算机的正常运行并引发一系列连锁反应，在该文件中简称为"计算机 2000 年问题"。

（2）叙述客观真实。文学作品的叙述可作艺术加工，所述事件不必是客观存在的事实。但应用文不同，其所述事实，必须客观真实，不允许对事实夸大或缩小，更不能歪曲事实或主观臆造，否则就会导致决策失误。如市场预测所依据的市场事实失真，那么预测结果必定出现很大的偏差，从而导致决策失误，经济活动混乱，企业和消费者蒙受损失。

（3）以概括叙述为主。文学作品需要通过叙述细节来塑造人物形象，展开故事情节。而应用文写作则是通过叙述为文章得出正确结论作依据。如通报的叙述是为后面阐述事实的性质，达到对这一事件学习、鉴戒或引起注意的目的而服务的。叙述本身不是全文的核心（主旨）所在，因而应用文写作的叙述大多用简明扼要的概括叙述。

（4）多用顺叙法。为使应用文条理清晰，让读者理解所述的客观事实，应用文写作常常使用顺叙。叙述时有的按照时间顺序，有的按照事件发展的顺序，有的按照人们认识事物的客观过程的顺序，这样能使较复杂的事实头绪清晰，一目了然。

（5）语言较平实。应用文的语言要求平铺直叙，较少使用修饰性词语，笔法较朴实。

2．说明

说明这一表达方式在应用文中是与叙述相结合的，起到对客观事物进行真实介绍、说明的作用，有很多文种都依赖这一表达方式。如说明书、报告、请示、经济活动分析、合同、自荐书等，都离不开说明。说明在应用文写作中表现出以下几个特征。

（1）说明客观、科学。通过说明真实客观地反映事物的真实面貌、本质特征，这就要求说明需客观、科学、严肃。

（2）多用数字进行说明。说明不但要客观真实，而且要做到准确无误，用数字进行说明就能起到这样的作用。特别是需要反映量的变化时，数字的作用就尤为突出。因此应用文写作少不了用数字进行说明。

（3）综合使用多种说明方法。在说明方法使用的过程中，常常是多种方法综合使用。如数字说明和比较说明，定义说明和分类说明等说明方法结合运用，可以把事物说明得更具体、准确。

3．议论

应用文写作常常用议论的方式进行评论、分析，探寻事物发展的规律，阐述主旨。其议论有以下几个特点。

（1）重数据、重材料。与议论文的议论不同，应用文的议论不是靠言论的雄辩，而是需要无可辩驳的事实材料和数据作为依据，可谓"事实胜于雄辩"。应用文反对不切实际的议论。如一篇题为《三季度物价水平》的经济活动报告对该季度的物价水平转降的情况分析是这样议论的："三季度，居民消费价格总水平同比上涨 0.8%，涨幅比二季度缩小 0.8 个百分比，其中 9 月份已转为下降，同比下降 0.1%；社会商品零售价格总水平同比下降 0.9%，已连续 4 个月处于下降之中，并且降幅在不断增大；工业品出厂价格指标同比下降 1.7%，降幅比二季度增大 1.4 个百分点。各种物价总水平再次全面转降在很大程度上是外生性涨价因素所致，但这也清晰地表明困扰我国经济的紧缩和总需求不足问题并未真正消除，而只是被外生性涨价因素掩盖起来了。一旦政策支持力度减弱，经济就会再次下降。"这段文字在议论时采用了大量的数据材料，材料充分，议论切合实际，得出的结论有说服力。

（2）常与说明、叙述等方式结合使用。夹叙夹议、说议结合，是应用文中的议论特点。应用文写作往往不单独进行完整的议论，议论依赖于所叙述的事实和说明的现象，是在事实和现象的基础上进行议论。如一篇题为《靠名牌赢得市场》的调查报告这样写道："90年代初，瑞士、日本各种品牌的钟表开始大规模进入中国市场。面对严峻的市场形势，公司决策层认真研究数量和质量的辩证关系，决定借鉴国外钟表工业发展的成功经验，走'少而精'的道路，即以提高'单位面积'的产出取胜，生产高技术含量、高附加值的产品，在工艺上精益求精，把人、财、物集中用到刀刃上，争取在最短的时间里后来居上。"这段文字就是采用夹叙夹议的方法，材料具体，剖析深入，语言生动活泼。

第三节　公文写作要领

应用文写作有较容易掌握的，也有不容易撰写成文的。私人文书可以由写作人员按自己的意思书写，而公务文书因涉及机构多，人员复杂，使用面广，甚至事情重大，写作人员要在纷繁复杂的关系中把握组织意图写出符合各方要求的文书，所以把握公文写作的基本步骤，掌握要领尤为重要。此外，在掌握传统写作方式的基础上，还要学习和掌握现代办公环境下电子公文制作与修改的技术方法，适应飞速发展的信息交流与沟通的实际需要。

一、公文写作的基本步骤

拟写公文是辅助领导处理政务的重要体现。有些公文是在紧急情况下完成的"急就章"，起草人员需要练就倚马可待的硬功夫；有些公文具有相对宽松的时间，可以几经易稿，反复研磨。然而，无论是急是缓，公文写作过程总有一些基本步骤可以遵循。

（一）接受任务，明确公文主题

公文是按照本单位领导的授命或来文机关的意愿，由秘书人员撰拟而成的。因此，接受拟稿任务后，明确公文主题是公文写作的起点。

首先，要深刻领会本单位领导的发文意图，即下达任务的精神实质是什么？行文目的何在？行文要求如何？领导下达任务的精神实质就是文章的中心思想。行文目的就是发文机关或机关领导人试图通过发文要实现的结果。行文要求是为了实现行文目的，向收文者提出的希望阅读、办理、执行、答复等方面的具体愿望。

其次，要规范使用文种。文种是公文标题的重要组成部分，具有概括表明公文性能和发文机关职权范围，并体现行文目的与要求的功能。

文种要严格按照2012年4月16日由中共中央办公厅、国务院办公厅联合发布的《党政机关公文处理工作条例》及《党政机关公文格式》（中华人民共和国国家标准GB/T 9704—2012）的规定执行。只有严格依照国家规定格式制发出的公文才是具有法定效力的，写作人员在写作公文时，应尤其注意这一点。

当然，对文种的选择也是十分重要的。要根据不同的公务需要来选择适合的文种，同时还要参考文件的内容、发文的性质和发文机关的权限来确定具体的文种，避免出现混用、乱用的情况。

在行文上，还必须区分上行文、下行文、平行文和不相隶属机关之间的行文，确定行文关系。

再次，征求相关人员的意见。公文是集体智慧的结晶，因此，秘书人员在动笔之前就要集思广益，发挥群体优势；还要努力提高自身思想水平，使自己的思想认识与领导人的发文意图相一致，而不是背道而驰。胸有成竹，意在笔先，是高质量完成拟稿任务的重要保障。

（二）围绕主题，广泛收集资料

资料是拟写公文不可缺少的"粮食"，拟写公文离不开收集资料。这是确保公文内容真实可靠的基础，也是实事求是的原则在拟文活动中的必然要求。

首先，应用文写作的材料收集要做到多多益善，然后围绕主题准确挑选出符合需要的材料进行作文。主要选择如下三种材料：

（1）典型材料。

典型材料比较有代表性，它是其他材料的综合体现，但又不失个性。在选用典型材料时，应该做到描写具体，把事实发生的时间、地点、人物、经过交代清楚。同时，切记不可选用偶然发生的事件作为材料，因为偶然事件虽有其独特性，但却不具备代表性，不能说明普遍问题。

（2）理论材料。

理论材料的来源多是党和国家的路线、方针、政策和法律法规，或者是名人的言论，也可能是某一真理。利用这些来源可靠的理论作为文章的主要观点可以使文章的论点更具说服力，更加权威。

（3）总结材料。

总结材料是在许多材料的基础上提炼总结出来的，它可以是对众多事例的概括，也可以是对某些数据的统计，总之是用以说明观点的。

选材要做到以下三点：

① 适当。选材必须符合要求，切合主题。

② 典型。所选事例是具有高度代表性的，而不是偶然发生的事件或千篇一律的、毫无特色的事例。

③ 真实。材料的来源必须是真实的，不能胡编乱造。

其次，要明确收集资料的途径和方法。根据材料的类型和实际需要，可以从现有的文献资料中收集有关材料，了解有关情况；可以深入到实际工作的第一线，收集大量第一手鲜活材料，以便反映工作中的动态信息；可以从党和国家现行政策法规中收集有关资料，为拟写公文寻找更多的权威性依据。网络技术和网络资源是收集资料的现代手段与重要的新兴途径，可以为拟写公文的工作提供大量参考资料。

（三）总体构思，拟定写作提纲

如同其他文章一样，应用文写作的过程中，布局是否严密也非常重要。在整体布局上，要确定全文的关系，或总分，或并列，或对比，或递进，或因果，做到层次分明，中心突出，观点鲜明。如文章中材料众多，需选取最具代表性的材料来说明，区分出主与次。

一篇出色的公文就像是一张捕鱼网，按照纹路去织、经纬分明才不会出错；网格严严密密才不会有漏网之鱼。要全面表达出领导的意图，就必须严密布局。

1. 确定公文内容的组成情况

应当明确公文划分为哪几个部分，重点问题是什么，要说明哪些情况和问题，对收文机关提出怎样的建议、要求或请求。

2. 确定公文正文的表达顺序

要根据实际情况恰当灵活地安排公文表达顺序。例如，可以按照事物发展过程的时间顺序安排；可以按照"提出问题——分析问题——解决问题"的思维逻辑顺序安排；可以按照事件构成的要素安排，即按照事件的时间、地点、人物（机关单位）、原因、过程、结果等要素的次序安排；可以按照因果顺序（先因后果或先果后因）、总分顺序（先总后分或先分后总）或工作的实际步骤安排；还可以按照内容的重要程度安排等。

3. 有序安排公文开头、结尾和各层次之间的衔接

对于内容丰富的公文要注意安排好开头、结尾和各层次之间的衔接，文通字顺更能有效地表达清楚行文的意图，避免发生歧义。

4. 将上述设计成果固化为文章的写作提纲

提纲的粗细详略程度，完全取决于拟稿人的写作习惯、写作水平与具体文种，在实际工作中可以灵活对待。

总之，只有精心设计和妥善安排公文的结构，才能使公文条理清晰、层次分明、衔接紧密、总体和谐。

（四）落笔撰文，从事草稿写作

这是撰文的核心步骤，是影响公文质量的关键环节。无论是公文的主题，还是公文的材料；无论是领导授意的精神实质，还是拟文者"研磨"领导意图之后的锦上添花，都要依赖起草环节来一番加工转化，使之固化到"发文稿纸"上，形成正式的公文草稿。正式起草阶段，因文种不同而方法和要领各异，但是，一些带有共性的问题是都需要注意的。

1. 增强时效观念

要在做好前几项工作后抓紧办理，按时结稿。否则，就会影响工作的正常开展。

2. 做好会商工作

公文内容涉及其他单位或部门的职权范围时，要积极会商，征得相关部门的同意或配合，以免政出多门，政策"打架"，使收文单位无所适从。

3. 讲究材料与观点和谐统一

严格掌握用材标准，材料要支持观点，观点要统帅材料，切莫出现材料与观点"两张皮"或相互矛盾的情况。

4. 注重文面规范和字迹、用纸要求

使用规范的"发文稿纸"，准确填写稿纸首页的有关项目；手工起草，要讲究书写工整清晰，标点规范完整，以便打印、校核文稿；利用计算机起草文稿，要注意符合有关技术标准的要求，使文面规范，整齐划一；要符合公文字迹材料与用纸的规定，以便妥善保存文稿。

5. 按文种恰当选词表情达意

在表达上，应用文写作的总体特点是准确、实用、简洁、庄重、规范、生动等。不同的文种要求又有所不同，如党政公文要求表达上要准确恰当、朴实庄重，而祝酒词则要求表达上鲜明生动，富有激情。

（五）加工润色，完成修改审核

文章很少有一挥而就的，只有经过认真起草、反复修改的文章才会得体出彩，应用文写作亦然。初稿形成后修改的方式有：

1. 作者自己修改

"文章千古事，得失寸心知。"要想产生好公文，就必须对文稿的思想内容、语言表达、格式要素等各方面进行反复锤炼，边写边改。修改通常是从两个方面入手，即总体方面和细节方面。

（1）总体方面。对于一篇文章的修改，首先应该从总体上着手。应用文写作的主题是确定的，只要领导不要求更改，一般不会彻底推翻。那么既然主题是确定的，就要检查文章是不是表达出了领导的意图，是否紧贴主题，有无偏题、离题的情况等。

在确定了主题的表达之后，就需要调整文章的结构。检查文章的起承转合是否自然妥帖，段落安排是否得当，主次是否分明等。

（2）细节方面。细节上的修改可以说是永无止息的，没有一篇文章是完美无缺的，每阅读一次文章都有可能会发现一些需要修改的细节。但是，这并不说明写作人员需要一直修改其所作的文章，因为公文写作是有时限要求的，要及时反映问题，而不是酝酿多年的文学作品。

从小处着手，要看文章的语言是否通顺，有无错字、别字，然后逐字逐句地修改。一边阅读文章，一边考虑是否需要增删词语或改换更为得体、准确的词语，改正病句等。

1. 提交给使用人审核后修改

部分公文是领导工作中个人使用的，如讲话稿等。撰稿人自己修改觉得满意后应主动提交给使用人征求使用人的意见，然后根据使用人的意图进行修改，效率更高。

2. 按程序组织相关的人员征求意见后修改

部分公文涉及的范围广泛，如年度"两会"的政府工作报告，涉及民生、经济、教育、文化、交通等诸多问题，需要征求政协委员、人大代表、政府常委等人员的意见后综合各方意见并结合实际需要进行修改。

（六）审查核签，完成印制发送

草稿经过加工修改，起草过程已经基本完成，紧接着可以履行下一个环节，即由文稿承办部门或承办人员将草稿交给办公室，由办公室主任或有经验的同志对草稿的内容、文字、政策界限、行文手续等各方面进行全面的审查把关，为领导能够顺利签发文稿创造有利条件。

经审核无误后即可送交领导签发，产生具有法定凭证作用的定稿，并依据定稿印制具有标准格式的正本文件对外发出。

制印文件应注意使用统一制式的文头式样，符合规范的格式要求，使用国际标准 A4 型的纸张等。印制好后，要进行反复核对，避免差错。需要保密的公文按保密程序执行。

二、文稿修改的规范符号

正确使用规范的修改符号，能够明白无误地标示修改的情况，避免造成文字混乱。作者在修改文稿时，能正确地运用这些符号，可以使修改的稿子保持整洁，理清头绪。1993 年 11 月，我国批准了国家标准《校对符号及其用法》（GB/T 14706—1993），1994 年 7 月 1 日起实施。具体如下：

编号	符号形态	符号作用	符号在文中和页边用法示例	说明
一、字符的改动				
1		改正	增高出版物质量。 改革开放	改正的字符较多，圈起来有困难时，可用线在页边画清改正的范围 必须更换的损、坏、污字也用改正符号画出
2		删除	提高出版物物质量。	
3		增补	要搞好校工作。	增补的字符较多，圈起来有困难时，可用线在页边画清增补的范围
4		改正上下角	16＝42 H₂SO4 尼古拉费欣 0.25＋0.25＝0 5 举例 2×3＝6 X Y＝1∶2	

续表

编号	符号形态	符号作用	符号在文中和页边用法示例	说　明
二、字符方向位置的移动					
5		转　正	字符颠逗要转正。	
6		对　调	认真经验总结。 认真验结经总。	用于相邻的字词 用于隔开的字词
7		接　排	要重视校对工作， 提高出版物质量。	
8		另起段	完成了任务。明年……	
9		转　移	校对工作，提高出 版物质量要重视。 "，以上引文均见中文新版《 列宁全集》。 编者　年　月 …… 各位编委：	用于行间附近的转移 用于相邻行首末衔接字符的推移 用于相邻页首末衔接行段的推移
10	或	上下移	序号　名　称　数量 01　显微镜　2	字符上移到缺口左右水平线处 字符下移到箭头所指的短线处
11	或	左右移	⊢—— 要重视校对工 作，提高出版物质量。 3 4　5 6　5 欢呼　　歌唱	字符左移到箭头所指的短线处 字符左移到缺口上下垂直线处 符号画得太小时，要在页边重标

续表

编号	符号形态	符号作用	符号在文中和页边用法示例	说明
12	‖	排齐	校对工作非常重要。必须提高印刷质量,缩短印制周期。 国家标准	
13	⌐_⌐	排阶梯形	RH_2	
14	↑	正图	(图示)	符号横线表示水平位置,竖线表示垂直位置,箭头表示上方

三、字符间空距的改动

编号	符号形态	符号作用	符号在文中和页边用法示例	说明
15	∨ ∧	加大空距	一、校对程序 ∨ 校对胶印读物、影印书刊的注意事项: ∧	表示在一定范围内适当加大空距 横式文字画在字头和行头之间
16	∧ ∨	减小空距	二、校对程序 ∧ 校对胶印读物、影印书刊的注意事项: ∨	表示不空或在一定范围内适当减小空距 横式文字画在字头和行头之间
17	⌗ ≠ ≢ ≣	空 1 字距 空 1/2 字距 空 1/3 字距 空 1/4 字距	第一章校对职责和方法 ⌗ 1.责任校对	多个空距相同的,可用引线连出,只标示一个符号

三、电脑写作概述

所谓电脑写作,指运用电脑这种新的信息媒介,以键盘、电子笔、语音输入器乃至触觉、视觉和心理感应方式作为新的书写工具,以电脑屏幕为信息的新的显示界面,以电脑软盘和硬盘为信息的承载体，所进行的具有鲜明主体色彩的信息记录、交流和传递活动。

电脑写作与传统写作的区别：

1. 书写工具的不同

传统写作的工具主要是刻刀和各种笔，而电脑写作的工具则是键盘、扫描器、电子笔、语音输入器等。用电脑写作工具写出来的文章，可以随意地复制、增补、删除、修改、粘贴，同时还可以配上动画、图片、电影等。因此，与传统写作工具相比，电脑写作的工具更加简便化，不仅极大地提高了写作速度，而且效果更鲜明、方式更灵活、过程更流畅。

2. 写作方式的不同

传统写作采用的是一种线性顺序，由于受写作载体的限制，人们必须按照一定的时空顺序和逻辑顺序来表达信息，而且信息很快就固化、定型，对内容的增添、变动和修改十分不便；而电脑写作的载体几乎没有空间限制，突破了传统写作的线性轨道，呈现出非线性化的特征。电脑的超级链接功能，可以随意地对文章进行编排，字体可以随意调换，颜色可以随意变更，使作者的思维处于一种超时空、跨媒体的自由境地。

3. 写作媒体的不同

传统写作运用的是单一化的文字；而电脑写作则具有媒体多元化、表现形式多样化的特点。除文字外，电脑写作还可以随意加入声音、图形、图像和视频等手段，在电子邮件和网络聊天中，人们还用各种符号来交流思想，传递情感，大大增强了人们的写作情趣，也极大地丰富了写作的表现力。

4. 搜集材料方式的不同

传统写作对材料的搜集有两条渠道，即直接搜集和间接搜集。而电脑写作除了上述两条渠道外，还可以通过网络共享来进行。网络上的电子文本形成一个巨大的信息素材库，其信息检索功能远远超过世界上任何一个现代化的图书馆。通过鼠标点击，可以快速地找到相应的材料。

第四节　公文处理常识

公文撰写完成并核签后，要顺利地上传下达及方便查阅，其印制、分发、接收及存放都有较固定的格式和流程，相关工作人员要熟悉公文的处理常识才能把应用文使用的功效发挥到极致。

2012 年 4 月颁布的我国《党政机关公文处理工作条例》第四条指出：公文处理工作是指公文拟制、办理、管理等一系列相互关联、衔接有序的工作。

一、公文拟制

《党政机关公文处理工作条例》第十八条指出：公文拟制包括公文的起草、审核、签发等程序。

（一）起草

一般是根据本单位实际情况的需要，或者是领导阅读本机关以外的公文，根据来文内容，要求本单位贯彻落实时，领导交代相关业务部门或秘书部门起草公文。起草人员应保质保量地尽快完成草拟任务，并套上专用的发文纸，送本部门领导审核。

公文起草应当做到：

（1）符合国家法律法规和党的路线、方针、政策，完整准确体现发文机关意图，并同现行有关公文相衔接。

（2）一切从实际出发，分析问题实事求是，所提政策措施和办法切实可行。

（3）内容简洁，主题突出，观点鲜明，结构严谨，表述准确，文字精炼。

（4）文种正确，格式规范。

（5）深入调查研究，充分进行论证，广泛听取意见。

（6）公文涉及其他地区或者部门职权范围内的事项，起草单位必须征求相关地区或者部门意见，力求达成一致。

（7）机关负责人应当主持、指导重要公文起草工作。

（二）审核

审核是相关业务部门的负责人进行初审之后，在专用的发文纸上签字，然后送发文机关办公厅（室）对草拟的公文把关。需要发文机关审议的重要公文文稿，审议前由发文机关办公厅（室）进行初核。经审核不宜发文的公文文稿，应当退回起草单位并说明理由；符合发文条件但内容需作进一步研究和修改的，由起草单位修改后重新报送。

审核的重点是：

（1）行文理由是否充分，行文依据是否准确。

（2）内容是否符合国家法律法规和党的路线、方针、政策；是否完整准确体现发文机关意图；是否同现行有关公文相衔接；所提政策措施和办法是否切实可行。

（3）涉及有关地区或者部门职权范围内的事项是否经过充分协商并达成一致意见。

（4）文种是否正确，格式是否规范；人名、地名、时间、数字、段落顺序、引文等是否准确；文字、数字、计量单位和标点符号等用法是否规范。

（5）其他内容是否符合公文起草的有关要求。

（三）签发

公文应当经本机关负责人审批签发。重要公文和上行文由机关主要负责人签发。党委、政府的办公厅（室）根据党委、政府授权制发的公文，由受权机关主要负责人签发或者按照有关规定签发。签发人签发公文,应当签署意见、姓名和完整日期;圈阅或者签名的,视为同意。联合发文由所有联署机关的负责人会签。

二、公文办理

《党政机关公文处理工作条例》第二十三条指出:公文办理包括收文办理、发文办理和整理归档。

(一)收文办理

收文办理指对收到的公文的办理过程,主要程序是:

(1)签收。对收到的公文应当逐件清点,核对无误后签字或者盖章,并注明签收时间。

(2)登记。对公文的主要信息和办理情况应当详细记载。

(3)初审。对收到的公文应当进行初审。初审的重点:是否应当由本机关办理,是否符合行文规则,文种、格式是否符合要求,涉及其他地区或者部门职权范围内的事项是否已经协商、会签,是否符合公文起草的其他要求。经初审不符合规定的公文,应当及时退回来文单位并说明理由。

(4)承办。阅知性公文应当根据公文内容、要求和工作需要确定范围后分送。批办性公文应当提出拟办意见报本机关负责人批示或者转有关部门办理;需要两个以上部门办理的,应当明确主办部门。紧急公文应当明确办理时限。承办部门对交办的公文应当及时办理,有明确办理时限要求的应当在规定时限内办理完毕。

(5)传阅。根据领导批示和工作需要将公文及时送传阅对象阅知或者批示。办理公文传阅应当随时掌握公文去向,不得漏传、误传、延误。

(6)催办。及时了解掌握公文的办理进展情况,督促承办部门按期办结。紧急公文或者重要公文应当由专人负责催办。

(7)答复。公文的办理结果应当及时答复来文单位,并根据需要告知相关单位。

(二)发文办理

由发文机关办公厅(室)按实际需要,将公文送达或邮寄或电传给主送和抄送单位或个人。涉密公文应当通过机要交通、邮政机要通信、城市机要文件交换站或者收发件机关机要收发人员进行传递,通过密码电报或者符合国家保密规定的计算机信息系统进行传输。

发文办理的主要程序:

(1)复核。已经发文机关负责人签批的公文,印发应当对公文的审批手续、内容、文种、格式等进行复核;需作实质性修改的,应当报原签批人复审。

(2)登记。对复核后的公文,应当确定发文字号、分送范围和印制份数并详细记载。

(3)印制。公文印制必须确保质量和时效。涉密公文应当在符合保密要求的场所印制。

(4)核发。公文印制完毕,应当对公文的文字、格式和印刷质量进行检查后再分发。

(三)整理归档

需要归档的公文及有关材料,应当根据有关档案的法律法规以及机关档案管理规定,及时收集齐全、整理归档。两个以上机关联合办理的公文，原件由主办机关归档，相关机关保存复制件。机关负责人兼任其他机关职务的，在履行所兼职务过程中形成的公文，由其兼职机关归档。

（1）登记。一是对印制发送的公文，要详细记载发文字号、分送范围和印制份数。秘书部门（办公室）要用专门的登记本登记在册。二是对收受的文件按照一定的形式进行登记。收文登记是收文处理工作的基础，明确文件的来龙去脉。收文登记须将收文时间、来文单位、标题、密级、发文字号、缓急时限、份数等逐项登记清楚，以备查询。

（2）归档。一是公文制发完成后，要将至少一份正式公文连同原稿一并存档。二是将收受的公文按照机关、单位的归档范围和要求分类立卷并按规定时间移交给机关、单位档案部门归档，要保证归档公文的齐全、完整，能正确反映本机关、单位的主要工作情况，便于保管和利用。个人不得保存应归档的公文。

（3）销毁。销毁指对没有归档和存查价值的文件材料，经鉴别并经秘书部门负责人批准，予以定期销毁。销毁秘密文件，应当进行登记，到指定场所由两人监销，保证不丢失、不漏销。

三、公文管理

《党政机关公文处理工作条例》对公文管理要求如下：

（1）各级党政机关应当建立健全本机关公文管理制度，确保管理严格规范，充分发挥公文效用。

（2）党政机关公文由文秘部门或者专人统一管理。设立党委（党组）的县级以上单位应当建立机要保密室和机要阅文室，并按照有关保密规定配备工作人员和必要的安全保密设施设备。

（3）公文确定密级前，应当按照拟定的密级先行采取保密措施。确定密级后，应当按照所定密级严格管理。绝密级公文应当由专人管理。公文的密级需要变更或者解除的，由原确定密级的机关或者其上级机关决定。

（4）公文的印发传达范围应当按照发文机关的要求执行；需要变更的，应当经发文机关批准。涉密公文公开发布前应当履行解密程序。公开发布的时间、形式和渠道，由发文机关确定。经批准公开发布的公文，同发文机关正式印发的公文具有同等效力。

（5）复制、汇编机密级、秘密级公文，应当符合有关规定并经本机关负责人批准。绝密级公文一般不得复制、汇编，确有工作需要的，应当经发文机关或者其上级机关批准。复制、汇编的公文视同原件管理。复制件应当加盖复制机关戳记。翻印件应当注明翻印的机关名称、日期。汇编本的密级按照编入公文的最高密级标注。

（6）公文的撤销和废止，由发文机关、上级机关或者权力机关根据职权范围和有关法律法规决定。公文被撤销的，视为自始无效；公文被废止的，视为自废止之日起失效。

（7）涉密公文应当按照发文机关的要求和有关规定进行清退或者销毁。

（8）不具备归档和保存价值的公文，经批准后可以销毁。销毁涉密公文必须严格按照有关规定履行审批登记手续，确保不丢失、不漏销。个人不得私自销毁、留存涉密公文。

（9）机关合并时，全部公文应当随之合并管理；机关撤销时，需要归档的公文经整理后按照有关规定移交档案管理部门。工作人员离岗离职时，所在机关应当督促其将暂存、借用的公文按照有关规定移交、清退。

（10）新设立的机关应当向本级党委、政府的办公厅（室）提出发文立户申请。经审查符合条件的，列为发文单位。机关合并或者撤销时，相应进行调整。

四、公文处理的基本要求

《党政机关公文处理工作条例》第五条指出：公文处理工作应当坚持实事求是、准确规范、精简高效、安全保密的原则。各级行政机关的办公厅（室）是公文处理的管理机构，主管本机关的公文处理工作，并指导下级机关的公文处理工作。据此，公文处理的基本要求，可以概括为及时、准确、安全、统一。

1. 及时

及时是公文处理的时限要求。公文用以处理公务，要及时解决公务活动中的现实问题，这就决定了公文的时效性特点。要使公文处理迅速及时，当从三个方面入手：一是在指导思想上，牢固树立效率意识。公文处理的每道工序，都要及时畅达，快节奏、高效率地运转，防止出现"办事拖拉，不讲效率，不负责任，不守信用，公文旅行，互相推诿"的官僚主义现象。二是加强制度建设，实行科学管理。在公文管理的各个环节，建立岗位责任制，各司其职，各负其责，按照公文处理时限要求与规定程序，争分夺秒，抓紧办理，切忌拖拉延误。三是积极创造条件，加快实现办公自动化进程，提高办理公文的效率。

2. 准确

准确是公文处理的质量要求。公文处理的每一个环节不仅要及时，讲究效率，而且要注重质量，避免差错。要确保公文处理无误，关键在于加强责任心。公文处理人员要忠于职守，兢兢业业，一丝不苟。同时，要实现制度化。要建立和健全一整套公文处理的规章制度，诸如文件收发登记制度、文件传阅制度、文件催办制度、行文规则与行文制度、文件用印制度、文件立卷归档制度等。

3. 安全

安全是公文处理的保密要求。公文是国家、单位、公司秘密的载体之一。公文的安全保密是整个保密工作的重要组成部分。从公文的受理或撰拟，到公文的传递与处理、公文的立卷归档等各个环节，都有相应的保密要求。公文处理人员要牢固树立保密观念，严格遵守各项保密规定，确保秘密文件万无一失。

4. 统一

统一是公文处理的管理要求。公文处理要统一，不允许各行其是，必须由秘书部门统一管理。只有统一管理，才能实现公文处理工作的规范化。公文处理要实行"三个统一"：① 统一收发。机关、单位、公司的文件由秘书部门统一收发。② 统一办文。文件的分发、拟办、催办、审核、缮印、用印以至传阅传递等办文的主要环节，都由秘书部门负责。③ 统一管理。文件办毕后的立卷、归档、销毁，也是由秘书部门总揽办理。统一公文处理工作，秘书部门责无旁贷，因为这既是秘书部门的一项基本职能，也是秘书部门辅助领导的一项基础工作。

第五节 提高应用文写作水平的途径

一、学习理论，钻研业务

应用文写作是一项表达研究问题，处理工作，进行交流，解决问题的严肃工作。写作应用文要具备各方面的条件：要有鲜明的政策观念，正确的思想认识，丰富的业务知识，敏捷的思维能力，端正的写作态度。

众所周知，应用文写作不单纯是一个写作技巧和文章形式问题，而是"寓理之具""贯道之器"。没有理，没有道，是难以写出文章来的。应用文体，特别是公务文书，有强烈的思想性和政策性。作者只有认真学习马克思主义理论，学习党和国家的方针、政策，了解形势的发展，深入社会实际，把握工作情态，才能以正确的立场、观点、方法去认识事物、分析问题、解决问题。

除了学习理论知识之外，还要有丰富的业务知识，熟悉自己工作范围内的业务。知识贫乏，不熟悉业务，不深入了解情况，就不可能写出内容充实、材料精确的应用文章来。特别是专业性非常强的应用文书，如经济类、法律类和科技类的事务文书要有专门的知识和业务能力，才能正确地反映出客观事物的规律。所以，认真地学好理论，深入钻研业务，这是写好应用文的基本条件。

二、培养自己的综合素质

应用写作课是一门实践性很强的课程，不能仅仅停留在应用写作理论知识的层面上，还要从培养适应现代社会需要的富有创造精神和竞争力人才的角度出发，通过严格的写作基本功训练，使自己在理论与实践的结合上掌握写作规律，提高应用写作的能力和水平，并在写作实践中培养自己健全的人格、高尚的情操、坚强的意志、认真的态度，提高自己的综合素质。写作实践是强化写作思路的重要环节。以写作一篇调查报告为例，不仅要重视理论，更重要的是要重视写作实践。在写作实践中，必须走出课堂，步入社会，深入实际生活，亲自实践"调查——研究——写作"的全部写作过程，从而获得课堂上根本无法学到的实际写作技能。在写作之前，一定要先拟定调查提纲，查阅有关资料，熟悉调查对象的基本情况。在调查过程中，还须仔细观察调查对象的形状、特征，也可以通过提问、谈话、交往、问卷等方式进一步了解深层次的材料，并且把它记住。通过调查，自己采集到大量第一手和第二手资料，获取到感性认识，这只是完成了调查报告的第一步。而要把这些感性认识上升到理性认识，还必须对材料进行"去粗取精，去伪存真，由此及彼、由表及里"的科学分析、深入研究，从中归纳出一些规律性的东西。这是调查报告写作的第二步，也是能否写好调查报告至关重要的一步。然后从材料分类、归纳，观点提炼，到确立全文主旨，再到构思、结构安排，最后动笔写作。这样，不仅培养了自己科学分析的意识，而且锻炼了自己独立分析研究问题的能力。

三、多读、多写、多练

宋代文学家欧阳修说，学习写作要"看多，做多"。

看多，就是要多读多看报刊书籍，这对于提高写作能力有着重要作用。它能开阔视野，广泛了解社会；可以增长知识，充实写作内容；可以学习写作方法。对一些佳作名篇，反复研读，仔细揣摩，从中领悟"应该怎么写"和"不该怎么写"。所谓"凡操千曲而后晓声，观千剑而后识器"，就是这个意思。

　　做多，就是要进行写作实践。古人所说的"多读乃藉人之功夫，多做乃切实求己工夫，其益相去甚远"，就是强调进行写作实践的意义。写作是一种能力，如同绘画、游泳一样，光靠"听讲"和"看书"是不行的，还要靠自己去写。著名的语文教育家、作家叶圣陶说得好："所谓能力不是一会儿就能够从无到有的，看看小孩子养成走路说话的能力多么麻烦。阅读跟写作不会比走路和说话容易，一要得其道，二要经常历练，历练成了习惯，才算有了这种能力。"这就是说，学习写作，不但要读书悟理得其道，更重要的是还要变成实际能力，读别人的书和文章是吸收、借鉴，写文章最终还要靠自己去写、去表达。

　　多练，就是要不断地学习，不断地进行训练，养成一种勤学多练的习惯，把知识变成技能，把技能变成技巧。所谓熟能生巧，对于写作也是一样，写多了，练多了，就能写出得心应手的文章来。

第二章 礼仪文书

礼仪文书指人们在处理公共关系和进行社会交往活动时用来表达礼节、交流思想、传递信息和处理事务的文书。

人生活在社会中，为了生计，为了学习，为了事业，为了感情的沟通联系，常常需要开展各种社会活动，活动的开展又需要借助约定俗成的礼仪文书协助完成。所以，熟悉并且熟练撰写与应用社交礼仪文书是一个成熟的社会人起码的生存技能之一。

第一节 申请书·证明·简历·求职信·推荐信

一、阅读材料，身临职场

××职业学院文化与传媒系汉语专业××级学生张××，今年9月份已经是大学三年级的学生。听老师说，大三第六学期学生就要到社会进行顶岗实习了，虽说下学期开学是明年2月底，但寻找自己满意的工作最迟得今年11月份着手。参加社会顶岗实习要么到学校的实习基地集中实习，要么到自己准备就业的单位或企业进行自主实习；同时也要关注每年4—6月份各地的公务员、事业单位的招聘考试报名情况。就业逼在眼前，诸事提到日程上，看着同学们在紧张地为实习和就业忙碌着，张××也不免着急了。尽管老师授课时多多少少讲过实习和就业情况，但当时不怎么入耳，现在他比较糊涂。为了弄清楚实习和就业的准备情况，张××跑了一趟系办、教务处、就业处及学校附近的人才市场，对实习、校园招聘、企业招工、政府组织的招聘会、网上招聘、报考等情况进行了咨询，得到如下信息：不在学校安排的实习基地顶岗实习得写申请书请求批准，没有毕业证得出示学校证明材料，远程招聘得发求职信，公司面试需要提交简历，公务员、事业单位考试报名需要提交学校的就业推荐资料等。为了应对来年顶岗实习，元旦、春节的招工应聘及毕业后正式就业的报名考试，张××提笔准备材料，但觉得为难。主要是他觉得自己求职时没有什么优势，学校没有什么名气，学习成绩平平，唯一值得自己高兴的是比较喜欢英语，每天早读都积极练习口语，顺利通过了英语B级考试。所学专业不热门，他本人在学校期间也没有得到过任何先进、奖励或干部职位，连社会实践都没有参加过，唯一的一次家教机会还是同学不愿意去送给他的。他平时也没有什么特别的爱好，不能歌也不善舞，所以没有参加社团活动，学习之余，只是帮忙老师、同学录入和打印资料，制作PPT等。主要是老师、同学觉得他中英文录入速度极快，而且精通各种办公软件的使用，交给他做又快又好。他曾在一周内为学校录入近千份表格和曾为教师做过数百张PPT，并被其他老师作为模版广为引用。……基于自己的条件，张××只希望能在本地找一个听起来好听的公司或机关事业单位应聘工作，从事办公室工作，月工资待遇不低于1 000元，最好达到1 800元。张××如何去完成自己找单位实习及应聘或参加招考所需要的材料呢？材料的名称是什么呢？如果你是张××的话，你有把握应对吗？

二、任务分析，明确文种及处理

根据以上信息得知，张××为了实习、应聘企业及参加党政、事业单位的招聘考试，需要准备如下规范的礼仪文书。

（一）申请书

申请书是个人或集体向组织表达意愿，向某社团组织、机关、学校、企业、单位等管理部门的领导提出请求时使用的文书。张××应向系办提出到非学校实习基地实习的申请，用word文档编辑打印，打印后手写签名，按学校规定履行报批手续。

（二）证明

证明是一种书信，是以行政机关、社会团体、企事业单位或个人名义，凭借确凿的证据证明某人的身份、职务、经历或某件事情的真实情况时所使用的一种专用书信。因学生需要证明的内容各异，张××可以先写好证明书，用word文档编辑打印，经学院及系办有关责任人审核同意后，到学院办公室盖章。根据需要复印多份备用。

（三）简历

简历就是对某个人的生活经历有重点地加以概述的一种应用文。它是一个人生活经历的精要总结，在一定程度上是一个人的整体形象的缩影，因而是现代社会人事档案的一个重要组成部分，也是招聘员工、考察干部、选拔任用人才等必须具备的一份重要材料。

张××要根据自己的实际情况及优势制作并填写简历表，用word文档编辑打印，排版美观。根据需要打印多份备用。

（四）求职信

求职信也称自荐书，是求职者向用人单位和评审人介绍本人有关情况、表明求职意图、希望对方予以任用的一种书信体文书。

张××要根据实际情况及就业愿望撰写求职信。用word文档编辑打印，排版美观。求职信要根据不同的企业、单位、岗位对能力需要的不同设计内容，主要是突出自己胜任岗位工作的能力及特长。

（五）推荐信

推荐信是向有关单位或个人推荐有关人才的专用书信。推荐信可以是个人写给个人，也可以是个人写给单位或单位写给单位。推荐信一般是由第三者写给对方,也有向某单位、部门自荐的。

张××要到系办或学校就业处领取推荐表,填写后到相应的部门盖章,也可以自己设计表格用计算机填写相关内容,打印好经有关负责人审核后请学校就业处盖章。根据需要复印多份备用。

以上材料完成后,集中存放于自己熟知的某个公文袋内,妥当保管,以免丢失。电子文稿也要适当保存,方便留用。

三、掌握要点,模拟写作

(一)申请书

1. 示例

实习申请书

尊敬的老师、系领导:

我叫蒙××,是经济管理系××专业×级×班的学生,我应聘于×××公司实习。实习期从××××年××月××日到××××年××月××日,经家长同意,特向学院申请从××××年××月××日离校前往该公司实习,并保证做到以下几点:

1. 保证实习期间遵守单位规章制度,信守合同;
2. 保证实习期间遵纪守法,按《学生自主实习管理条例》完成任务,维护学院形象;
3. 保证实习期间注意人身安全,签订《自主实习安全协议》;
4. 按要求完成毕业设计及答辩,完成学业;
5. 实习期间,自觉与辅导员、指导老师保持联系,如学校因教学工作需要返校,保证及时返校。

请审核批准为盼。

申请人:×××
××××年××月××日

2. 写作要点

(1)申请书的格式:标题、称谓、正文、结尾、署名和日期。
(2)一事一文,开门见山提出申请事项。
(3)原因或保证要实事求是,简明达意。
(4)标题可写"申请书"也可写"××申请书"。

3. 根据材料内容代张××拟写一份实习申请

要求:
(1)结合张××的学校、专业等信息拟写。
(2)根据自己学校对实习的要求拟写保证内容。
(3)使用计算机 word 文档拟写。
(4)格式规范,编排合理,打印精美。

4. 文稿诊改

要求：
(1) 同学互相交换文稿阅读与修改。
(2) 教师抽改并点评学生文稿。

(二) 证明

1. 示例

(1) 固定式证明。

证　　明
××校办字×号

兹证明我校同志×××，因到××与你公司洽谈项目，工作时间为××××年××月××日至××××年××月××日，请解决交通、食宿问题。

特此证明。

××大学（盖章）
××××年××月××日

(2) 证件证明。

证　　明

兹有我厂工程师×××同志，技术员×××同志，前往广西、广东、云南等省，检查并修理我厂出产的××牌洗衣机和冰箱，希有关单位给予帮助。

特此证明。

××省××市××厂（公章）
××××年××月××日

(3) 材料存档证明。

证　　明

××大学党支部：

××××年××月××日来信收到。根据信中要求，现将你校×××同志的情况介绍如下：

×××同志，现年××岁，女，中共党员，是我校文传系老师，其本人、家庭历史以及社会关系均清楚。该同志对教学工作认真负责，科研教学成果突出，2001年曾获得本市"十佳青年教师"称号。

特此证明。

××省××市××大学党支部（公章）
××××年××月××日

(4)个人证明。

证　　明

××局负责同志：

刘××原为我文传系××级××专业学生，曾担任前学生会主席职务，在校期间，该生遵守学校各项规章制度，没有参与任何不利于安定团结的活动。

特此证明。

证明人：杨××
××××年××月××日

2．写作要点

（1）证明的结构一般由标题、称谓、正文、结尾、署名和日期构成。若没有固定的受文者，以"兹"引起正文内容。

（2）署名要加盖公章或签名，否则证明无效。

（3）对于随身携带的证明信，一般要求注明有效期限。

（4）个人名义所写的证明内容如果本人不太熟悉，应写"仅供参考"之类的提示。

（5）证明信若有涂改必须在涂改处加盖公章。

3．根据材料内容代张××拟写一份证明

要求：

（1）具体清楚地写明学历、学习、特长等情况。

（2）注意格式与落款，明确要加盖的公章。

（3）使用计算机 word 文档拟写与修改，编排精美。

4．文稿诊改

要求：

教师一边观察学生拟写一边回答学生的疑问，针对个别情况当面及时指导修改。

（三）简历

1．示例

个 人 简 历

姓　　名	赵×	性别	男	民族	汉	出生年月	19××.××.××
毕业学校	×××学院	学历	大专	专业	材料成型与控制工程		
政治面貌	中共党员	婚姻	未婚	籍贯	广西××县		
电话	134719314××	E-mail	3264933××@qq.com				
住　　址	××市××大道××花园	邮编	5371××				

（续）

资格证书	1. 英语四级 2. 国家计算机等级：二级 C 语言，三级 A 3. 秘书四级证书
能力 与特长	1. 能够熟练使用 Office 办公软件，掌握 C 语言编程 2. 具有一定的计算机硬件知识，学习过汇编语言，了解 HTML 网页编程语言 3. 能够熟练用五笔字型输入法进行文字输入，三年网龄，有个人主页 4. 有一定的文字功底并爱好文艺，××××年校园十大歌手之一 5. 大学期间连续三年获得院综合奖学金，多次获得优胜奖学金 6. 大三加入中国共产党
工作经历	1. 大一加入×××学院青年志愿者协会 2. 大二暑期在河北省×机械厂参加社会实践 3. ××××年第一次拥有自己的个人主页 4. 大三期间担任×××学院材料工程系学习科技部长 5. ××××年9月在太原晋西工业集团、太原重型机械集团进行生产实习
求职意向	应聘单位：无要求 应聘职位： 1. 机械工程类及材料加工相关专业 2. 政府部门职员 3. 事业单位职员 4. 企业单位相关的管理工作 5. 从事专业的相关工作，如模具设计、铸造等

2. 写作要点

（1）个人简历内容要真实，表达要简练，篇幅短小精悍。

（2）个人特长要认真提炼，只要是做好平常工作的真本事都是优势。

3. 根据材料内容代张××拟写一份简历

要求：

（1）提炼优势，准确表达。

（2）分析求职意向，准确表达。

（3）按示例格式填写相关内容。

（4）使用计算机 word 文档拟写，编排精美。

4. 文稿诊改

要求：

（1）学生自我检查文稿是否有错别字、病句或漏填项目并及时修正。

（2）分小组讨论：什么能力算是优势？大家对张××的优势分析与表达是否一致？谁的表达更吸引招聘主管的注意？

（四）求职信

1. 示例

求 职 信

尊敬的××经理：

  您好！

  我写此信应聘贵公司的经理助理职位。我很高兴在招聘网站看到贵公司的招聘广告，因为我一直期望能有机会加盟贵公司。

  两年前我毕业于××经济贸易大学国际贸易专业，在校期间学到了许多专业知识，如国际贸易、国际贸易实务、国际商务谈判、国际贸易法、外经贸英语等课程。毕业后，就职于一家外贸公司，从事市场助理工作，主要是协助经理制订工作计划、负责外联工作以及文件档案的管理工作。本人具备一定的管理和策划能力，熟悉各种办公软件的操作，英语熟练，略懂日语。我深信可以胜任贵公司经理助理之职。

  个人简历及相关材料一并附上，希望您能认同我是该职位的最佳人选，并希望能早日收到面试通知，我的联系电话：139××××××××。QQ：3264933××@qq.com

  感谢您阅读此信并望能考虑我的应聘要求！

  此致

敬礼

×××敬呈
××××年××月××日

2. 写作要点

（1）求职信有标题、称谓、正文、落款、联系方法等。

（2）谦虚、自信、真实地介绍自己的优势及求职愿望，表明自己是勤奋、踏实、稳重的人。

（3）报酬可以从很多途径了解，但不在求职信中提出。等面试后感觉到自己有可能被录取了，再跟面试人员沟通，提出自己的愿望。

3. 根据材料内容代张××拟写一封求职信

要求：

（1）格式规范，内容正确，与张××的情况相符。

（2）使用计算机 word 文档拟写与修改，编排精美。

（3）掌握正确的发电子邮件的方法。

4. 文稿诊改

要求：

(1) 学生自己修改编排后发送到授课教师邮箱。
(2) 教师选择3~5篇文稿做个别辅导并集中讲评。
(3) 注意学生发送邮件方法是否正确并及时提请学生修正。

（五）推荐信

1. 示例

（1）信函式推荐书。

推 荐 书

××国××航空公司航务部×××女士：

  近闻贵公司拟在中国招聘一批属员驻北京办事处，现推荐林××先生赴你处待聘，望予接纳任用为幸。

  推荐人，高××，男，现任中国××航空公司××部副部长。××××年毕业于××航空学院，硕士研究生学历。发表专著四部，论文数十篇，计100万余字。

  通信地址：中国××航空公司××部 邮政编码：××××××

  被推荐人，林××，男，现年30岁。林××生于××××年，毕业于××民航学院运输专业，获学士学位。毕业后分配到我售票处工作。××××年获中国民航系统等级证书。林先生对航务知识较为熟悉，有一定的工作经验，有较高的英语水平。我相信他是可以胜任贵处工作的。

  切盼尽快答复。

  祝一切顺利！

高××
××××年××月××日

（2）表格式推荐书。

×××学院毕业生就业推荐表

姓　　名	赵×	性　别	男	民　族	汉	出生年月	19××.××.××
毕业学校	×××学院	学　历	大专	专　业	材料成型与控制工程		
政治面貌	中共党员	婚　姻	未婚	籍　贯	广西××县		
电　　话	134719314××	E-mail		3264933××@qq.com			
住　　址	××市××大道××花园	邮　编		5371××			
自我鉴定	本人是××学院××专业大三的学生，即将走向社会进行工作。三年来遵守纪律，勤奋学习，努力参加社会活动，思想逐渐成熟，工作能力也获得不断的提高，具有了从事社会工作的能力。 一、个人有较强的能力与特长 能力与特长主要表现在： 1. 能够熟练使用Office办公软件，掌握C语言编程 2. 具有一定的计算机硬件知识，学习过汇编语言，了解HTML网页编程语言 3. 能够熟练用五笔字型输入法进行文字输入，三年网龄，有个人主页						

(续)

自我鉴定	4. 有一定的文字功底并爱好文艺，××××年校园十大歌手之一 5. 大学期间连续三年获得院综合奖学金，多次获得优胜奖学金 6. 大三加入中国共产党 7. 考取了英语四级//国家计算机等级：二级C语言，三级A//秘书四级证书 二、参加社会实践，有工作经验 主要的工作经历有： 1. 大一加入×××学院青年志愿者协会 2. 大二暑期在河北省×机械厂参加社会实践 3. ××××年第一次拥有自己的个人主页 4. 大三期间担任×××学院材料工程系学习科技部长 5. ××××年9月在太原晋西工业集团、太原重型机械集团进行生产实习
系（部） 推荐意见	该生所述属实。同意推荐。 ×××学院××系（盖章） ××××年××月××日
学院推荐意见	该生所述属实。同意推荐。 ×××学院就业指导中心（盖章） ××××年××月××

2. 写作要点

（1）内容必须真实、准确、客观，针对需要而重点推介。

（2）落款是个人的要手写签名，写上年月日。

（3）落款是单位的要写全称并加盖公章，写上年月日。

3. 根据材料内容为张××拟写一份推荐信

要求：

（1）格式规范，内容正确，与张××的情况相符。

（2）使用计算机word文档拟写与修改，编排精美。

（3）模拟系部、就业中心签署较为详细的意见。

4. 文稿诊改

要求：

（1）审查自我鉴定是否已经将张××的思想、学习、生活、工作情况进行了概述并突出了他的能力和社会工作经历。

（2）检查表达是否准确，简洁，有无病句、错别字。

（3）检查word文档编辑是否妥当，表格是否美观整洁。

四、多看多读，拓展与迁移

要求：

（1）每天阅读 2 份以上的报纸，了解形势，把握就业动态。主要是培养阅读习惯，提高阅读速度，积累写作素材。

（2）尝试为自己写一套求职材料：申请书、证明、简历、求职信、推荐信。主要是通过写作，反思自己的优点和缺点，更好地认识自己，有计划地发扬优势，改正缺点，不断地丰富自己简历，提高自己的就业能力。

（3）查阅辞职书的写作范例。

第二节　邀请书·请柬·聘书·祝词

一、阅读材料，身临职场

××大学毛泽东思想研究会为纪念毛泽东同志一百周年诞辰，定于××××年××月××日在××大学举行"毛泽东同志一百周年诞辰学术研讨会"。主办学校××大学的书记梁××到会庆贺。大会邀请本地 5 所高校的书记和教育厅思政处处长作为大会的嘉宾。会议内容为：①宣读学术论文。②交流教学、科学研究经验。③换届选举研究会主要负责人。出席会议的代表原则上应向大会提交学术论文。会议的住宿费、伙食补助费、往返交通费由大会负担。大会要求研究会会员接到通知后，立即向大会筹备组寄回代表登记表（在会前七天不见寄回登记表，即视为不出席会议，不再安排食宿）。报到时间：××××年××月××日。报到地点：××市××宾馆（××路××号）。代表登记表请寄：××省××大学××研究所李××同志。联系电话：×××××××，传真：×××××××，电子邮箱：×××××@126.com，联系人：李老师。

刚参加工作不久的杨××是毛泽东思想研究会会长的助理，此次会议的工作主要是负责与与会人员的联系；拟定与发送相应的信函，印制换届需要的任职文书，拟写××大学书记梁××的讲话稿等。你是杨××的话怎样开展工作呢？

二、任务分析，明确文种及处理

根据以上材料的信息，杨××为了做好大会的前期工作，需要准备如下规范的社交礼仪文书。

（一）邀请书

邀请书是邀请对方前来参加会议、作学术报告以及婚宴丧葬的一种专用书信。是行政机关、企事业单位、社会团体或个人邀请有关人士前往某地参加某项活动或事宜的专用书信，又称邀请信。

根据会议内容拟定邀请书，找到会员名册，确定人数后打印，填写会员名字并盖好公章，按会员地址在会前 30 天左右寄送或发电子邮件。对重要的与会人员，邀请书发送后需要及时电话追踪，落实对方是否收到会议邀请书。

（二）请柬

请柬，又称为请帖、柬帖。为了邀请客人参加某项活动而发的礼仪性书信。

根据会前会长等领导拟定的嘉宾、领导的名单，先个别打电话联系对方，看对方是否能参加会议。得到对方的答复后，拟制正式的请柬，填写相应的内容，套上规范的封套。近的亲自送上门，远的寄送，然后打电话跟踪，确认对方已经收到。需要对方讲话的，可在电话中告知具体情况并及时沟通协商有关事宜，做好服务工作。

（三）聘书

聘书也称聘请书，一般指机关、团体、企事业单位聘请某些有专业特长或有威望的人完成某项任务或者担任某项职务时所发的邀请性质的专用书信。

根据选举的职务名称及数额拟定并制作相应的聘书。尚未选举，人名处先留空，待选举结果出来后及时填写递交领导颁发。

（四）祝词

祝词指在社会活动中为欢庆佳节、迎送宾客或者举办其他隆重庆典时，领导人向公众表示节日祝贺或主客双方分别向对方表示祝贺、欢迎、答谢所使用的讲话稿。祝词分为：① 祝贺词。用于各种集会或聚会场合的讲话。② 祝酒词。在宴会开始，主人向客人表示热烈的欢迎、亲切的问候、诚挚的感谢并表示衷心祝愿的应酬之辞。③ 祝寿词。它是在寿辰纪念活动中所作的祝福。公务祝寿多用于国内外著名人士，有突出贡献的专家、学者，或其他选定的对象。

杨××要写的是一份祝贺词。先搜集查阅毛泽东思想研究会的工作成就，再结合会议内容拟写初稿交直管领导审阅，按领导意见修改后打印送负责讲话的领导审核，如负责讲话的领导有修改意见，按其意见修改。修改后至少打印 3 份，送交负责讲话的领导一份，存档一份，自己留存一份备急用。

三、掌握要点，模拟写作

（一）邀请书

1. 示例

××大学××学院×周年院庆校友邀请函

亲爱的×××校友：

×年风雨兼程，宏基初奠；×年春华秋实，桃李满园。××××年，××大学××学院迎来×周年华诞。这是学院建设与发展史上里程碑式的时刻，是续写光荣与梦想的盛典，更是继承优良传统，再创荣耀与辉煌的新起点！

学院组建以来，在各级领导、海内外各界人士以及历届校友的广泛关注和大力支持下，××大学××学院以创建"国内一流、世界著名"的××学院为目标，以培养和造就高级××××人才为使命，秉承"远见、求实、创新、奉献"的理念，不断开拓创新，砥砺进取，在学科建设、人才培养、科学研究、社会服务和国际交流等方面均取得了辉煌的成就。借此×年院庆之际，学院将于××××年×月×日下午举行××大学××学院校友会成立大会，诚邀海内外校友欢聚校园，分享成功经验，共创辉煌未来。

亲爱的校友，无论您是毕业已久，还是昨日挥别，学院都时时刻刻牵挂着您，关注着您，祝福着您。在此×周年院庆之际，学院热忱期盼您拨冗莅临，畅叙桃李情深，共享欢乐盛会，热议发展大计，同谱精彩华章！

××大学××学院
××××年×月×日

2. 写作要点

（1）邀请书由标题、称呼、正文、结尾和落款五部分组成。

（2）被邀请的有单位也有个人，发出邀请的有单位也有个人。发出者是单位的加盖公章，个人的手写签名，以示慎重。

（3）正文通常写出举办活动的目的、时间、地点、内容、方式及邀请对象要准备的工作。

（4）活动中的各种事宜务必在邀请书中写周详，使得受文人知道如何按时参会。

3. 根据材料内容代杨××拟写一封邀请函

要求：

（1）正文内容符合材料提供的信息。

（2）使用计算机 word 文档拟写，编排精美。

（3）若打印请选择粉红色纸张并加盖公章。

4. 文稿诊改

要求：

（1）教师指导学生核对会议事务是否写得周详。

（2）指导学生恰当选词表达期盼与感谢之意。

（二）请柬

1. 示例

封面

××人民艺术剧院剧目座谈会
请　柬

内页

> ×××先生（女士）：
>
> 　　您好！
>
> 　　为弘扬话剧艺术，丰富话剧演出剧目，兹定于××××年××月××日上午×时，于××部招待所召开××人民艺术剧院剧目座谈会，恳请得到您的支持，届时敬请光临。
>
> 会议地点及行车路线：××宾馆1号会议厅，×路公交车直达。
> 联系电话：136×××××××
> 联系人：张先生
> 要求：务备讲稿，以便编印文集。
>
> ××人民艺术剧院（盖章）
××××年××月××日

2. 写作要点

（1）请柬是单位或个人邀请上级领导、兄弟单位的有关同志前来参加重要的纪念、庆祝、茶话等活动而使用的一种告知性礼仪文书。

（2）请柬一般由标题、称呼、正文、结语、落款五部分组成。正文简短，写明活动名称、地点、时间即可。

（3）根据制作形式，请柬可以分为横式的和竖式的，单页的和折叠的，单面的和单页双面的，有封面的和无封面的，有装饰图案的和无装饰图案的，单色的和套色的等。

（4）落款署名夫妻二人的，两人姓名亦应并列书写，男左女右。落款是单位的要加盖公章。

3. 根据材料内容代杨××拟写一封请柬

要求：

（1）正文内容符合材料提供的信息。

（2）设计制作请柬，编排精美，颜色恰当。

4. 文稿诊改

要求：

（1）展示学生制作请柬的成果。

（2）教师指导学生对作品挑毛病，讲究做好细节，力求完美。

（三）聘书

1. 示例

（1）套封式。

封面

××大学

聘　书

内页

×××总经理：

　　为了提高教学质量，以适应职业教育实践教学发展的需要，我校成立了专业指导委员会。您长期以来从事旅游管理的经营活动，市场营销经验丰富，是行业专家。我校特聘您为旅游管理专业指导委员会副主任。聘期暂定为三年。

　　此聘

××大学（盖章）
校长：×××（章）
××××年×月×日

（2）信函式。

聘　请　书

×××同志：

　　经研究，决定聘任你为×××公司人力资源部部长，任期三年，时间从××××年×月×日至××××年×月×日。望你能按公司制度开展有创新性的工作，为公司的发展作奉献。

　　此致

敬礼

××公司（盖章）
总经理（签名）：×××
××××年×月×日

2．写作要点

（1）聘书一般由标题、称呼、正文、结语、落款五部分组成。
（2）正文主要内容有：聘请的原因、具体工作或职务、任期时间等。
（3）落款要盖上公章，负责人签名、日期等。

3．根据材料内容代杨××拟写一份聘书

要求：

（1）正文内容符合材料提供的信息。
（2）使用计算机 word 文档拟写，编排精美，颜色恰当。

4. 文稿诊改

要求：
教师指导学生对作品挑毛病，讲究做好细节，力求完美。

（四）祝词

1. 示例

（1）祝贺词。

在××旅行社成立大会上的祝贺词

尊敬的各位领导、各位来宾、旅游界的各位同仁：

在即将跨入××××年的时刻，我们迎来了××旅行社成立的大喜日子，今天我与各位十分荣幸地应邀参加××旅行社举行的成立庆典。谨此，请允许我代表××市以及××公司全体同仁向××旅行社的成立表示最诚挚和最热烈的祝贺。

依托行业自身的优势和独有的客户资源开展旅游招商和接待服务业务并取得优异的业绩这在全国不乏许多成功的例子，如邮电、铁路、航空、电力等系统自办的旅游企业。随着××旅行社的成立呈现给我们的将是独特的经营理念、先进的管理模式和优秀的企业文化。

众所周知，国内旅行社行业存在的最大弊端是"小、弱、散、差"，根本经不起大的风浪和冲击。现代市场经营的最新理念是：与其竞争不如合作。我们的经验是：合作实现多赢，合作实现发展。因此，我们也期待着与××集团的公平竞争和友好合作。在市旅游局的关怀领导下，在市旅游协会的帮助指导下，凝聚行业意志，保持协作联系，达到信息共享，共同促进××市旅游业的健康和快速发展。未来旅行社业的发展必将朝着"集团化、品牌化、网络化、国际化"的方向发展。我们相信，随着××旅行社等新兴旅行社企业的相继创立，××市必将迎来又一个美好的春天。同时，我们也热切期待着××旅游业旗舰集团的早日诞生。

最后，祝××旅行社开业大吉！蒸蒸日上！祝各位领导、各位来宾、各位同仁工作顺利！事业发达！×年吉祥！

谢谢大家！

（2）祝酒词。

在××品牌订货会宴会上的祝酒词

各位领导，各方来宾，广大经销商朋友：

今晚，我们欢聚一堂，共同祝贺××品牌××××年春夏秋季订货会圆满结束。值此良辰美景，请允许我代表××公司的全体员工，对大家百忙之中抽空光临表示热烈的欢迎，同时，××的发展离不开各位的大力支持，借此机会，我向你们表示最真诚的感谢！

通过本次订货会拓宽了××品牌的知名度、认知度、美誉度，同时我们充分利用订货会的大好机会，全方位整合了以往较为狭窄的传播渠道，实现第一次较为集中的品牌传播，拉动××

市场的销售,让来自各地的经销商见证了××分公司整体优势及对品牌运营的大手笔!使原本一次较为暗淡的活动重获生机!

现在我提议,为这次订货会的顺利召开,为我们今日的相聚,为我们的美好明天,干杯!

(3)祝寿词。

奶奶九十大寿祝寿词

尊敬的各位父老乡亲、亲朋、好友们:

大家好!

春秋迭易,岁月轮回,如今的生活如芝麻开花节节高!我们应该感谢一代又一代亲人的养育之恩。今天,我们欢聚一堂,就是为给予我血脉和良好教育的老奶奶庆祝九十大寿。

我首先代表所有的晚辈、所有的来宾向奶奶送上最真诚、最温馨的祝福,祝奶奶福如东海,寿比南山,健康如意,福乐绵绵,笑口常开,益寿延年!

我的奶奶,一生育有5个儿女,她和爷爷含辛茹苦竭尽全力把5个儿女培育成人。为了儿女们健康成长、成家立业,奶奶在生活上精打细算,操持家务,任劳任怨,把痛苦与困难留给自己,把快乐与方便让给儿女,使儿女们一个个成家立业,孙子们一个个长大成人。她教育我们与人为善,好事多办,办实事、做好事,要堂堂正正做人。尤其是奶奶不怕辛苦,坚持要子孙读书,读好书,才有我们今天发家致富的好日子,才能使我成为新农村建设经济发展的带头人。奶奶的一言一行,为我们晚辈树立了良好的学习榜样,她是儿女们的好母亲,是儿媳们的好婆婆,更是孙子们的好奶奶!我们尊敬她,爱护她!

九十年风风雨雨,九十载生活沧桑。虽然岁月的皱纹爬上了奶奶的额头,但她的精神却青春永驻!奶奶的勤劳善良、宽厚待人、严爱有加、积极向上的品格,我们将永远牢记!

嘉宾旨酒,笑指青山来献寿。百岁平安,人共梅花老岁寒。让我们举杯!一起恭祝我的奶奶增福增寿增富贵,添光添彩添吉祥!同时也祝愿各位父老乡亲、亲朋、好友们幸福安康!

2.写作要点

(1)祝词一般包括标题、称谓、正文、落款四个部分。

(2)祝词感情真挚、热烈;篇幅短小、精悍;语言富有文采。

3.根据材料内容代杨××拟写一份祝词

要求:

(1)搜集或上网查阅毛泽东思想研究会的工作成就备用。

(2)正文内容符合材料提供的信息。

(3)使用计算机 word 文档拟写,按规范格式打印,编排精美。

4.文稿诊改

要求:

教师组织学生模拟领导大会上讲话并作用词点评修改。

四、多看多读，拓展与迁移

要求：
（1）查阅习近平同志 2015 年 1 月 1 日在全国政协新年茶话会上的讲话。
（2）查阅欢迎词、欢送词、答谢词的写作范例。

第三节　倡议书·喜报·表扬信·慰问信

一、阅读材料，身临职场

　　××市在 2014 年 1 月初召开全市招商引资工作表彰大会，市委书记黄××要求：要不断优化投资环境、精心做好项目策划包装，切实把招商工作摆在重要位置，抓住××市列入国家×××××经济区的历史机遇，创新招商形式，大招商，招大商，加快推进，率先突破发展。

　　会后××市招商局共青团向全市干部群众、社会各界人士发出倡议：在 2014 年新的发展阶段，全市各级各部门要进一步提高认识，切实增强招商引资的责任感和紧迫感，努力工作，争取提前完成新一年的招商任务。一是要正确把握形势，不断增强竞争意识。切实把加快发展作为"第一要务"，把招商引资作为"第一要事"，充分用好一切有利条件，调动一切积极因素，努力在扩大对外开放、招商引资上做文章、下功夫，谋求新的更大的发展。二是要深化市情认识，不断增强责任意识。坚持不懈地推进招商引资，吸引更多的客商投资我市，努力使外来投资成为我市资本投入的重要支撑和固定资产投入的重要增长点，不断增强经济发展活力。三是要推进思想解放，不断增强创新意识。摒弃一切与招商引资不相适宜的思想观念，牢固树立开放意识，不断更新观念，创新体制机制，努力形成大招商、招大商的社会氛围，实现招商引资的大突破。

　　××市××镇积极响应市招商局共青团的号召，开展了"招商引资百日决战"活动。首先进行了再发动，及时召开了辖区所属单位和企业招商引资工作动员会议，统一思想认识，激发大家招商热情。向干部群众、社会各界人士发出了"招商引资百日决战倡议书"，要求大家广泛推介××镇，宣传××镇，为招商引资出计献策。

　　××镇有线台开辟招商引资百日决战专栏，宣传招商引资重要意义和奖励政策等内容。努力营造了"人人关心招商、人人宣传招商、人人支持招商"和"会招商光荣、能招商有功、招成商有奖"的浓厚招商氛围。

　　招商引资动员会第二天，各专业招商人员就带着《招商引资投资指南》等宣传材料，奔赴青岛、上海、江苏、北京等地，通过在外知名人士和企业界朋友，广泛开展招商引资活动，现已达成投资意向 60 多条，近期不断有投资商来考察洽谈。目前，在谈项目 22 个，新签约项目 19 个，开工项目 19 个，新投产项目 5 个。经过大家的努力，全镇招商引资和项目建设取得了显著成效。今年 1—11 月份××镇共引进内资项目 14 个，完成实际利用内资 49 568 万元，占年度计划的 110.2%；共引进外资项目 4 个，合同利用外资 1 110 万美元，到账外资 1 126 万美元，占年计划的 102.4%。1—11 月份，××镇已经提前一个月超额完成本年度招商引资任务。镇领导及时将喜讯报告了市招商局,市招商局在本市招商网站上对××镇的招商引资工作进行了表扬并上报市委市政府推广新经验,同时,用红纸把表扬信贴到了办公室门外的宣传栏橱窗上。

市委市政府肯定了××镇招商引资工作对全市经济发展的推动作用,在2015年元旦到来之际,市委市政府分管招商引资的副书记尹××亲自到××镇慰问招商引资有功人员,不但送来了大红纸书写的慰问信和奖金,而且召开了座谈会。会上大家积极总结经验,并表示在2015年继续努力工作。最后尹××副书记激情洋溢地讲道:市委市政府继续抓好招商引资为地方经济发展服务,中心工作有:一要精心做好项目策划包装。结合制定"十二五"规划,重点围绕××××经济区建设,把各种发展优势与外商的投资热点和方向相结合,精心策划论证一批高质量的重大项目,为招商引资奠定坚实基础。二要不断完善招商优惠政策。积极拓宽思路,科学合理制定招商引资优惠政策,加大优惠政策的落实力度,吸引更多的外地客商来我市投资兴业。三要积极创新招商方式方法。丰富招商方式,不断提高招商引资成功率。四要切实优化招商引资环境。不断优化政务环境,切实转变政府职能,建立外商投诉举报机制和损坏投资环境责任追究制,不断优化服务环境,在全社会形成"亲商、重商、爱商、敬商、富商"的良好风尚和按章办事、文明经商、诚实守信的浓厚氛围。希望××镇继续实行"两轴齐动,两链齐转,三轮齐飞"的发展规划,突出瞄准大项目,积极抓好项目落实。努力抓住一切发展机遇,用活一切有利条件,调动一切积极因素,坚定不移地推进招商引资和项目建设,坚定不移地推进经济结构调整和发展方式转变,开创经济社会更好更快发展的新局面。会后,尹副书记兴致勃勃地参观了招商引资项目的建设情况,专业招商人员倍受鼓舞。

在这一系列的工作中,××市招商局办公室、××市××镇政府办公室、××市市委办公室的秘书工作人员为了协助领导完成这一系列的工作,分别要拟写不同的文书。仅就礼仪文书而言有哪些呢?

二、任务分析,明确文种及处理

根据以上材料传达的信息,各级部门为了做好招商引资的工作,办公室人员需要拟写如下规范的社交礼仪文书。

(一)倡议书

倡议书是发起、首倡和倡导某种建议,或者提议做某些有意义事情,以期引起人们响应而使用的一种文书。

××市招商局办公室以本单位共青团的名义根据市2014年招商引资总结大会上市委书记的要求向全市干部群众、社会各界人士发出倡议,号召积极有效的招商,需要写倡议书。××市××镇政府办公室也要拟写招商引资百日决战倡议书。倡议书的文稿经领导审核后发布。一是张贴在宣传橱窗或办公室门口显眼的地方,让大家知情宣传。二是在相关的网页上发布,让全社会的人关注。三是利用广播、电视等其他有效的宣传手段宣传。

(二)喜报

喜报是信息传达的一种文体,用来反映各方面取得的优异成绩,调动工作人员的积极性。分为上级向下级的喜报和下级向上级的喜报。

××市××镇政府办公室将提前一个月完成招商引资任务的好成绩上报××市招商局。喜报文稿经领导审核打印后盖章。一份上报，一份存档。

（三）表扬信

表扬信是用来表彰某个行政机关、企事业单位、社会团体或者个人的先进思想、先进事迹、高尚风格，用以弘扬正气的一种专用书信。

××市招商局核实任务后对××镇政府及有功人员进行表扬，文稿审核后张榜公布，发送受表扬的单位或个人。

（四）慰问信

慰问信是行政机关、企事业单位、社会团体或个人对工作中作出巨大贡献或蒙受重大损失的集体或个人表示问候、鼓励和关切的专用信体。

××市委市政府 2015 年元旦对××镇政府及有功人员发慰问信。文稿审核后张榜公布在受慰问的单位或座谈会上由领导宣读。

如果你的工作从基层做起，先是进入乡镇办公室，然后因为工作的需要到了市招商局办公室。在市招商局因工作努力，文笔好，声誉不错，市委又把你调到市委办公室工作。在不同的时间内，你接触到了类似的工作，需要拟写类似的文稿，你可以完成吗？

三、掌握要点，模拟写作

（一）倡议书

1. 示例

倡 议 书

今年 5 月 31 日是第七个"世界无烟日"，世界卫生组织确定的主题是"大众传播媒介宣传反对吸烟"，希望各传播媒介将今年世界无烟日作为一个新开端，为我国早日控制烟害作出贡献。我们谨向全国各报社、杂志社、电台、电视台和大众传播媒介倡议：

一、根据各自的特点，坚持做好反对吸烟的宣传，以各种形式向大众传播吸烟有害的知识，介绍戒烟方法，报道国内外控烟信息及相关科学文章。

二、不与国内外烟草公司或其广告代理人签订任何为烟草做广告的刊播合同。

三、在制作、刊播的影视作品中，努力杜绝和减少吸烟的镜头，尤其是特写镜头，以及对青少年产生诱导的形象。

四、应采取积极控烟措施。新闻出版工作者、大众传播工作者应率先在工作场所和公共场合做到不吸烟，争取成为无吸烟先进单位。

让我们共同努力，为把我国建设成为文明的社会主义现代化强国，为实现21世纪全世界由控制吸烟到"无烟生活环境"的目标而奋斗！

发起单位：中央电视台
中央人民广播电台
《光明日报》
《健康报》
《中国环境报》
××××年××月××日

2．写作要点

（1）倡议书一般由标题、称呼、正文、结尾、落款五部分组成。

（2）正文开头首先写明形势、背景以及发起倡议的目的、原因；然后分条列出倡议的具体措施，写清楚希望大家做什么、怎么做，使响应者做到心中有数，以便采取行动。

（3）结尾用鼓动性的语言，表明倡议者的决心和愿望。

3．根据材料内容代拟一份倡议书

要求：

（1）正文内容符合材料提供的信息。

（2）两份倡议书选写一份。以××市招商局共青团的名义或××镇政府的名义，要注意区别两单位所倡议的内容。

（3）使用计算机 word 文档拟写，编排精美。

（4）了解网上发布信息的方法。

4．文稿诊改

要求：

教师重点指导学生互查倡议书开头和结尾的语意表达是否简洁、恰当。

（二）喜 报

1．示例

（1）下级对上级的喜报。

喜　报

商业局党委：

我厂于5月3日提前完成了第二季度局里下达的生产任务，特向局党委报喜！

我厂今年第二季度之所以如此快地完成了生产任务，是局党委的正确领导，全厂职工同心协力、开拓拼搏、苦干实干的结果。

现在，我们正精心安排，再接再厉，为争取保质保量提前完成第三季度生产任务而奋斗！

此致

敬礼

××水泥厂（盖章）
××××年××月××日

（2）上级对下级（个人）的喜报。

喜　报

在全体职工的共同努力下，我工会被××市总工会评为 2013—2014 度"××市模范职工之家"，特此报喜。并预祝全体同仁新年快乐、万事如意！

××市××工会（盖章）
××××年××月××日

2．写作要点

（1）写上喜报的成绩要具有代表性、突出性、优异性。不要滥用喜报，只有重大的胜利、突出的成绩、优异的成就、重要的成果才有用喜报的必要。

（2）要实事求是、恰如其分地报喜、报捷，不夸大，不缩小，更不能弄虚作假。所写的材料、数字一定要真实、准确，令人信服和感到可喜，切忌浮夸风。

（3）语言文字要朴实、简洁、精悍、凝练、明确、具体、流畅、欢快，不要说空话、套话、大话、过头话。

3．根据材料内容代拟一份喜报

要求：

（1）代××市××镇办公室拟写一份喜报。

（2）正文内容符合材料提供的信息。

（3）使用计算机 word 文档拟写，编排精美。

（4）格式规范，加盖公章。

4．文稿诊改

要求：

教师重点指导学生互查喜报内容的表达是否做到真实准确，明确具体。

（三）表扬信

1．示例

（1）上级对下级。

表 扬 信

××××中学：

在开展"全民文明礼貌月"活动中，你校学生在学校领导、教师、干部的带动下，不仅从自己做起，从本校做起，搞好了清洁卫生，注意了文明礼貌，而且走上街头，热情宣传，清理环境，维持交通秩序，为建设精神文明做出了模范带头作用。为此，特授予你校"五讲四美标兵"的光荣称号。希望你校全体师生，发扬优良作风，戒骄戒躁，为取得更大的成绩而努力！

××市人民政府
××××年××月××日

（2）群体之间的表扬信。

表 扬 信

××××技校领导：

×月×日中午，由于孩子在家玩火，造成一场大火灾，当时我们尚未下班。贵校学生王××发现火情之后，不顾自己身体有病，奋不顾身冲进火海。由于火势凶猛，屋里浓烟滚滚，王××冲进屋后，房门马上被紧紧地吸住，外面的人进不去，都为王××捏着一把汗。王××在呼吸困难的情况下，临危不惧，急中生智，打破窗户玻璃，使屋里压力减轻，门得以打开，孩子得救了。在王××的带动下，大火终于被众人扑灭，王××同学却被烧焦了头发，烫伤了双手，该同学的英勇表现让在场的所有人赞不绝口。

正值全国开展学雷锋运动之时，贵校学生王××不顾个人安危，临危不惧，挺身而出，救人于危难，这一高尚行为是我们学习的榜样。我们除向王××同学学习外，特写信向贵校建议，请贵校领导把王××的英雄事迹广为宣传，予以表彰，使广大学生以王××同学为榜样，将学雷锋运动推向高潮。

此致

敬礼！

失火者：×××
××××年×月×日

2．写作要点

（1）表扬信是用来表彰某个行政机关、企事业单位、社会团体或者个人的先进思想、先进事迹、高尚风格，用以弘扬正气、鼓舞斗志的一种专用书信。

（2）表扬信可以张贴、登报，也可在电视、网络等媒体上发布。

（3）表扬的内容要真实，不夸大不缩小，语气热情，文字朴素。

（4）时间上要及时宣传好人、好事、好风尚和先进事迹。

3．根据材料内容代拟一封表扬信

要求：

（1）代××市招商局办公室拟写一封表扬信。

(2) 正文内容符合材料提供的信息。

(3) 使用计算机 word 文档拟写,编排精美。

4. 文稿诊改

要求:

教师重点指导学生用热情的语气宣读表扬信,对不恰当的词句进行修改。

(四) 慰问信

1. 示例

(1) 节日慰问信。

致干部家属春节的慰问信

尊敬的家属:

新年伊始,万象更新。伴随着喜悦,满怀着憧憬,我们告别了硕果累累的2013年,踏入了充满希望的2014年。值此新春佳节之际,××镇党委、政府向您致以节日的问候!衷心感谢您多年来对家人及全镇各项工作的关心、支持和鼓励!

过去的一年,是实施"十二五"规划的关键一年。镇党委、政府全面贯彻党的十八大精神,以邓小平理论和"三个代表"重要思想为指导,深入贯彻落实科学发展观,紧紧围绕"农业增效、农民增收、社会和谐"的总体目标,以抓项目、调结构、强基础、惠民生为主线,以开展创先争优活动和优化经济发展环境为抓手,突出抓好优势产业、基础设施、民生工程、社会事业建设,着手抓好重大项目落实,重大问题解决,重大工作突破,重大形象打造,推进我镇经济社会又好又快地发展。一路走来,一路感动!每一步都凝结着各位家属和亲人的大力支持和无私付出!是你们给予广大干部克服困难的信心和力量,使他们能全身心地投入到××镇建设的事业中,在自己的岗位上创造业绩,实现价值。一切成绩的取得离不开你们的辛劳和奉献,在此,我们谨向你们表示衷心的感谢,并致以崇高的敬意!

展望未来,我们信心百倍。2014年是实施"十二五"规划承上启下的重要一年,也是我镇抢抓机遇、加快发展的关键之年。真诚的希望各位家属和亲人能一如既往地支持全镇干部的工作,关注××镇的发展,让我们在县委、县政府的正确领导下,团结和带领全镇广大人民群众,凝心聚力、抢抓机遇、顽强拼搏、开拓进取,以饱满的热情,务实的作风,共同开创××镇经济社会发展的新局面!

祝大家新春愉快,身体健康,家庭幸福,万事如意!

中共××县××镇委员会
××县××镇人民政府
2014 年 1 月 1 日

(2) 灾难慰问信。

给地震灾区同胞们的慰问信

尊敬的××地区的同胞、兄弟姐妹们:

惊悉××发生了强烈地震,造成无数家园损毁,家庭破碎,我们深感痛心。望着你们一张张惊恐、悲痛的面容，我们的泪水一次次夺眶而出。

潸然泪下的同时，不知如何表达我们心中的感情；心里虽有千言万语，口中却无语哽咽。电视画面和报纸照片上，残垣断壁，处处废墟，一片疮痍，不忍触目。只有默默为那些遇难的同胞们哀悼，为那些幸存的兄弟姐妹们祈祷祝福。

人在大自然面前，虽然是那么渺小、脆弱，但人类奋争的精神永存。灾难并非绝望，坚强就是希望！兄弟姐妹们，你们失去了家园，祖国就是你们温暖的家；你们失去了亲人，我们就是你们的兄弟姐妹！希望你们化悲痛为力量，早日从废墟中勇敢、顽强地站起来，战胜灾难，重建家园。

谨此将同仁们捐献的×万元人民币捐献给灾区的兄弟姐妹们。希望能给你们带去一点温暖，以表达我们对你们重建家园的支持。

××省××市××公司工会
××××年××月××日

2. **写作要点**

（1）慰问信的内容有两类，一类是在"两个文明"建设中作出了重大贡献的，一类是由于某种原因而遭到暂时困难和严重损失的。慰问信对前者表示慰问，鼓励他们戒骄戒躁，乘胜前进；对后者表示同情和安慰，鼓励他们加倍努力，战胜困难。

（2）感情要热烈、真挚、深厚。

（3）明确对象，把握重点。

（4）行文要简洁、质朴、流畅，语气要诚恳、真切，切忌公式化、概念化。

3. **根据材料内容代拟一封慰问信**

要求：

（1）代××市委办公室拟写一封慰问信。

（2）正文内容符合材料提供的信息。

（3）使用计算机 word 文档拟写，编排精美。

（4）感情要热烈、真挚，鼓舞人心。

4. **文稿诊改**

要求：

教师重点指导学生用适当的语气宣读慰问信，对不恰当的词句进行修改。

四、多看多读，拓展与迁移

要求：

（1）查阅号召书、决心书、保证书、感谢信、批评信的写作范例。

（2）每周至少花1个小时到学校现刊阅览室阅读诸如《阅读与写作》《新闻与写作》等杂志。

第四节 悼词·讣告·唁电

一、阅读材料，身临职场

××乡政府办 2014 年 8 月 24 日 16 时接到报告：今天 13 时 10 分，退休干部高××同志因病医治无效，与世长辞，享年 90 岁。此消息报领导研究后，决定由分管工会的副乡长覃××带领干部前去吊唁并代表工作单位致悼词。

××乡政府办工作人员从档案材料知悉：高××同志出生于 1924 年 7 月，1950 年 2 月参加工作，1951 年 3 月加入中国共产党，是××乡第一批共产党员。参加工作后，因工作积极，成绩突出，1954 年曾被任命为××乡乡长。1957 年粮食统筹时，被错误开除公职。1964 年被选调××乡搞社教，1985 年得到平反昭雪，重返××乡政府工作，不久后退休。

高××同志工作认真负责，一丝不苟，认真执行政策，敢于坚持原则。为人忠厚诚恳，襟怀坦白，谦虚谨慎，平易近人，生活节俭朴素，家庭和睦融洽。无论是工作还是生活上，高××同志都是我们学习的榜样。

高××同志的一生，是勤劳奉献的一生。少年时代，他和许许多多同龄人一样，饱经了旧社会苦难的煎熬和考验。在他的成长历程中可以看出，他勤奋好学，勤劳俭朴，严格要求自己。特别是参加工作以后，高××同志处处以全心全意为人民服务为己任，不忘宗旨，不忘党性，老老实实做事，清清白白做人，为了党和人民的事业，倾其心血，无怨无悔。

高××同志的一生，是勤勤恳恳的一生。无论是在哪个工作岗位上，他总是一心扑在工作和事业上，干一行、爱一行、精一行，敬业爱岗，默默奉献。

高××同志的一生，是任劳任怨的一生。在他被错误地开除公职的二十七年间，依然不忘一个共产党员的责任，默默无闻地做着一名党员应该做的工作，先后担任××村党支部书记、××村林场场长、××林场场长和××农科所党支部书记等职务。

根据以上材料，××乡政府办公室秘书梁××为出席追悼会并致词的覃副乡长准备了讲话稿。同时，与高××同志的家属商议后发布了高××同志逝世及吊唁的信息。惊闻高××同志的去世，昔日战友的儿子刘××身在美国，不忘记高××同志对其父亲的救命之恩及对自己学业的鼎力支持，打电报向高××同志的女儿表示哀悼及安慰。其他亲朋好友知悉后都在 8 月 26 日上午 10 点到××县××殡仪馆吊唁。

二、任务分析，明确文种及处理

根据以上材料传达的信息，死者最后所在的工作单位需要做好对家属的安抚工作。在我国，单位要处理这样的安抚工作往往由工会和办公室出面处理。由于是已经退休的老人，现任领导和办公室工作的人员往往对其不熟悉，所以翻阅档案了解其工作情况及考核鉴定是必要的。因为办公室要拟写如下材料：

（一）悼词

悼词是对死者表示哀悼的话或文章。它有广义和狭义之分。广义的悼词指向死者表示哀悼、缅怀与敬意的一切形式的悼念性文章，狭义的悼词专指在追悼大会上对死者表示敬意与哀思的宣读式的专用哀悼的文体。这里讲授的是狭义的悼词。

单位领导参加追悼会往往要致悼词，对死者有中肯的评价，因此，悼词里要提及其工作经历及表现，提出后辈学习的品质等。秘书拟写文稿给致悼词的领导审阅后打印 3 份，一份交给领导使用，一份存档，一份自己带上跟领导参加活动备领导急用。

（二）讣告

讣告（fù gào）也叫讣文，又叫"讣闻"，是人死后报丧的凶讯。"讣"原指报丧的意思，"告"是让人知晓，讣告就是告知某人去世消息的一种丧葬应用文体。它是死者所属单位组织的治丧委员会或者家属向其亲友、同事、社会公众报告某人去世的消息。讣告要在向遗体告别仪式之前发出，以便让死者的亲友及时做好必要的安排和准备，如准备花圈、挽联等。讣告可以张贴于死者的工作单位或住宅门口，较有影响的人物去世，还可登报或通过电台向社会发出，以便使讣告的内容迅速而广泛地告知社会。

单位接到家属报告信息后，即和家属商议如何把某人不幸去世的消息及悼念活动通知死者生前的好友、亲属和有关单位及个人，这就要拟写和发布讣告。讣告可以张贴、发送，也可以通过新闻媒体传播。

（三）唁电（函）

唁电（函）是因吊唁者与丧家相距较远或因故不能亲临吊唁，而向丧家发出的表示哀悼、慰问的吊唁书信。用电报等电子形式发送的称唁电；用书信写的叫唁函。

三、掌握要点，模拟写作

（一）悼词

1. 示例

致××同志的悼词

各位亲友、各位来宾：

今天，我们怀着无比沉痛的心情，悼念我们的好教授、好专家××同志。

××同志是××大学的教授、主任医师职称，杰出的计划生育和妇产科专家。××同志因病医治无效，于××年××月××日××时××分不幸逝世，享年××岁。

××同志于××年××月××日生于××省××县县城，从读小学起到中学都是一个品学兼优的好学生。1970 年 12 月响应毛主席和党中央的号召，参加知识青年上山下乡，主动要求到××县××镇接受贫下中农的再教育，和广大农民一起同吃同住同劳动，由于吃苦耐劳，积极要求进步，受到当地干部和群众的好评，1978 年经当地党委推荐考入××医科大学学习，1982 年以优异的成绩毕业，经组织分配留校任教。直到 2008 年 10 月调入××市××区计划生育服务站至今。

在长期的教学和计划生育工作中，××同志具有强烈的事业心和责任感，刻苦钻研业务，爱岗敬业、忠于职守、勤勤恳恳、任劳任怨；她坚持原则、顾全大局、处事公正、廉洁自律；她为人正直、胸怀坦荡、团结同志、热心助人，深受广大育龄群众和患者的尊重和好评，多次被上级评为优秀工作者，为我区计划生育和医疗卫生事业做出了积极贡献。

××同志的逝世，使我们失去了一位好同志。她离我们而去，但她那种勤勤恳恳、忘我工作的奉献精神；那种艰苦朴素，勤俭节约的优良作风；那种为人正派，忠厚老实的高尚品德，仍值得我们学习。为他的家庭失去这样的好妻子、这样的好母亲而惋惜。但人死不能复生，我们只能控制自己的感情，抑制自己的悲痛，以更加高昂的热情加倍工作，认真学习她那种忠于职守，务实求进的工作精神；爱岗敬业，无私奉献的工作态度，进一步精诚团结，求实创新，以更加努力的工作来表达我们的悼念之情。

××同志安息吧！

××市××区治丧委员会
××年××月××日

2. 写作要点

（1）悼词要由死者生前所在组织撰写。对特殊人物还要征求其生前曾经工作过的单位的意见及其家属的意见。最后审定由组织集体讨论或上报主管领导批准确认。一经审定、公布，一般不再改变。

（2）尊重历史、实事求是，行文有据，褒扬得当。

（3）要符合死者身份，注意篇幅简短，有详有略。

（4）语言朴实、严肃，避免使用带有消极、迷信色彩的词语。

3. 根据材料内容代拟一份悼词

要求：

（1）内容符合材料提供的信息。

（2）使用计算机 word 文档拟写。

（3）根据逝者的身份恰当表达评价。

4. 文稿诊改

要求：

（1）教师指导学生检查当事人的事迹是否清楚。

（2）教师指导学生重点练习开讲和结束词句的表达。

（二）讣告

1. 示例

（1）治丧委员会发的讣告。

讣 告

刘××教授因患脑梗塞，医治无效，于××××年×月×日10时45分在南京脑科医院不幸逝世，享年八十八岁。遵照刘××教授的遗嘱，丧事从简，不举行追悼会和遗体告别仪式。遗体定于×月×日火化。为了悼念刘××教授，××大学在本校文科楼×室设立灵堂，刘××教授的生前好友欲至吊唁者，请于×月×日至×月×日期间前往。凡有关团体和个人欲致唁电、唁函者，请寄至××大学刘××教授治丧委员会。

谨此讣告。

××大学刘××教授治丧委员会
××××年×月×日

（2）家属所发讣告。

讣 告

原××局离休干部丘××同志因突发性心脏病抢救无效，于××××年×月×日在××医院逝世，享年91岁。遵从丘××同志丧事从简的遗嘱，定于××××年×月×日下午13时在××殡仪馆××厅（31号）举行遗体告别仪式。

妻：许×× 率
长子：×× 媳：×× 孙：××
长女：×× 婿：×× 外孙：××
次女：××
××××年×月×日泣告

2．**写作要点**

（1）讣告的语言要求准确、简练、沉痛、严肃。
（2）讣告只能使用黄、白两色纸，长辈之丧用白色，幼辈之丧用黄色。
（3）讣告必须使用黑色字，四周加黑框，以示哀悼。
（4）讣告必须在遗体告别仪式之前发出，以便死者亲友与有关方面人士及时地做出必要的准备，如送花圈、挽联等。
（5）一般式讣告按标题、正文、落款和日期拟写。

3．**根据材料内容代拟一份讣告**

要求：
（1）内容符合材料提供的信息。
（2）使用计算机word文档拟写。
（3）符合一般式讣告格式。

4．**文稿诊改**

要求：
（1）区分一般式讣告、新闻式讣告和公告式讣告。普通人使用一般式讣告。
（2）新闻式讣告用于知名人士，公告式讣告用于党和国家领导人和特别知名人士，只能按照有关规定刊登。

(三) 唁电 (函)

1. 示例

(1) 唁电。

××大学文学院：

惊悉××先生仙逝，甚为哀痛。××先生是我国学术界著名学者，文史大家，尤在古典小说史料学科建设上著作等身，成就卓著。作为百岁老人，××先生终生勤奋治学，老而弥笃；道德文章，堪称楷模；诲人不倦，桃李芬芳。其治学精神和学术成就将永远嘉惠学林，激励后学。××先生的逝世是我国学术界和教育界的一大损失。我谨代表××师范学院中文系全体师生并以我个人的名义对××先生的逝世表示深切的哀悼，并向××先生的家人表示诚挚的慰问。

××师范学院中文系：×××

××××年××月××日

(2) 唁函。

××大学文学院：

惊悉××先生不幸逝世，深感悲痛！他的逝世是我国学术界和教育界的巨大损失！

我们对××先生的逝世表示深切的哀悼，并恳请家属节哀、保重！

××先生永垂千古！

好友：刘××　李××

××××年×月×日

2. 写作要点

(1) 要严格按照唁电的格式撰文，不可标新立异。

(2) 唁电（函）分为私人和正式两类。在写法上其共同点是：只限于哀悼，不涉及其他内容。措词须表达出对死者的尊敬和悲痛的心情，同时表示对其亲属的慰问。内容简单明了直接，防止累赘。

(3) 对唁电（函）一般应给予简单答复。包括确认收到唁电（函），对对方的哀悼和同情表示感谢。

3. 根据材料内容代拟一份唁电

要求：

(1) 以身在美国的刘××的身份拟写给逝者的女儿。

(2) 内容符合材料提供的信息。

(3) 使用计算机 word 文档拟写。

4. 文稿诊改

要求：

（1）注意私人发给个人的唁电不需要标题，直接从称呼开始。

（2）检查文稿用词是否符合唁电的语气及情感要求。

四、多看多读，拓展与迁移

要求：

（1）查阅关于毛泽东、周恩来、邓小平等国家领导人的悼词。

（2）阅读中华人民共和国十大元帅传记。

第三章 事务文书

事务文书是机关、团体、企事业单位在处理日常事务时用来沟通信息、安排工作、总结得失、研究问题的实用文体，是应用写作的重要组成部分。可以分为规范类事务文书、决策类事务文书、考核类事务文书和信息传达类文书。如制度、章程、规程、规划、规定、规则、守则、公约等属于规范类事务文书；计划、总结、简报、工作要点、调查报告等属于决策类事务文书；就职演讲、述职报告、考察材料、组织鉴定等属于考核类事务文书；请示、通知、启事、新闻稿等属于信息传达类文书。由于事务文书通常处理的日常事务亦为公务，属于《党政机关公文处理工作条例》所规定的15种正式文种的按党政机关公文处理条例处理，不属于的需要对外正式行文的文书需要选择对应的文种按规范格式行文等。换言之，是否按《党政机关公文格式》的要求印发得看实际情况处理。

第一节 计划·总结·调查报告

一、阅读材料，身临职场

××钢材有限责任公司是一家老牌大型国有企业，该公司占地面积25 000平方米，固定资产雄厚，职工数万人，但多年来，由于没有从根本上改变管理体制，企业背上了沉重的包袱。近年来虽有改革举措，但效果并不明显，公司仍然连年亏损。国家对国企改革一直予以极大的关注，1999年出台了"债转股"方案，这是对大型国有企业改革的有力政策支持，也是一个解决企业体制问题，明晰产权的极好措施。

××钢材有限责任公司抓住"债转股"的契机，自上而下进行改革，努力使企业走出困境，办出特色，争取办成世界一流企业，展示中国国有企业的风采。1999年年底，国家主管部门确定了该公司实施"债转股"的方案，并要求该公司"债转股"后，2000年必须扭亏为盈。省委也多次要求，"债转股"后，该公司要在扭亏为盈的基础上，再上新台阶，创出新水平。

实施"债转股"，对××公司是一次机遇，但要在2000年实现扭亏为盈，却又是个严峻的考验。1999年公司实际亏损15.4亿元，2000年要实现扭亏为盈，除了国家"债转股"减少的11.6亿元以外，还必须依靠企业自己的努力，增加经济效益3.8亿元。这能达到吗？面对重大压力，公司领导认识到，国家为企业实施"债转股"创造了积极的外部条件，企业自身也要争口气，一定要完成领导交给的任务，并为国有企业的深化改革做出尝试。1999年11月，××公司开始进入"债转股"程序，2000年，正式实施"债转股"方案。为此，公司多次召开有关会议，讨论、部署实施"债转股"的工作。

公司领导一致认为,"债转股"是公司的头等大事,应该深入发动职工群众,使广大职工明确认识到"债转股"关系着公司的前途命运,关系着职工的切身利益。2000年能不能走出困境,不仅仅是经济问题,而是重大的政治问题,关系着国家"债转股"政策的成败,关系着国有企业深化改革的进程。要使职工有重大的政治使命感,有高涨的工作积极性。公司还应该积极开拓市场,努力提高市场份额。公司必须牢固树立国内外市场一体化的观念,眼光不能只盯着国内市场,要敢于到国际市场与世界强手去竞争,所以,今后要加大对国际市场的开发力度;对国内市场,要强化服务观念,制订新的营销策略和措施,在全国各地建立销售服务网络,派销售人员和技术人员跟踪服务。要求销售公司迅速出台新的营销方案。

讨论会上,公司领导还认识到,企业要想占领市场,必须以科技进步为动力,努力实现产品结构优化升级。因此,公司要强化国家级技术中心的建设,建立并完善科技激励机制,以充分调动科技人员的积极性。所以,科研开发部门也要制订出一套新的工作方案。另外,公司的机制改革也势在必行,落后的企业制度已不适应新的形势。要想提高管理水平,必须进行机构改革。在改制的同时,企业必须实现内部机制的转换。一方面,要分流裁员,实行干部人事制度改革。人事部门要尽快拿出人事改革方案。选拔干部可实行民主推荐、竞聘上岗、任前公示、目标考核等办法。另一方面,要实行财务制度改革,财务部门也要制订出新的财务管理制度。

根据以上意见,各有关部门制订的新方案汇总到公司办公室,由公司制定出严密、具体的工作计划严格执行。2000年,公司召开三次职代会,各分公司分别召开全体职工大会,反复讲形势,使广大职工充分认识到"债转股"的重要意义,职工群众的积极性空前高涨,全年主要工序产量全面超过设计能力。2000年一举扭亏为盈,2001年第一季度,在上年指标已经大幅度提高的基础上,生产经营再创新水平。三个主体的产量分别比上年同期提高15%、24.7%和32%。在开拓市场方面,公司加大了对国际市场的开发力度。2000年以来,先后取得了包括世界最大的汽车公司在内的8个国家大汽车公司的认证。2000年出口钢材达10万吨,占全年销售总量的20%以上,其中出口美国的石油管材接近5万吨,约占美国进口量的三分之一。目前,出口的国家和地区达到38个,2001年将达到50个。在国内市场,2000年该公司的市场占有率由上年的36%上升到51%。目前,该公司生产的产品稳定地占领了国内主要市场,用户对该公司的满意度不断上升。这是由于该公司制订了科学的营销策略,实行了积极、主动的销售方案,所有销售人员都交纳风险金,实行风险抵押销售,然后,按销售业绩拉开分配差距。这样,充分调动了营销人员的积极性。同时,公司强化售后服务,派技术人员长驻市场,不但及时解决用户的技术问题,而且能及时了解市场动向,反馈市场信息。

在开拓市场的同时,公司重视科技进步,迅速抢占科技制高点,用自己的高新产品去占领别人难以占领的新市场。公司建立并完善了科技奖励机制,极大地调动了科技人员的积极性,新产品不断研制开发出来。2000年,公司新产品产值占总产值的比例由1999年的27.4%上升到57%,一批新品种填补了市场空白。根据用户急需,开发了高性能抗挤毁产品,申请了6项专利,年销量预计万吨以上。目前,公司的新产品已形成了五大系列,并形成了具有自主知识产权的产品体系,产品规格达140余种。公司借鉴海尔经验,从2000年起,每年推出10万吨高技术含量、高附加值新品种投放市场,形成生产一代、研制一代、储备一代的格局。同时,在全公司内深入开展了"生命工程",瞄准日本、英国等世界一流水平,使产品质量全面接近和达到世界先进水平,并得到了权威检测部门和用户的认可。

在改制的同时，公司加大、加快内部机制的转换。2000年，公司把辅助单位分流出去，实行独立核算，开拓公司以外的市场，形成新的经济增长点。在机关改革中，将原来的25个处室削减为13个，机关干部由原来的700人锐减为320人，初步形成了精简、高效、扁平化的管理模式。选拔干部实施了民主推荐、竞聘上岗、任前公示、目标考核等办法，收到了较好的效果。另外，加强了财务管理，实行了严格的财务预算及财务分析制度，每月上旬对上月的成本、费用、资金、效益等情况进行全面分析，分解到每个一级单位，并排出名次；每月下旬，全面部署下个月的计划值。这样，使全公司的资金流、物流、商品流都纳入了财务部门的监控之中。而且，逐步推广到了各二级单位及作业区、班组。公司还投资近3 000万元，建设了CIMS计划机信息集成化管理系统，使公司的管理水平有了一个质的提高。

通过以上努力，公司全年实现了两个目标：第一，实现了扭亏为盈目标，企业开始步入良性循环。在经济效益大幅度增长的情况下，全年偿还本金4.5亿元，交纳养老保险金3 000万元。2000年不但扭亏为盈，还应股东要求，交付股权回购资金1 500万元。第二，第一公司实施"债转股"后，极大地鼓舞了士气，职工精神振奋，形成了一种"不言败"的气势。职工认识到，国家实行"债转股"的重大意义，一定要把××公司办成世界一流企业。尽管2001年困难很大，既要超水平完成生产经营指标，又要完成重大技改工程，但各单位没有一个知难而退，任务很快分解下去。不仅如此，公司从2001年2月份开始，就超前进行2002年生产经营准备，并提出用2002年的标准来完成2001年的工作，每月检查一次。公司2001年实现工业总产值36亿元，同比增长26%；销售收入28亿元，同比增长10%；实现利润1亿元，同比增长128%。

一年多"债转股"的实践，不仅使公司实现了扭亏为盈，而且使公司对"债转股"政策的认识更加深刻了，更加坚定了搞好国有企业的信心。2000年的实践充分说明，"债转股"后公司不仅完全可以彻底摆脱困境，而且完全有能力向世界水平迈进。

该公司在"债转股"后日新月异的发展基础上，开始加快了向世界一流企业迈进的步伐。一是紧紧抓住"债转股"的历史机遇，在2000—2001年步入良性循环的基础上，乘势而上；二是紧紧抓住本省冶金工业战略东移的机遇，将公司的战略发展规划纳入冶金工业东移的整体格局中。牢牢抓住这两个机遇，争取经过5年的努力，实现4个目标。

××钢材股份有限责任公司的主管部门接到总结后，觉得该公司的改革有成功的经验可以借鉴，于是派出调研人员对该公司的实际情况作深入的调查，总结经验，宣传先进，推进改革。

请你根据案例的材料，替××钢材股份有限责任公司行政办公室主任撰写一份实行"债转股"的工作计划及工作总结。替主管部门的调查人员提交一份调查报告。

二、任务分析，明确文种及处理

现实生活中，人们做事情往往先提出设想，充分论证确定行事的时间及操作的具体人、具体办法，把细节想周全并用文字表达出来，周知有关人员共同实施，这就是计划。事情做完后，对工作过程要回顾，为今后工作发扬优点克服不足提供经验，这就要总结。发现新事物要推广或处理、解决不良现象往往要调研，这些结果用书面汇报就是调查报告。

（一）计划

计划是机关、团体、企事业单位或个人结合具体情况对将要进行的某一阶段的工作或具体任务拟定的关于目标、要求、措施等内容的文书。具体分类有：时间较长远、范围广泛、目标宏大的为"规划"，时间较短、内容具体、方法详尽的为"安排"，单项工作、专业性强、比较周密具体的、可操作执行的为"方案"，比较简明、概括的、措施不周详的为"要点"，比较粗略、雏形的为"设想"。无论如何都是计划文种的范畴，都具有预见性、可行性、针对性、指导性等特点。计划不属于《党政机关公文工作处理条例》规定的文种，但是公务常用应用文，要对外行文通常以规定公文文种附件的形式印发。

（二）总结

总结是机关、社会团体和企事业单位或个人对过去某个时期、某个方面的工作进行回顾和评价，通过分析、研究，从中找出经验教训，引出规律性的认识以指导今后工作方向的一种实用性文书。具有实践性、客观性、指导性的特点。总结不属于《党政机关公文工作处理条例》规定的文种，但是公务常用应用文，要对外行文通常以规定公文文种附件的形式印发。

（三）调查报告

调查报告是对某项工作、某个事件、某个问题，经过深入细致的调查后，将调查中收集到的材料加以系统整理，分析研究，以书面形式向组织和领导汇报调查情况的一种文书，具有典型性、写实性、针对性、科学性的特点。调查报告分为介绍典型经验、揭露问题、反映新生事物、查清事实等四种类型。一篇好的调查报告，通过事例的分析，能够揭示事物发展的规律，总结带有方向性和普遍性的经验，从而对工作起到一种推动作用。

三、掌握要点，模拟写作

（一）计划

1. **示例**

××学年第一学期工作计划

新的学期开始了，按照校团委的要求，为使支部工作在新的学期更有成效地开展，经讨论，制订下列工作计划。

一、任务与要求

1. 在校团委的统一部署下，继续深入学习科学发展观和党的路线、方针、政策。
2. 发展新团员，同时做好老团员的思想政治工作，发挥团员的先锋模范作用。
3. 参加学校组织的各项活动，力争上游。
4. 组织支部团员活动，增强支部凝聚力。

二、工作安排

1. 根据校团委的统一部署，每月召开两次支部会议，学习科学发展观和党的路线、方针、政策。

2. 9月初，筹备节目，准备参加校团委、学生会组织的"迎国庆"文艺汇演。

3. 9月中旬，组织团员读书活动，写读后感，评出优秀文章送学校参加征文活动。

4. 中秋节组织团员去敬老院进行一次"青年志愿者爱心奉献"活动。

5. 11月初，与班委会联合举办专业技能竞赛，评出优秀选手参加校学生会组织的专业技能竞赛，并争取进入前三名。

6. 11月中旬，在班内进行发展新团员的宣传，并为申请入团的同学配备辅导员。

7. 12月中旬，讨论发展新团员问题，确定发展对象并上报校团委。

8. 12月底，与班委会联合组织"元旦师生联谊会"，慰问任课老师，准备节目表演。

9. 明年元月中旬，组织团员进行思想品德、行为操守等方面的自查自纠活动，并督促团员做好复习迎考工作。

10. 放假前，进行支部工作总结，召开支部大会，评选优秀团员，并上报校团委。

三、具体措施

1. 接受校团委的领导和监督。

2. 随时与班主任联系，接受班主任的指导。

3. 各项工作分工明确，责任到人。

4. 活动经费问题通过班费、团费和团员自愿捐献解决。

5. 做好工作台账，随时自查自纠，保证计划的按时实施。

四、经费预算

1. 需购光盘3~4盒，约需35元。

2. 献爱心活动拟购月饼、水果等，约需100元。

3. 慰问老师的贺年卡片，约需15元。

4. 联谊会教室布置，约需30元。

××班团支部
××××年×月×日

2. **写作要点**

计划一般由标题、正文、落款组成。

（1）标题。计划的标题包括完整式、省略式两种。完整式由单位名称、时限、事由和文种四要素组成，如《中国工商银行××市分行2013年信贷计划》。省略式，或省略单位，或省略时限，或同时省略单位与时限，如《关于实施艰苦边远地区津贴的方案》，即同时省略单位名称与时限。

（2）正文。对于表格式计划，正文的内容全部都包括在表格里，通常是分成几个栏目，各栏目中分别是计划的具体内容。文表结合的计划则是将大部分的内容都体现在表格里，而通过文字来补充说明表格所不能反映的一些事项。而条文式计划通常由前言、主体和结尾三部分构成。① 前言。计划的前言一般是说明制订计划的目的与理由，也就是回答"为什么做"。方针、政策、上级的指示和精神、本单位的基本情况、上级下达的任务等都可以成为制订计划的根据。说明制订计划的意图、根据一定要突出重点，不必面面俱到。综合性计划的前言还应概括总目标、总任务。② 主体。主体是计划的核心部分，目标、措施、方法步骤是主体的三要素。目标具体回答"做什么"的问题，也就是确定要完成什么任务，要完成哪些指标，包括做哪些事情，数量上、质量上和时间上的要求等。复杂的计划可以先写总目标，后写分目标。措施回答"如何做"的问题，要求写明依靠哪些力量，采取什么办法，创造什么条件来克服困难、完成任务，实现计划所确定的目标任务。方法步骤回答"何时做"的问题，要求写明为实现目标划分几个阶段，先做什么，后做什么，什么时间达到什么预定的效果。计划的步骤安排合理，切实可行，执行计划的人员心中有数，有利于主动协调地完成既定的目标。目标、措施、步骤可以分开写，也可以综合起来写。

③ 结尾。结尾的内容一般包括在执行计划时应该注意的事项，需要说明的问题，经费预算，或是提出要求、发出号召、激励士气等。

（3）落款。落款要注明制订计划的单位名称和日期。

3. 根据材料内容拟写一份计划

要求：

（1）要坚持从实际出发，实事求是，统筹兼顾的原则。制订计划，要结合本单位的实际情况，在切实可行的基础上进行，既要积极进取，又要实事求是。此外，还要考虑方方面面相关的问题，处理好大计划和小计划的关系，做到统筹兼顾。

（2）要突出重点，主次分明。计划要完成的事情往往很多，先做什么，后做什么，主要做什么，次要做什么，必须分清轻重缓急，突出重点，不能眉毛胡子一把抓，这样才有条不紊，也才有利于工作的全面开展，达到事半功倍的效果。

（3）要目标明确，表述准确，责任分明，便于执行、检查。制订计划目标要提得明确，措施要写得具体，职责范围也要清楚，力求避免含糊不清，模棱两可。

（4）使用计算机 word 文档拟写，与材料提供的内容相符。

4. 文稿诊改

要求：

（1）重点核查目标、措施、步骤是否是结合实际情况制定的。

（2）格式规范，懂得按正常程序审核、印发及存档。

（二）总结

1. 示例

"5·12"抗震救灾工作总结

"5·12"特大地震发生后，为抢救出更多的生命，将国家、单位、集体、群众的经济财产损失降低到最低程度，在都江堰市委、市政府、市抗震救灾指挥部的坚强领导下，在上级行业主管部门的强力支持下，在社会各界朋友的关心帮助下，我局反应迅捷、科学部署、统筹协调、沉着应对，积极开展抗震救灾救助、自救抢险工作。截止6月30日，我局共投入抢险救灾人员13 258余人次，资金约685万元，调集各种救援机具、客货运输车460余辆。冒着生命危险，昼夜奋战在公路、办公楼、住宅楼废墟中，清运塌方188.5万余立方米。全力抢通了市域龙池、虹口、青城后山、向峨各条以及通往震中区阿坝州汶川、映秀的国道213线等水、陆生命救援通道92.7公里，道路保畅890余公里。转运疏送学生、伤员、受灾群众和救援队伍43 073余人。为全市及时有效地开展救援工作提供了强有力的交通运输、道路畅通、信息收集报送、救援设备调集、交通秩序保障，为救援队伍、救灾物资挺进灾区及时开展救援奠定了坚实的交通承载基础，为都江堰市迅速高效地实施救援做出了巨大贡献。现将我局开展抗震救灾工作总结如下：

一、受灾情况

1. 公路桥梁损失情况。……
2. 交安设施损失情况。……
3. 运输经失情况。……
4. 水上交通设施损失情况。……
5. 办公区及家属区损失情况。……

二、抗震救灾情况

在从未有过的大灾难面前，广大交通干部职工深知道路交通保障、交通运输、抢险设备调集等工作对救灾救援的重要性，更充分认识到交通战线在此危急时刻应该履行的职责和应担起的社会责任。在通讯中断的情况下，交通干部职工没来得及回家看望亲人的情况，没来得及安慰一下惊恐的家人，在完全不知家中灾损的情况下，地震后用较短时间，从各施工场地、执法现场、分散的工作点位迅速向局办公楼集中。局领导班子以最快时间做出决策、最短时间予以安排，迅速将交通战线干部职工投入到抗震救灾第一线中去。

（一）沉着应对、统筹部署、协调有力，交通战线抗震救灾工作在科学决策下高效有序地全面推进。……

（二）措施果断、奋勇争先、全力救援，抢通保畅工作成绩显著。……

（三）不畏艰难、积极协调、强力征用，运输保障工作组织得力。……

（四）频传讯息、求助八方、救援及时，应急信息后勤工作成效显著。……

（五）重建家园、重振交通、重塑形象，迅速启动灾后重建工作。……

总之，在此次抗震救灾工作中，我局在都江堰市委、市政府的坚强领导下，在上级行业主管部门的强力支持下，在社会各界朋友的关心帮助下，通过交通广大党员干部职工的浴血奋战，及时实施救助和自救工作，全力打通了通往阿坝州汶川以及市域内龙池、虹口、青城后山、向峨的各条水、陆生命救援通道，保障了运输，为我市迅速高效地实施救援做出了巨大贡献，在关键时刻充分发挥了交通基层党组织坚强战斗堡垒和党员的先锋模范作用。

三、下一步工作打算

经济要发展，交通要先行。为快速推进全市经济社会的复苏、发展，按照市委、市政府关于"全力以赴、统筹协调、狠抓落实、搞好重建"的总体要求，我局拟制了交通灾后重建工作实施意见，提出了工作思路，明确了工作目标"六月内全面抢通市域所有通道，一个月内全面恢复震前在建项目施工，三个月内完成《都江堰市交通灾后重建规划》，半年内恢复毁损轻微道路到震前服务水平，一年内恢复市域交通主干线道路，两年内完成在重建大基础设施建设项目，三年内实现市域交通路网上档升级。结合道路恢复建设情况，及时发展完善配套道路运输，为全市灾后重建工作提供优质、高效的交通保障"，落实了工作措施，并着手全力抓好以下五项工作，以确保交通灾后重建目标的实现。

一是及时统一思想，强化组织领导，为交通灾后重建工作提供思想与组织保障。

二是科学编制规划，加快项目实施，为全市灾后重建提供强有力的交通承载基础。

三是完善交安设施，强化道路管养，为全市灾后重建创造安全高效的道路通行条件。

四是狠抓枢纽建设，完善运输网络，为全市灾后重建提供全方位的交通运输服务。

五是强化行业管理，提升交通形象，为全市灾后重建营造优质高效的交通服务软环境。

灾难兴邦，哀兵必胜！交通人众志成城，重建繁荣交通网的目标一定会实现。

×××市交通局

××××年××月××日

2. 写作要点

总结一般由标题、正文、落款三个部分组成。

（1）标题。总结的标题有多种写法，一种是公文式标题，由单位名称、时间、内容和文种组成。如《××研究所 2013 年工作总结》；一种是文章式标题，即概括总结核心内容的标题，如《加强科学管理是企业发展的关键》；第三种是双行式标题，即同时使用公文式标题和文章式标题，如《搞好审计调查　为宏观决策服务——××市审计局2013年工作总结》；第四种是提问式标题，如《我们是如何实行教学与科研相结合的》，引人深思。

（2）正文。总结的正文通常包括开头、主体和结尾三个部分。① 开头。一是概述基本情况，包括时间、地点、背景、工作进程、总体收获。二是对以往工作的基本回顾及总的评价等。内容要求简明扼要，忌讲套话。② 主体。这是总结的核心部分，一般包括主要成绩和经验、问题和教训。主体的写作结构主要有三种：一是纵式结构，即把工作过程按时间顺序分阶段写；二是横式结构，即把经验体会上升到一定理论高度，归纳出几个并列的观点；三是合式结构，即在一份总结中同时出现纵式结构和横式结构。成绩和经验，这是总结的主要内容，目的是肯定成绩，归纳经验。一般用典型事例、统计数据等翔实的材料来说明观点，在分析事实材料的基础上比较、归纳，从中提炼正确的观点，找出具有指导意义的规律性东西，作为今后工作的借鉴。问题和教训，这部分要求把工作中没有做好的环节以及工作中的失误和问题如实交代清楚，并分析、找出产生问题的原因，指出应该吸取教训的地方。③ 结尾。结合前面的经验和教训，简要指明今后的打算、努力方向和设想，起到明确方向、激励斗志的作用。

（3）落款。

落款即撰写总结的单位名称和日期。

3. 根据材料内容拟写一份总结

要求：

（1）要实事求是，一分为二。写总结是为了使人们了解真实的工作情况，吸取经验与教训，更好地指导未来工作。因此，总结的内容必须是实践活动的真实情况，既不夸大成绩，也不隐瞒不足。

（2）要明确性质和目的，突出重点。一篇总结，因性质和目的的不同，其侧重点也不同。专题总结，主要是侧重成绩、经验和做法，问题可以不写。即使是全面总结也要有重点，不能记流水账。

（3）要占有足够的材料并善于选材。写总结的前提是充分地占有材料，全面了解实践活动的全过程，掌握事物的本质和主流。选材要点面结合，"面"的材料使得总结有广度，"点"的材料使得总结有深度，有本单位的特色。

（4）要找出规律性的东西来。总结过去，是为了指导今后的工作。简单地罗列材料，那是毫无意义的。只有对实践中的成与败进行分析研究，把零散的、表面的感性认识上升到理性认识，找出有规律性的东西，并提炼为明确的观点，才是写好总结的关键所在。

（5）要叙议相结合。在表述上，写总结要兼用叙述和议论。总结中对情况的叙述是议论的依据，议论又是对叙述的综合分析，两者是材料和观点的关系，必须有机结合。

（6）使用计算机 word 文档拟写，与材料提供的内容相符。

4. 文稿诊改

要求：

（1）条理是否清楚，用词是否准确、朴实，全文结构是否严密。

（2）叙议是否得当，观点归纳是否科学合理，是否对实际工作有指导意义。

（三）调查报告

1. 示例

关于中学生上网的社会调查报告

××学校装备了计算机网络系统、多媒体教学系统、教学现场评估系统、校园广播系统、闭路电视系统，使校园教学设施网络化，实现了教学手段的现代化。现在对中学生上网情况调查如下。

一、中学生及其家长对网络的态度和相关行为的情况

（一）中学生上网率极高，上网时间长，多数家长却从未上过网，大部分教师上网经验不够丰富。……

（二）多数中学生对在校上网的条件不满意，家长、教师呼吁改善条件。……

（三）多数家长既赞成子女上网，又担心子女上网影响学业。……

二、网络环境对中学生的影响

（一）网络环境对中学生的积极影响

1. 中学生使用互联网有助于形成全球意识，强化对国家对民族的责任感。

2. 互联网为中学生学习提供了有利条件，拓宽了他们的视野。

3. 中学生使用网络有助于扩大交往的范围，促进青春期心理的健康发展。

4. 中学生经常上网，激发了对英语和现代科学技术的学习热情。

（二）网络环境对中学生的负面影响

1. 网上信息垃圾使中学生深受其害。

2. 中学生迷恋网络对学业产生冲击。

3. 网上聊天引发网恋，中学生往往是受害者。

4. 网络不良文化弱化了中学生的道德意识。

5. 网吧管理问题依然严重，给中学生造成诸多问题。

三、对策与建议

网络环境对中学德育工作提出了新的挑战，同时也提供了许多机遇。××同志在中央思想

政治工作会议上强调指出："对于信息网络化问题，我们的基本方针是积极发展，加强管理，趋利避害，为我所用，努力在全球信息网络化的发展中，占据主动地位。"这是我们进行网络德育工作的指导思想。我们建议：

（一）更新教育观念，推进学校网络德育工作的开展。……

（二）培养网络德育队伍，增强网络德育力量。……

（三）加强对中学生进行网络道德和网络行为规范教育，自觉筑起心灵的"长城"。……

2．写作要点

调查报告一般由标题、正文和落款组成。

（1）标题。标题可以有两种写法。一种是规范化的标题格式，即"主题"加"文种"，基本格式为"××关于××××的调查报告""关于××××的调查报告""×××调查"等。另一种是自由式标题，包括陈述式、提问式和正副题结合使用三种。陈述式如《东北师范大学硕士毕业生就业情况调查》；提问式如《为什么大学毕业生择业倾向沿海和京津地区》；正副标题结合式，正题陈述调查报告的主要结论或提出中心问题，副题标明调查的对象、范围、问题，这实际上类似于"主题"加"文种"的规范格式，如《高校发展重在学科建设——×××大学学科建设实践思考》等。作为公文，最好用规范化的标题格式或自由式中正副题结合式标题。

（2）正文。正文一般分前言、主体、结尾三部分。

前言。前言要起到画龙点睛的作用，要精练概括，直切主题。前言主要概括介绍调查研究的基本情况。一般有四种写法：一是提要式，即把调查对象最主要的情况（历史背景、大致发展经过、现实状况、主要成绩、突出问题等），进行概括后写在开头，使读者入篇时就对它的基本情况有一个大致的了解，进而提出中心问题或主要观点。二是交代式。在开头简单地交代调查的目的、方法、时间、地点、范围、对象、背景、经过与方法等，使读者对调查的过程有所了解，从中引出中心问题或基本结论。三是问题式。在开头提出问题，引起读者对调查课题的关注，促使读者思考。这样的开头可以采用提问的方式引出问题，也可以直接将问题摆出来。四是结论式。开门见山，直接概括出调查的结果，如肯定做法、指出问题、提示影响、说明中心内容等。

主体。这是调查报告最主要的部分，这部分详述调查研究的基本情况、做法、经验，以及从调查研究所得材料中得出的各种具体认识、观点和基本结论。通常以叙述为主，叙议结合，围绕前言所提出的问题依次展开。

调查报告的主体要解决好两个问题：一是观点材料的组织。写任何调查报告都要确立明确的观点，全篇要确立总观点，各个组成部分要确立服从总观点的分观点。总观点应当具有典型性、普遍性和针对性，应当反映客观事物的本质属性和社会现实的主流，应当具有较强的指导性和教育意义。总观点要包容分观点，分观点要说明总观点。总观点和分观点都是从调查的材料中经过分析研究而得出来的，但要根据总观点和分观点去组织材料，使材料为观点服务，材料和观点有机地统一在一起。二是布局结构的安排。调查报告是文字篇幅较长的应用文体，应当精心地安排好布局结构。可以按事件的进程来写，也可以按调查结果的类别来写；可以用递进式，也可以用总分式。篇幅较长的调查报告还可以分为若干部分，每个部分说明一个小问题，各部分可以根据内容再拟小标题。

结尾。不同内容的调查报告，结尾的写法也不一样，一般来说，结尾主要有以下的写法：第一种是针对调查的内容，提出意见或者深入研究的问题。针对某些问题的调查报告，多以表明意见、建议作为结尾；针对某些新生事物的调查报告，多是提出有待深入研究的问题作为结尾。第二种是概括全文的基本思想，深化调查报告的主题。针对某些方面基本情况的调查报告，推广某些成熟典型经验的调查报告，多采取这种写法结尾。第三种是补充式结尾。有些情况和问题，与调查报告的中心内容和主旨关系不大，在正文部分没有提及，但又需要讲清的，可以在结尾处附带加以补充说明。

（3）落款。按规范格式签署开展调查的单位名称或个人姓名、成文日期，加盖公章等。

3. 根据材料内容拟写一份调查报告

要求：

（1）选题要有针对性。调查报告是对某些问题进行专门调查研究之后写成的，是在对问题有了明确的把握之后所作的一种综合的深入的报告。如果选材、选题没有针对性，那么对现实问题就没有实际意义。

（2）深入调查，占有材料。调查是报告的基础和依据。调查报告不像总结那样写自己经历过的事情，一切材料只能来自调查所得，因而首要的功夫在于调查。通过深入细致的调查，充分掌握第一手材料。调查时要扎扎实实地深入下去，采用多种方法听取意见，收集材料。没有调查就没有发言权，这就要求撰写者要实事求是。

（3）分析研究，确立观点。对调查取得的材料，进行科学的分析研究，去粗取精，去伪存真，由感性认识上升到理性认识，从现象中抓住本质，揭示规律，确立正确的观点。

（4）事实说话，据事言理。调查报告是用客观的事实、确凿的数字来说明自己的观点的。如果只有观点，没有事实，调查报告就失去了它的说服力。

（5）夹叙夹议，表达生动。调查报告是用事实说话的，但事实不是简单罗列的而是由观点统率的，因此，行文时要多用夹叙夹议的方式。同时综合运用各种修辞方法，注意引用有说服力的数据、事例和富有形象性的群众语言、名言警句等增强文章的表现力。

（6）使用计算机 word 文档拟写，与材料提供的内容相符，格式规范。

4. 文稿诊改

要求：

（1）认真分析，精选材料，达到材料与观点的和谐统一。通常调查到的材料很多很杂，而能够说明问题的材料被湮没在其中，所以需要极其认真地加以甄别，去粗取精，去伪存真。

（2）结构安排合理。不仅要层次清晰明了，布局合理，还突出重点，突出主要观点，次要的东西不能喧宾夺主，要能够从文章中了解到撰写者的基本观点。

四、多看多读，拓展与迁移

要求：

（1）查阅决定、命令（令）、意见等正式公文文种的写作范例。

（2）区别总结与计划。

（3）区别调查报告与总结。

第二节　通知·方案·简报

一、阅读材料，身临职场

中国××保险股份有限公司是一家全国性、综合性保险公司，经营范围包括各类财产保险、人身保险、国际再保险以及证券、信托业务等。公司总部设在广州，主要股东包括：××市投资管理公司，招商局××工业区有限公司、中国××运输（集团）公司、××××投资有限公司、××有限集团公司等。

中国××保险股份有限公司是中国改革开放的产物，作为一家国有股份制保险企业，公司率先通过ISO9001质量体系认证。公司成立以来，始终秉承"客户至上，服务至上"的经营理念，以繁荣经济和保障人民生活为己任，积极为社会提供高品质的保险服务，赢得了社会各界和广大客户的信赖和支持，各项业务发展迅速。截止2013年年底，公司资产总额已达人民币800亿元，在全国各地设立分支机构500余家，员工队伍达到14.4万人，当年保险收入308亿元。

中国××保险股份有限公司在自身发展的历程中，始终坚持管理创新和技术进步的发展策略，经济与技术实力日益增强。公司十分注重学习、借鉴国外同行经验，积极引进国外先进技术和管理人才，先后与国外多家知名保险公司建立了友好合作关系。为适应经济全球化和知识经济时代的挑战，增强公司的国际竞争能力，繁荣和发展中国民族保险事业，近几年公司还聘请国外著名专业顾问公司担任专业管理顾问，以提高自身经营管理水平，加快与国际同业接轨，实现国际一流综合金融服务集团的发展目标。

展望新的世纪，中国××保险公司将继续勇于开拓、锐意创新，强化公司的各项经营管理，提升公司的核心竞争力，力争在两年内业务规模进入世界500强，业务品质进入全球400优。

中国××保险股份有限公司××分公司于××××年×月××日，由中国人民银行批准正式成立。自成立起，××分公司便着手建立科学明晰的组织架构，专业化的决策和规范化的风险控制体系，使公司在风险控制、投资管理、产品开发、业务拓展、服务体系等方面在同业中处于领先地位，业务得到了长足的发展。为响应总公司号召，早日实现进入"规模500强，品质400优"的目标，中国××保险股份有限公司××分公司于2014年5月10日决定从2014年6月1日—2014年12月30日开展"扎实基础、提升品质，促进××保险持续快速发展"活动。主要活动是头脑风暴会、主题演讲会和合理化建议征文。各部门和各分支机构必须在2014年5月20日前上报活动方案。

按照活动方案要求：头脑风暴会是指每月邀请著名专业顾问前来讲座；演讲会每月一个主题，全体员工必须积极参与；合理化建议活动全体员工必须参与，每月评选出3篇优秀征文上报；定期上报活动组织和进行情况。

如果你是中国××保险股份有限公司××分公司的行政秘书，在这一公司事务中你要做什么？如果你是各部门和各分支机构的行政秘书你要做什么？

二、任务分析，明确文种及处理

根据常规工作的一般流程，分公司的行政秘书要根据该公司的决定下发给所属各部门和分支机构关于此次活动开展的通知。各部门和分支机构接到通知后，行政秘书报主管领导知情后，按领导意图制订活动方案，经同意后组织开展具体的活动，并将每月的活动情况以简报的形式上报主管公司。

（一）通知

通知是《党政机关公文处理工作条例》所规定的15种文种之一。适用于批转下级机关的公文，转发上级机关和不相隶属机关的公文、发布规章，传达要求下级机关办理和需要有关单位周知或执行的事项。具有知照性、广泛性、时效性的特点。这里所讲授的是规范格式的要求。

（二）方案

方案属于计划范畴。一般是单项工作的、比较周密具体可操作执行的短期计划。单位内部为了完成某项工作通常都要撰写工作方案，通过工作方案部署工作和明确责任。下级或具体责任人为落实和实施某项具体工作而撰写的方案需要报上级部门批准实施的，在《党政机关公文处理工作条例》所规定的15种文种中选择正确的文种按规范格式行文。

（三）简报

简报是传递某方面信息的简短的内部小报，是具有汇报性、交流性和指导性的简短、灵活、快捷的报道。简报又称"动态""简讯""要情""摘报""工作通讯""情况反映""情况交流""内部参考"等。也可以说，简报就是简要的调查报告，简要的情况报告，简要的工作报告，简要的消息报道等。它具有简、精、快、新、实、活和连续性等特点。种类有会议简报、情况简报、工作简报等。简报虽然不属于《党政机关公文处理工作条例》所规定的文种，但也有其约定俗成的特殊格式，是广义公文常用文书之一。

以上三种文种的写作都要求事项、事实清楚，各要素齐全。对外发文有特定的要求，操作人和审核人应熟悉《党政机关公文处理工作条例》和《党政机关公文格式》（中华人民共和国国家标准GB/T 9704—2012）要求，严格按规定印发。

三、掌握要点，模拟写作

（一）通知

1. 示例

```
000001
机密★1年
特急

                    ×××××文件
                国质检质函〔××××〕×号
```

（续）

> 关于被撤销中国名牌产品称号乳制品标志使用问题的通知
>
> 各省、自治区、直辖市及计划单列市、副省级市、新疆生产建设兵团质量技术监督局：
>
> 　　根据《中国名牌产品管理办法》和《中国名牌产品标志管理办法》的有关规定，现就被撤销中国名牌产品称号的乳制品标志使用问题通知如下：
>
> 　　一、××、××、××、××牌乳粉以及××、××、××、××牌液态奶的中国名牌产品称号从被撤销之日起，已不具有中国名牌产品资格。
>
> 　　二、上述企业须从撤销之日起，停止制作带有中国名牌产品标志的包装等材料。
>
> 　　三、在新、旧包装等材料更替过程中，对带有中国名牌产品标志的旧包装等材料，可采用两种措施处理：
>
> 　　（一）废止旧包装等材料或将旧包装等材料上的中国名牌产品标志覆盖。
>
> 　　（二）考虑到新、旧包装等材料的更替需要过渡时间，可由上述企业向社会公开声明不再具有中国名牌产品资格后，允许旧包装等材料使用至××××年×月×日。
>
> 　　四、各级质量技术监督部门要严格监督上述企业执行。
>
> 国家质量监督检验检疫总局
××××年×月×日
>
> 抄送：××××××××，×××××，×××××，×××××，×××××，×××××。
>
> ×××××××××　　　　　　　　　　　　　　　　　　　××××年×月×日印发

注：此表只是样式之一，字体、字号、间距等不便在此处按规范编排，实际应用时请按《党政机关公文格式》要求制作和盖章等。

2．写作要点

通知一般由标题、发文字号、主送机关、正文和落款三部分组成。而一般的单位内部的事务通知只有标题、被通知对象、正文和落款。此处要求掌握公文规范格式。

（1）标题。通常有三种形式：① 由发文机关名称、事由和文种构成；② 由事由和文种构成；③ 由文种"通知"作标题。

（2）发文字号。《党政机关公文处理工作条例》明确规定："发文字号由机关代字、年份、发文顺序号组成。联合行文时，使用主办机关的发文字号。"

用文头的文件，发文字号编排在发文机关标志下空二行位置，居中排布。年份、发文顺序号用阿拉伯数字标注；年份应标全称，用六角括号"〔〕"括入；发文顺序号不加"第"字，不编虚位（即1不编为01），在阿拉伯数字后面加"号"字。上行文的发文字号居左空一字编排，与最后一个签发人姓名处在同一行。

（3）主送机关。主送机关指负有办文责任的机关，非普发性的下行文以及上行文、平行文在一般情况下其主送机关只有一个，即这份文件的接受办理者。只有普发性的下行文，才可以有若干个主送机关。准确认定公文的主送机关，是文件发出后是否得到及时贯彻处理的一个关键性问题。

在写正文之前，要在标题下空一行，主送机关居左顶格，回行时仍顶格，最后一个机关名称后面标全角冒号。

（4）正文。正文一般由开头、主体和结尾三部分组成。①开头，主要交代通知缘由、根据。②主体，说明通知事项。③结尾，提出执行的相关要求。

（5）落款。

写明发文机关名称以及发文的具体时间。加盖公章。

3. 根据材料内容拟写一份通知

要求：

（1）内容齐全，符合材料提供的信息。

（2）使用计算机word文档拟写，编排精美。

（3）要素齐全，格式规范。按规范打印、装订与发送。

4. 文稿诊改

要求：

（1）明确目的，分清种类。

（2）事项明确，切实可行。

（3）用语得体，讲究时效。

（二）方案

1. 示例

××公司2012年度形象展示活动的工作方案

一、目的（为什么做？）

通过此次活动，深化本企业文化的宣传学习，规范员工行为，提高员工的素养，凝聚人心，再创新业绩，扩大企业对社会的影响力。

二、任务（做什么？）

（一）展示企业良好的社会形象

1. 设计企业的徽标

2. 征集企业的口号

3. 设计企业员工的发型、服装

4. 展示企业员工的言行及精神面貌

（二）展示企业员工良好的素质

1. 简介个人工作能力

2. 简介团队合作的能力

三、工作机构（谁来做？）

组　　长：×××

副组长：×××

成　　员：×××、×××、……

四、工作安排或措施（怎么做？）

项目名称	项目要求	完成时间	负责人	参与人	地点	备注
撰写公司简介						
企业口号征选						
企业徽标设计						
发型设计						
服装设计						
个人宣言审核						
展示活动设计						
组织排练						

五、保障措施（有什么保障？）

（一）经费预算（列表说明）

（二）其他（如车辆使用、设备、场地的协调使用等）

（三）奖励办法

附件：1. 各项目负责人提交的工作方案及结果。
　　　2. 参与活动的员工简介。

××公司行政办公室
××××年××月××日

2. 写作要点

方案一般由标题、正文、落款组成。

（1）标题。制定机关、事由和文种缺一不可。注意事由要写明时限和范围。

（2）正文。在正文中明确提出其直接根据、操作方法等，语言要平实概括。

方案是指导具体工作开展的，因此目的、任务必须要简洁明了。谁做，怎样做，在哪里做，需要什么支持条件等都是要具体拟订的，所以正文要根据实际情况先与相关部门协商，经领导初步同意后才正式撰写。具体的内容，视具体情况而定，不能一概而论。

（3）落款。写明单位名称及时间。

3. 根据材料内容拟写一份工作方案

要求：

（1）内容符合材料提供的信息。

（2）使用计算机 word 文档拟写。

（3）措施具体，操作性强。

4. 文稿诊改

要求：

（1）语言是否既平实概括又能表达清楚意图。

(2) 是否根据内容的不同情况，制定了可执行的具体措施。
(3) 根据内容自行设计的表格，内容是否详尽、页面是否美观。

（三）简报

1. 示例

中国××函授大学全国教学工作会议简报
（第×期）

会议秘书组编印　　　　　　　　　　　　　　　　　　　　××××年××月××日

"函大"全国教学工作会议在京召开

经过一段时间的积极筹备，中国××函授大学全国教学工作会议于××××年××月××日在北京正式召开。

参加会议的有中国××研究会的部分理事、各地辅导站代表、学员代表和校部教职员工共70余人。

今天上午和下午都召开了全体会议。

上午，校务委员会主任刘××同志在开幕词中讲了这次会议的宗旨。他说：我们召开这次会议，是要交流、总结各地辅导站的工作经验，研究如何提高教学质量，明确今后的办学方向，讨论执行考试问题。希望大家畅所欲言，为"××函大"开创新局面献计献策。

紧接着，各地代表分组进行了讨论。讨论会上，袁××同志对如何开好这次会议提出了许多宝贵意见。

下午，教务长罗××同志结合一些辅导站的情况，进一步强调：要办好面授辅导站，必须争取当地文教部门领导的支持，必须要有一个坚强的领导班子和高水平的教师队伍，以切实保证教学质量的稳定，以质量取信于社会，同时还必须严格财务管理制度，坚持勤俭办学的原则。

"××函大"顾问、××大学教授许××先生，虽已年逾80，但仍不顾气候炎热，到大会看望大家并讲了话。他指出，函授教育是一种很好的形式，这种形式有很多好处：一是节约人力，学员可以边工作边学习；再是花钱不多，却能为国家培养出大量人才；此外，面授辅导要搞好，就得搞资料交流，资料要有针对性，要解决学员提出的实际问题。许老的讲话给了与会者以巨大的鼓舞，受到大家的热烈欢迎。

分送：×××、×××、×××。

　　　　　　　　　　　　　　　　　　　　　　　　　　　　　　　　本期共印××份

2. 写作要点

简报具有新闻性，多是消息，而且重在一个"简"字，语言简约，表达简洁，内容简要。

简报的格式由报头、正文、报尾三部分组成。

（1）报头。有专门设计的固定样式，用醒目大字标明简报的名称，名称下一行写明期号，再空一行在左边顶格写明编发机关、右边顶格写明印发日期。

（2）正文。包括标题、目录、编者按、导语、主体、结果和背景材料等。
（3）报尾。在最后一页下部，在两条平行线中间，左侧顶格写分发单位的名称或者个人姓名、职务，右侧顶格写"本期共印×份"。

3. 根据材料内容拟写一份简报

要求：
（1）抓准问题，有的放矢。简报应该围绕本单位的实际，反映那些最重要、最典型、最新鲜、最为群众关心、最需要引起注意的问题。
（2）材料准确，内容真实。简报作为加强领导和推动工作的重要工具，内容必须保证绝对真实、准确，否则就会造成不良后果。
（3）简明扼要，一目了然。简报的写作必须注意做到简短、明快，用尽可能少的文字说清楚必须说明的问题。
（4）讲究时效，反应迅速。简报是单位领导对一些问题做出决策的参考依据之一，也是单位推动工作的一个重要手段。简报的功能，决定了简报的编者必须讲求时效。这就要求简报的作者思想敏锐、行动敏捷，对问题反映得快，对材料分析得快，写作构思快，动笔成稿快。
（5）内容实在，不空洞。简报的写作既不同于文学作品，也不同于评论文章。文学作品的创作，靠刻画形象来表达主题思想；评论文章的写作，靠理论论证来阐述观点。简报则和新闻报道一样，是靠用现实生活中活生生的事实来宣传单位需要宣传的思想、文化，用事实说话的。
（6）使用计算机 word 文档拟写，格式规范，与材料提供的内容相符。

4. 文稿诊改

要求：
（1）检查格式是否规范。
（2）词句表达是否简洁明了。

四、多看多读，拓展与迁移

要求：
（1）查阅制度、章程、规程、守则等文书的写作范例。
（2）在日常工作中，注意养成按规范格式撰写和印发应用文的好习惯。

第三节　请示·批复·报告

一、阅读材料，身临职场

某商贸集团总公司是省属的集化工、电子、服装、原材料、副食品等进出口贸易于一体的大型国有企业。目前拥有分公司 15 家，总资产近 150 亿元，在职职工近 5 万人。在开发国内外两个市场中不断发展壮大。

商贸集团第五分公司主要经销副食品。几年来，随着城乡人民生活水平的不断提高，第五分公司的市场前景越来越广阔，分公司的规模也不断扩大。2013 年，第五分公司所属的一个副食品冷库，需要扩建。根据有关人员反映，自 2011 年以来，由于市场经济的迅速发展，农村许多地方办起了养殖场、鱼塘等，有的实行了联营，鲜肉、鲜蛋、鱼虾等副食品大量增加，极大地丰富了菜篮子。但原有冷库不能满足需要。他们想在分公司所在地的东望县再建一个冷库，面积为 90×60 m^2，这样，可储存鲜肉、鲜蛋、鱼虾等近 200 吨，请求总公司拨款 800 万元。若有可能，将于 2014 年破土动工，争取次年投入使用。第五分公司将选派一名有经验有能力的副经理分管此项工作。

商贸集团总公司接到第五分公司的请示后，当即予以回复。希望分公司接此文后，即同当地有关部门协商，在保障安全的前提下，选好建库地址，按期投入使用。所拨资金要专款专用，不得超支。要求拨 800 万元建一个冷库，标准太高。因为总公司资金有限，所以，只拨给建筑款项 500 万元。随着我国农村市场经济的发展，扩建冷库很有必要。款不够，可采用其他办法筹款，但要符合国家政策。

第五分公司接到总公司批复和建筑款后，当即派王副经理负责此项工作。第五分公司采取股份办法，自筹资金 100 万元。王副经理组织一干人马，经过严格的招标后，确定由本省建筑工程公司第三建筑队负责施工。工程于 2014 年 3 月破土动工，2014 年 7 月 10 日竣工。然后，又用了近 20 天时间布置、安装、调试设备，该冷库于 2014 年 8 月 1 日正式投入使用。该冷库建在东望县南郊，西邻火车站，东邻 108 国道，交通运输便利。该冷库占地面积为 80×50 m^2，分上下两层，四个区域，分别储存肉类、蛋品、海鲜等，储藏量可达 200 吨。分公司又自筹资金，购置了一套国产冷冻设备，冷冻效果很好，扩大了市场销售量。该冷库投入使用 3 个月来，营业收入就比去年同期增长了 20%，极大地鼓舞了干部和职工，纷纷表示要以更大的热情投入工作，为了公司的发展，不怕苦和累。第五分公司的经理非常高兴，于 2014 年 11 月，写报告向总公司汇报了这些情况。

以上事件的过程是：第五分公司要开展新项目必须向商贸集团总公司报建，商贸集团总公司就分公司报建项目讨论后做出答复。第五分公司得到上级答复后按计划实施冷库建设和使用工程，预期目标是否实现，在规定的时间必须以书面形式及时汇报总公司，供领导决策参考，以求沟通交流并继续得到上级的支持和指导。如果你是项目的负责人或审批人，你会指导秘书写什么材料呢？

二、任务分析，明确文种及处理

在扩建冷库增加销售量的实施过程中，经历了报建、审批和实施工程项目后出业绩这几个主要环节，需要履行的主要是请示、批复及报告建设成果的行政手续，达到上下有效沟通的目的。因此，需要用到的文种就是《党政机关公文处理工作条例》中明确规定的请示、批复及报告。对外行文要严格按《党政机关公文格式》的要求印发。

（一）请示

请示是下级机关向上级机关请求对某项工作、问题作出指示，对某项政策界限给予明确，对某事予以审核批准时使用的一种请求性公文，是应用写作实践中的一种常用文体。

根据请示的内容、性质和用途可以将请示分为求示性请示、求准性请示和求助性请示三种。

1. 求示性请示

求示性请示是请求上级予以指示或裁决的请示类公文。当工作中遇到疑难问题，遇到不好解决的重大问题，出现无法可依、无章可循的新情况、新问题，或部门之间意见分歧较大而难以统一的问题时，请求上级机关给予指示或裁决。

2. 求准性请示

求准性请示是请求上级批准、同意的请示类公文。当遇到经上级批准才能办理的事项；或必须处理，但其内容超出本机关、本单位处理范围的事项；或因情况特殊需要变通处理的事项时，请求上级机关批准、允许。

3. 求助性请示

求助性请示是请求上级予以支持、帮助的请示类公文。本单位办理或上级交办的事项，需一定人力、物力、财力，本单位难以解决，请求上级机关帮助，如请求增补经费，增加设备，为某项事情拨款、拨指标等。

（二）批复

批复是上级机关答复下级机关请示事项时使用的文种，具有权威性、针对性、明确性、时效性、指导性的特点。

按答复的内容，批复可分为指导性批复、法规性批复和具体性批复；按行文方式的不同，批复又可分为直达性批复和转发性批复。

（1）指导性批复，即在答复下级机关请示事项的同时，就某一方面的工作或活动提出指导性要求的批复。

（2）法规性批复，即对下级机关拟制报批的行政法规予以批准时使用的批复。

（3）具体的批复，即就下级机关请示的具体事项所做的批复。

（4）直达性批复，即只对请示的下级机关直接作出的批复。

（5）转发性批复，即由于内容具有普遍性，在主送给请示的下级机关的同时，又抄送给其他下属单位执行的批复。

（三）报告

报告是《党政机关公文处理工作条例》规定的正式文种之一，有严格的格式要求。适用范围是向上级机关汇报工作，反映情况，答复上级机关的询问。具有陈述性、客观性、单向性的特点。报告为上行文，属报请性公文。报告是中下级机关，特别是基层单位和部门经常使用的文种。

报告按其用途和内容的不同通常可分为综合性报告和专题性报告两大类，这两类报告又可分为以下五种主要类型：

1. 工作报告

这类报告主要用于汇报工作，行文目的是供上级机关了解工作进展情况，接受上级的指导与监督，并为上级机关制定政策、部署工作提供依据，不需要上级批转。因此，这类报告涉及的范围十分广泛，既可以是综合性报告，也可以是专题性报告。综合性的工作报告是全面反映本机关工作情况的报告，写作时要把整个工作步骤、取得的成绩、具体做法、存在问题及原因、今后打算等逐项写清楚。专题性的工作报告只报告某项工作、某个问题，有阶段性工作进展情况报告，也有某项工作结束后的总结性报告。专题性报告在报告类行文中所占的比例较大。

2. 情况报告

情况报告指向上级机关报告某种重要情况、重要动态、某一重大问题或工作中某些状态时使用的报告类公文。其内容有特定的要求，如党和国家作出重大决策后本地区、本部门、本单位、本系统的思想动态，重大改革行动后出现的新情况、新问题，发生的重大突发事件或重大自然灾害等。

3. 检查报告

检查报告通常是因某项工作发生失误而向上级作出检查的报告，其内容包括发生失误的经过、原因、教训，应负的责任及改进的措施等。

4. 备案报告

备案报告主要在以下两种情况下使用：一是根据《法规、规章备案规定》（国务院令第48号）的要求，地方性法规、国务院部门规章、地方人民政府规章都应报国务院备案；二是同级人民代表大会及其常务委员会决定任免的人民政府工作部门正职人员，需向上一级的政府备案。

5. 回复报告

对上级机关查询、督办、催办的事项作出专门的答复时使用这种报告类公文。其内容要根据上级提出的要求逐项作出回答，不能回避问题，不能答非所问。

三、掌握要点，模拟写作

（一）请示

1. 示例

```
000001
机密★1年
特急
                    ×××××文件
                    ×××〔2009〕×号
```

（续）

×××化工厂关于贯彻按劳分配政策两个具体问题的请示

省劳动厅：

　　按劳分配，是社会主义分配的基本原则，也是社会主义优越性之一。几年来，我厂由于认真贯彻了按劳分配政策，极大地激发了广大职工的社会主义劳动积极性，使得生产率成倍地增长，乃至几倍的增长。

　　为全面贯彻按劳分配原则，进一步调动职工的劳动积极性，现就两项劳资政策问题请示如下：

　　一、拟用2009年全厂超额利润的10%为全厂职工晋升工资。其中，2009年4月30日在册职工每人晋升一级，凡班（组）长和车间先进生产（工作）者及其以上领导和先进人物再依次晋升一级；全厂技术突击组成员每人浮动一级工资，组长每人浮动两级工资。

　　二、拟用2009年全厂超额利润的10%一次性为全厂职工每人增发奖金平均100元，具体金额按劳动出勤率和完成定额计算。

　　以上请示，妥否，请审核批示。

×××化工厂（章）
××××年×月×日

抄送：×××××××，×××××，×××××，×××××，×××××，×××××。

×××××××××　　　　　　　　　　　　　　　　　　　　××××年×月×日印发

注：此表只是样式之一，字体、字号、间距等因不便在此处按规范编排，实际应用时请按《党政机关公文格式》要求制作和盖章等。

2. 写作要点

（1）必须一文一事。不要在一份请示中请示两个以上问题，否则会影响请示事项的及时解决。请示事项是请示的关键，请示事项要写具体、明确，语气要平实、恳切。

（2）受双重领导的单位，不要多头请示，应根据内容只报一个上级主管机关。

（3）除领导直接交办的事项外，请示不得直接送领导个人，更不得越级请示。

（4）如果是几个单位联合请示，主办单位应主动与其他单位商量，统一意见，搞好会签，联合行文。

（5）格式规范，一般由标题、主送机关、正文、落款组成。正文主要写请示的原因、内容、要求等，应将理由陈述充分，提出的解决方案切实可行。所请示内容需要上级详细了解的，需要附件。如请求拨款的应附预算表；请求批准规章制度的，应附规章制度的内容；请示处理问题的，本单位应先明确表态等。

3. 根据材料内容拟写一份请示

要求：

（1）使用计算机word文档拟写，与材料提供的内容相符。

（2）主旨明确，条理分明，语言简洁。

（3）打印、装订规范，按正常程序审核、印制、发送及存档。

4. 文稿诊改

要求：

（1）是否抓住问题的关键写明所请示的事项。

（2）是否有逻辑、有条理地表达清楚原因、内容和要求。

（3）语言是否简洁。

（二）批复

1. 示例

×××××文件

监发改〔××××〕×号

关于××保险（集团）股份有限公司修改章程的批复

××保险（集团）股份有限公司：

你公司关于修改章程的请示（××〔2013〕×号）收悉。经审查，核准你公司 2013 年 5 月 11 日股东大会决议对章程做出的如下修改：

一、第一百二十条第十六项修改为：法律、行政法规、部门规章、上市地证券交易所监管规则或本章程授予的其他职权。

二、第一百三十一条修改为：若有大股东或董事在董事会将予考虑的事项中存有董事会认为重大的利益冲突，有关事项应以举行董事会会议（而非书面决议）方式处理。在交易中本身及其联系人均没有重大利益的独立董事应该出席有关的董事会会议。

请你公司依照有关规定办理变更事宜。

此复

中国保险监督管理委员会

××××年×月×日

抄送：××××××，××××××，××××，××××，×××，××××。

×××××××   ××××年×月×日印发

注：此表只是样式之一，字体、字号、间距等不便在此处按规范编排，实际应用时请按《党政机关公文格式》要求制作和盖章等。

2. 写作要点

批复由首部、正文和尾部三部分构成。

（1）首部。首部包括标题和主送机关。① 标题。批复的标题应由发文机关+事由+文种三方面组成，如《最高人民法院关于购销合同履行地的特殊约定问题的批复》。批复标题的三要素要齐全。发文机关必须用全称或法定的规范简称。标题中的事由必须精练地提出具体事项及批复意见，常用句式是"关于……问题的批复"或"同意……的批复"。② 主送机关。即请示的下级机关。

（2）正文。正文是批复的核心部分，是针对下级机关的请示事项所作的具体答复，一般由引语、主体、结尾组成。

引语，是批复开始的第一段第一句话，是批复的根据。通常要写清楚两方面的问题：一是接到下级机关请示事项的日期、请示的问题或请示的文号；二是简要引述来文所请示的事项。之后，一般用"经研究，同意……"或"经研究，批复如下"等公务文书惯用过渡语，引至批复主体。有一种例外情况，即不是上级机关而是有关主管部门答复不相隶属机关请求批准的来函，也可以用"批复"。这类批复中必须写明"经×××（上级机关名称）批准"。

主体，即批复和指示意见。要根据党和国家的方针、政策、法律、法令、规章、制度和实际情况，表明对请示问题的明确的态度，作出恰当的答复，并说明理由。也可以同时指出如何才能保证批复事项的完成，或如何防止某些问题的出现。

结尾。批复正文的结尾比较简单，一般只需在主体下另起一行写上"特此批复""此复"即可。

（3）尾部。批复的尾部是在正文右下方署名和成文日期，成文日期用阿拉伯数字。最后盖上发文机关印章。

3. 根据材料内容拟写一份批复

要求：

（1）撰写批复要慎重，要及时核实情况。
（2）根据现行政策、法令及办事准则，及时商讨并给予答复。
（3）观点明确，态度明朗，不能模棱两可。
（4）措辞要庄重、周密、准确。
（5）使用计算机 word 文档拟写，与材料提供的内容相符、格式规范。

4. 文稿诊改

要求：

(1) 是否与请示的事项相对应。

批复意见是针对请示中提出的问题所作的答复和指示，意思要明确，语气要适当，什么同意，什么不同意，为什么某些条款不同意，注意事项等都要写清楚。

(2) 结尾是否提出希望。

为了鼓舞创新的积极性，需要在答复批准后表明希望、提出号召。

（三）报告

1. 示例

××区房屋管理局文件
××发〔2008〕×号

关于"5·12汶川特大地震"后房屋安全排查的情况报告
××市房管局：
　5月12日，汶川特大地震灾害发生后，我区部分房屋因灾受损。5月13日上午 8：30，

（续）

我局召开紧急工作会，安排部署灾后房屋安全排查工作。现将排查情况报告如下：

一、排查重点

直管公房、农民集中居住区、旧住宅小区及城郊结合部危旧房屋。

二、基本情况

排查房屋总面积：140万平方米。

（一）直管公房：132 480.34平方米

1. 完好：65 136.6平方米。2. 基本完好：42 431.03平方米。3. 轻微损坏：9 037.29平方米。4. 中等破坏：14 297.9平方米。5. 严重破坏：1 403.64平方米。6. 倒塌：173.88平方米。

（二）旧有小区、城郊结合部：235 455.46平方米

1. 完好：24 600平方米。2. 基本完好：43 676平方米。3. 轻微损坏：141 696.46平方米。4. 中等破坏：8 390平方米。5. 严重破坏：17 093平方米。6. 倒塌：无。

（三）区统建房（在建）：937 000平方米

1. 基本完好：5 000平方米。2. 轻微损坏：450平方米。3. 中等破坏：200平方米。4. 严重破坏：10 000平方米。5. 倒塌：无。

（四）学校：61 811平方米

1. 基本完好：21 181平方米。2. 轻微损坏：24 530平方米。3. 中等破坏：7 830平方米。4. 严重破坏：8 270平方米。5. 倒塌：无。

（五）旧有小区：235 455.46平方米

1. 基本完好：68 276平方米。2. 轻微损坏：141 696.46平方米。3. 中等破坏：8 390平方米。4. 严重破坏：17 093平方米。5. 倒塌：无。

三、处理意见

××中心校（降层使用）、××××村小学、××××学校、××小学新城校区A、B幢、××小学、××××小学、××学校小学部、××小学、××中心校、××第一幼儿园一般修复后可使用。

机关幼儿园1幢、××××小学7幢房屋拆除，××××小学砖木结构小青瓦房屋1幢拆除，××××小学全部拆除，×××××砖混2层楼1幢可使用、3幢房屋拆除。

直管公房：113户、388人撤离，15 701.54平方米需修复加固可使用。

旧有小区和城乡结合部：166户、529人撤离，25 483平方米需修复加固后可使用。××街×号原××厂宿舍1幢、××街原××厂宿舍2幢、××路×号直管公房1幢、××路××社区搬迁房1幢、××小区第7幢直管公房、××菜市巷1幢直管公房，需维修加固后使用。××号××大厦1幢，需大修加固；×××××农贸市场3号楼，需拆除。

特此报告。

××区房屋管理局（公章）

××××年×月×日

抄送：××××××××，××××××，×××××，×××××，××××，××××，××××。

×××××××   ××××年×月×日印发

注：此表只是样式之一，字体、字号、间距等不便在此处按规范编排，实际应用时请按《党

政机关公文格式》要求制作和盖章等。

2. 写作要点

报告包括标题、主送机关、正文、落款四部分。

（1）标题。通常只写事由和文种，可省略发文机关。

（2）主送机关。主送机关为直属上级机关。

（3）正文。各类报告的内容结构不同，写作时也有不同的要求。报告正文的结构一般由开头、主体、结尾三部分组成。其写法如下：

开头。一般先总述前一阶段（或前一个时期）的工作情况，包括取得的成绩和存在的问题，以此作为发文的依据，然后常用"现将有关情况报告如下"作为过渡语，引起下文。这部分要落笔入题，上承报告标题中的事由，下启正文主体内容。

主体。报告的主体是报告的重点内容。如果是综合性报告，可采用条款式；反映某一方面情况的报告，应写明事情经过、原因和结果；侧重总结工作经验的报告，则要对成绩和存在的问题进行必要的分析，归纳出规律性的东西；工作情况报告，应写明工作的进展或完成情况，取得的成绩和存在的问题，经验和教训，也可简单地交代下一步工作的安排或打算；事故或事件的报告，就要写清发生事故或事件的时间、地点、单位，涉及的人员，事故的详细情况或事件的经过，造成的后果或影响，还要分析主观和客观原因，最后写明处理情况或提出处理意见，如果是责任事故，还要对直接责任者和有关领导提出处理意见；根据上级的询问作出的答复报告，一般按询问的内容作答即可；至于备案报告，都比较简单，只需报告何时何种会议通过了何种事项，如果是规范性文件，可作为附件附存报告后面。

结尾。报告的结尾，常用"特此报告""特此报告，请审阅""以上报告有不当，请指正"等惯用语来结束全文。

（4）落款。在正文后右下方标注发文机关和成文日期。成文日期写在落款下一行，一般右空4字编排。成文日期用阿拉伯数字标注。

3. 根据材料内容拟写一份报告

要求：

（1）重点突出。要根据报告的性质和行文的意图，分清写的是哪一种报告，然后再来组织和选择有关材料，有详有略，突出中心。对工作中发现的一些重要情况，对全局具有普遍指导意义的新问题，都可以作为重点内容来写，写得详尽一些；一般的、次要的、非重点内容可以一笔带过，点到即止。

（2）内容真实。报告无论是哪一种类，也无论每一篇的侧重点如何，其主要内容都是由叙述情况和提出意见两部分组成。所以在写报告时，要特别注意情况与意见的结合问题，做到相互联系，相互依存。叙写情况时，要实事求是，不文过饰非；要进行归纳整理，先提出主要事实，然后用具体数字和事实加以说明，做到有血有肉；对有关数据要仔细核实，不能弄虚作假，报喜不报忧。写意见时，必须注意要以前面所叙的实际情况为依据，理由充足，做到意见具体、要求明确、切实可行。

（3）条理清楚。相对于其他公文而言，报告具有内容容量大、结构较为复杂的特点，这在综合性报告中显得更为明显。因此，在谋篇布局上更要合理搭配，注意各部分的逻辑关系，做到层次分明，结构严谨，条理清楚。

（4）使用计算机 word 文档拟写，与材料提供的内容相符。

(5) 格式规范，用词平实，编排精美。

4. 文稿诊改

要求：

(1) 突出重点，点面结合，避免把报告写成面面俱到的流水账。
(2) 在报告中不可写请示事项。情况报告要及时报送真实情况。
(3) 检查报告内容是否表达了做了什么工作，具体做法是什么，有什么经验、体会，存在什么问题，改进工作的措施、打算等。
(4) 打印、装订规范，按规定程序审核、印制、发送及存档。

四、多看多读，拓展与迁移

要求：
(1) 查阅党政机关领导干部、企业管理人员的就职演讲和述职报告的写作范例。
(2) 结合自己的理想拟写一份就职演讲词。

第四节 启事·声明·新闻稿

一、阅读材料，身临职场

中国××出版总公司是一家国家级大型出版公司，下辖10个图书出版社和5个音像出版社，在职职工近2 000人，公司资金雄厚，实力强大，是一颗刚刚崛起的出版新星。自出版总公司成立以来，出版了许多优秀作品，深受社会各界欢迎，成为国家表彰的"全国优秀出版社"之一。由于业务迅速发展的需要，各出版分社普遍反映人员紧缺，要求总公司招聘人才。

近几年，因高考扩招、考研扩招，××出版总公司组织全国数十所重点中学富有经验的教师，编写、出版了一套全新的高考各科辅导教材《高考×××》；又组织全国十余所著名高校的数十位英语专家、教授，编写、出版了《最新××英语辅导教材》。这两套教材均集图书、音像、光盘、网络等为一体，内容全面，形式灵活，既注重知识的积累，又重视能力的训练，学生易懂易记，效果颇佳，一经推出，深受广大考生喜爱，一时成为全国畅销书，为出版公司带来了可观的经济效益，出版公司于是再版重印。但不久，在社会上就发现了纸质、印刷都较差的盗版书；另外，还有个别出版社出版、发行类似图书，这些图书不但在内容上大量抄袭以上两套丛书，而且书名相似，封面设计上刻意模仿，故意误导读者，给××出版总公司造成了巨大的经济损失。

××××年4月15日，公司召开各出版社业务主管领导会议，讨论以上两个问题。公司总经理主持会议，会议首先讨论人才招聘问题。各出版社普遍反映编辑人才缺乏，尤其急需专业性强的编辑，如计算机、英语、地理旅游、经济管理、水利水电、电力电气、工程测量等。另外，像专职营销策划、专职美术设计、专职网页设计、专职电子音像制作、网站信息员、图书评论员等也比较紧张。经过讨论，总公司同意面向社会公开招聘 100 名员工，由公司统一招聘、考核，然后根据岗位需要，分至各出版社。为了能更好地胜任公司的工作，所招聘人员必须具有大学本科及其以上学历或副高级职称以上；必须具备必要的计算机知识（Windows，Office，因特网），英语要达到四级以上水平；年龄必须在 45 岁以下，但是对条件突出的应聘者可适当放宽。公司书记××提出，在所招聘人员中，中共党员应该优先考虑，一般来说，这些人有着较高的政治思想觉悟，不怕吃苦，工作积极，多招些业务水平高的共产党员，有利于推动我们公司的工作进一步向前发展。还应该优先考虑有编辑经验的应招者，有编辑经验的人员来了后，可以马上上岗，不需要再培训，这对公司是大有好处的。有××市常住户口者也可以优先，这些人没有多少后顾之忧。

具体分配如下，专职策划编辑：计算机 10 名，英语（八级，口语流利）10 名，地理旅游 4 名，经济管理 5 名，水利水电 6 名，电力电气 4 名，工程测量 5 名，中文 8 名，医学 5 名，以上岗位研究生毕业和管理能力突出者优先。专职加工编辑 18 名：专业不限，但中文、英语、计算机专业优先。专职营销策划 5 名，专职美术设计 8 名，专职网页设计 6 名，专职电子音像制作 4 名，网站信息员 3 名，图书评论员 3 名。总经理又补充说，还可以招聘一些兼职策划或加工编辑、网站信息员和图书评论员若干名，专业和年龄可适当放宽。会议还讨论了所聘专职人员的待遇问题，策划编辑实行岗位工资加效益提成制；加工编辑实行计件制，实际收入不低于分级底薪；公司为所有专职人员交纳养老、医疗和失业保险金；公司对职工租用的单身住房或分级住房实行补贴；所招聘职工的基本福利与本公司正式职工相同。另外，公司对专职编辑原则上实行聘用制（不管人事档案），个别优秀人才需要调入或有其他要求的，可来公司面议。凡应聘合格者，试用期限 3 个月，此间实行试用工资，期满合格后双方正式签订聘用合同。兼职策划编辑实行效益提成制，兼职加工编辑实行计件制。其中有突出才能者可以竞选本公司管理岗位，对业绩优异者，公司还要为其提供赴国外学习的机会。

总经理强调，××出版总公司以"三个代表"为指导思想，以"传播知识，弘扬文化"为出版宗旨，以事业留人，以待遇留人，以感情留人，为优秀青年提供良好的发展平台。

热忱欢迎具有强烈事业心和开拓创新精神的人才加盟本公司，与本公司一起发展。

会议确定招聘事宜后，公司马上起草招聘启事，在《××日报》《××教育报》等各大媒体宣传，从××××年 4 月 20 日开始报名，截止日期为××××年 5 月 20 日。报名者需提交有关材料，如本人中、英文简历，学历、身份证、户口等证明材料的复印件，应聘岗位和工资要求，还要提交近期免冠照片两张。报名者可乘 105 或 109 路电车到××市××区××路 10 号××出版公司办公室报名；也可以电话报名，邮寄资料。邮政编码：100××，联系人：林××、张××；电话：××××××××；传真：××××××××；还可以发电子邮件，网址：http: //×××.edu.cn；报名后，另行通知笔试、面试地点和日期。如果有疑问，可来函、来电或上网咨询。

针对第二个问题，与会人员经过热烈的讨论后，得出一致结论，我们必须采取措施，阻止这种行为的继续进行。副总经理张先生总结说，我们为了适应新的高考形势，花了两年多时间，请了近百位专家、学者，投入了大量资金，编写、出版了《高考×××》系列丛书和《最新××英语辅导教材》，如今社会上那些盗版和仿制图书，严重侵犯了我们的合法权益，给我们造成了极大的损失，他们的行为，既违反了我国著作权法的有关规定，又构成了不正当竞争。为此，我们首先要在媒体上发表郑重声明，要求盗版和仿制我们图书的有关单位和个人必须立即停止侵权，如果他们一意孤行，我们将诉诸法庭，追究其法律责任。再次召开新闻发布会，将被盗版的情况向社会公开消息，帮助群众识别正版书与盗版书的真伪，免得读者上当受骗，防止群众的切身利益受到损害，借助社会舆论打击盗版的非法行为，尊重知识产权，维护法律的尊严。

会后，公司行政办公室主任和人力资源部经理根据会议内容磋商后分头行动开展工作。人力资源部负责招聘工作，行政办公室负责声明及新闻发布会的工作。你是他们的话，分别要撰写什么文书呢？

二、任务分析，明确文种及处理

按正常的行政工作特点，要招聘工作人员通常要发布招聘信息，负责管理人事工作的人力资源部经理要撰写招聘启事并通过各种媒体如报纸、电台、网站、宣传橱窗等适合广大人群接触、知情、传播的途径发布招聘的具体信息。而办公室总览单位对外事务，办公室主任需要撰写声明和提供媒体、记者及有关人员使用的新闻稿，新闻发布会的材料才算准备妥当。

（一）启事

启事是机关、企事业单位、团体或者个人，需要向公众说明某件事情或希望公众协助其办理某事时使用的一种诉求性文书，具有告知性、简明性的特点。按其内容，启事可分为多种类型，主要有：招生启事、寻物启事、招聘启事、挂失启事、征集启事、征婚启事、庆典启事、迁址启事等。按公布的形式分，主要有：报刊启事、电视启事、广播启事、张帖启事、网络启事等。

（二）声明

声明是行政机关、社会团体、企事业单位或公民个人就有关事项或问题向社会表明自己立场、态度的告知性应用文体，具有严肃性的特点。按声明内容分，经常用到的声明很多，如道歉声明、澄清声明、遗失声明、搬迁声明、委托声明等。

（三）新闻稿

新闻稿是公司、机构、政府、学校等单位发送给媒体的文字稿，以公布有新闻价值的消息。通常会用电子邮件、传真、书信（电脑打印）形式分发给报纸、杂志、电台、电视台、网站、通讯社的编辑等。不少新闻稿是通知各大媒体有关记者招待会的消息后，在新闻发布现场直接发送给到会记者，鼓励新闻记者在该题材上撰写新闻、发布新闻。

三、掌握要点，模拟写作

（一）启事

1. 示例

（1）招聘启事。

××外贸有限公司
诚　　　聘

××外贸有限公司是全省的重点企业之一。为发展壮大公司业务，经市人才流动服务中心审批，面向社会诚聘外贸专业人才。现将有关事项公告如下：

一、公司简况

××外贸有限公司现有职工320余人，位于××市××路158号××大厦。拥有资产××百万元，主要经营与亚、欧部分国家的外贸业务，目前已有服装、纺织、化工、机电、农产品等外贸业务。

二、招聘类型和数量

1. 服装外贸业务员：10人。

2. 纺织外贸业务员：15人。

3. 化工、机电、农产品等外贸业务员：16人。

三、招聘条件

1. 拥护社会主义制度、遵纪守法，有较高的道德素养。

2. 身体健康。

3. 具有大专及以上学历，英语达四级。

4. 年龄在30岁以内（特别优秀的可放宽到35岁），从事外贸业务3年以上，男女不限。

四、招聘原则、方式和待遇

1. 公司本着"公平、公开、公正"的原则，严格按照"公开招聘、严格考试、择优录用"的方式选拔人才。

2. 公司将由人才招聘考核领导小组对初审合格者进行面试和笔试。

3. 一经录用并考核合格人员，将享受公司相关业务员的薪酬及福利待遇，试用期月薪1 200元，半年后根据业绩加薪。

五、报名要求和联系方式

1. 报名要求。

有意应聘者，请在××××年10月15日前来公司本部。并带本人简历、身份证、学历证书、2寸近照3张。

2. 联系方式。

电话：××××××××

邮箱：××××××@qq.com

QQ：××××××

××外贸有限公司
××××年××月××日

（2）开业启事。

××大厦开业启事

××大厦装饰工程已经顺利完成，百货商场、餐饮旅馆定于×月×日正式开业，欢迎各界人士光临。

××大厦
××××年×月×日

2. 写作要点

启事的格式一般包括标题、正文、落款。

（1）标题。标题一般有四种形式：① 文种；② 文章标题式；③ 事由+文种；④ 启事者+事由+文种。

（2）正文。正文一般由事由、事项和结尾三部分构成。开头写事由，中间写明事项，结尾往往写告启人的希望、要求或者某种承诺。复杂的启事可分条列项；简单的启事，一段到底，省略结尾。注意一事一启，不要把不同的诉求放在一个启事里。

（3）落款。包括署名和日期。写在正文右下方。有的启事还包括发表启事者的联系方式。

3．根据材料内容拟写一份启事

要求：

（1）用语准确，事项表达简洁明确。

（2）使用计算机 word 文档拟写，与材料提供的内容相符。

4．文稿诊改

要求：

（1）所启事项是否完整、周全、表达清楚。

这是一则面向社会的招聘启事，写作时，要交代清楚用人单位的基本情况，此次招聘的对象、条件、部门岗位、福利待遇、报名时间、地点、联系办法及报名时应提交的材料。内容项目较多，可以分条列项来写，使读者一目了然。

（2）是否符合规范格式，选好发布的形式。

（二）声明

1．示例

（1）道歉声明。

道 歉 声 明

我公司（××医学整形美容机构所属单位）于××××年×月至××××年×月期间使用著名节目主持人刘××小姐形象照片作为宣传，引起有关媒体的歪曲报道及使部分消费者产生误解，以致对刘××小姐的形象造成了影响，对此我们表示真诚的歉意，现郑重发表声明如下：

1．刘××小姐形象只是用做我公司光子嫩肤平面广告，公司使用刘××小姐的形象作为整形美容广告宣传的行为属于对刘××小姐的肖像权违规使用，我们将于此声明发表后 24 小时内撤下一切有关的形象照片和广告，停止有关的所有商业行为，并将不再使用刘××的肖像。

2．公司使用刘××小姐形象是因为对刘××小姐美丽形象的热爱和推崇，我们的行为纯属出于商业利益的考虑，并无任何诋毁刘××小姐形象之意图；如果有媒体借本公司名义做不实报道，我们与刘××小姐一道保留追究其相关法律责任的权利。

××医学整形美容公司
××××年×月×日

（2）澄清声明。

××调味品有限公司
致广大客户和消费者的声明

近日，有××媒体报道称，××调味品有限公司生产的××牌味极鲜酱油含有氯丙二醇，并超过欧盟标准×倍。

我公司对该报道发表声明如下：

一、经我公司在采访现场鉴定，该新闻中出现的样品为假冒产品，并非由××调味品有限公司出品。

该报道并不完全反映真实情况，有可能引起广大消费者对我公司优质产品的误解。该媒体在采访时，我公司负责打击假冒产品的专业人员和研发中心的技术负责人，前往现场进行鉴定，并判定该被检产品为假货。

我公司获悉此事件后，已立即敦促公司打假部门尽快追踪该假货的来源，并在近期内配合政府部门加大打击力度，依法清除假冒产品。该新闻中出现的样品之类似假冒产品，目前在××市面并未发现。

二、我公司产品均采用东北优质大豆为原材料，所有产品均以天然发酵酿造工艺生产而成，绝不含国家严禁的对人体健康不利的化学物质，而报道中提及的氯丙二醇物质只有在配制酱油中才有可能出现，我公司产品系天然发酵产品，绝非配制产品。我公司长期以来奉行"以人为本"的经营理念，在生产过程推行"良心工程"，公司每一个产品都必须经过130道检测工序的检验，只有全部检验合格的产品才可以销售。我公司采用1SO9001：2000质量保证体系，并通过HACCP食品安全认证，我公司产品更是"国家免检"产品和"中国名牌"产品。

三、最新的××市质量技术监督局检验结果证明，对抽样检查的5万瓶××牌味极鲜酿造酱油所监督检验的21个项目均符合CB 18186-2000标准要求，抽样检验全部合格，市民可以放心食用。

我们为该报道给广大客户和消费者带来的不便，深表歉意。

我们衷心希望能得到广大客户和消费者的继续支持，并一起共同打击假冒伪劣产品。

××调味品有限公司
××××年××月××日

（3）遗失声明。

遗 失 声 明

本公司因不慎，将××省工商局××××年×月×日核发的注册号码为××××的营业执照副本遗失，特此声明作废。

××科技有限公司
××××年×月×日

（4）搬迁声明。

××公司搬迁声明

××公司因城市改建，经城建局同意，公司总部地址已于××××年×月×日，由××区××街××号搬迁至××市××街××号，特此声明。

××公司
××××年×月×日

（5）委托声明。

委托声明

本人委托××律师事务所处理我在××省××市的全部财产事宜，特此声明。

高××

××××年××月××日

2. 写作要点

声明一般由标题、正文、落款组成。

（1）标题。日常声明有三种形式，一种是简明标题，写上文种"声明"即可；一种是发文单位+文种；再一种是事由+文种，如《辞职声明》。

（2）正文。一般包括声明的原因以及声明的具体事项，结尾常有"特此声明"。

（3）落款。包括署名以及声明的日期。

3. 根据材料内容拟写一份声明

要求：

（1）声明的事项清楚明白，格式规范。

（2）使用计算机 word 文档拟写，与材料提供的内容相符。

4. 文稿诊改

要求：

（1）抓住事件中的关键或要害问题。

（2）是否符合法律、法规和公认的事理、准则要求。

（3）是否把握分寸，表达清楚准确。这是一则为维护自己的合法权益而发表的声明，发表声明的目的在于表明自己的态度，警告侵权方，立即停止侵权行为。因此，写作时，语言要郑重、严肃，行文要简洁、明确，用语要注意分寸。

（三）新闻稿

1. 示例

一场别开生面的考试

3月12日下午3点，一场别开生面的考试在××省××市政府五楼会议室举行。能容纳500多人的会议室里，端坐着全市49名乡镇党委书记、乡镇长，他们将通过闭卷考试获得任职"科技资格"。

主考官：分管农业的市委副书记宋××和副市长胡××。

主监考：市委组织部长许××。

考试时间：120分钟。

考试题目：《农业综合技术测验题》，涉及本地主要农作物、林果业及养殖业等方面的实用技术。

担任考务工作的高级农艺师郭老师对笔者说："试题虽有一定的深度和难度，但大部分是培训过的知识。"

3点15分，考生开始答卷。考场上格外肃静，只听见沙沙的答卷声。担任监考员的市委组织部两位副部长，目光不停地扫视着，有两名考生刚一交头接耳，便被提出警告。4点过后，便有考生交卷，郭老师浏览了几份试卷后告诉笔者，考得好的能得90多分。

考试结束后，笔者在考场采访了宋副书记和胡副市长，他们说，市委、市政府采取考"科技资格"的办法，"逼"乡镇领导带头学农业技术，以提高他们的科技素质和带领群众科技致富的实际本领。市委组织部长告诉笔者："市委、市政府将张榜公布这次考试成绩，并奖励成绩优秀者；对考试成绩不及格的，限期补考，再不及格者，将采取一定的组织措施。没有'科技资格'，就不能胜任乡镇领导工作。这样的考试，今后我们每年都要进行。"

2. 写作要点

（1）新闻的要素：掌握"五个W"和"一个H"的撰写。"五个W"就是Who（何人）、What（何事）、When（何时）、Where（何地）、Why（何故）；"一个H"就是How（如何）。

（2）新闻的分类：消息、通讯、评论等。

（3）新闻的结构：新闻结构包括标题、导语、主体、结语和背景五部分。前三者是主要部分，后二者是辅助部分。①标题：高度概括，抓人眼球。②导语：用来提示消息的重要事实，使读者一目了然。③主体：新闻集中叙述事件、阐发问题和表明观点的中心部分，是全篇新闻的关键所在。④结语：一般指新闻的最后一句或一段话，可有可无。⑤背景：事物的历史状况或存在的环境、条件，是新闻的从属部分，常插在主体部分中，也可插入导语或结语之中。

（4）新闻稿的特点。尽管新闻类型有多种，但它们都有共同的基本特点。主要是"真实性""时效性""准确性""简明性"。即立场要鲜明；内容要真实具体；反应要迅速及时；语言要简洁准确。尤其是真实与新鲜是新闻的核心。

3. 根据材料内容拟写一份新闻稿

要求：

（1）"五个W"和"一个H"的新闻要素具体清楚。

（2）使用计算机word文档拟写，与材料提供的内容相符。

4. 文稿诊改

要求：

（1）把握正确的格式，内容真实具体，语言简洁准确，标题醒目。

（2）清晰简洁、段落分明、可读性强，排版规范精美。

四、多看多读，拓展与迁移

要求：

（1）每天关注国内外新闻，与同学交流时政信息。

（2）查阅公报、公告、通告等正式公文文种的写作范例。

第四章 会务文书

会务文书是一个综合体，它包括各种会议中所使用的公务文章。会议是党政机关、企事业单位、社会团体等组织进行讨论研究、工作总结、工作决策、工作部署、经验交流和处理其他事务的公务活动。会务文书的范围很广，从筹备会议到会议结束所撰写的与会议有关的文件材料都可以算做会务文书。

会议召开尤其是大中型会议的召开涉及的人员较多，工作面较宽，准备的会议材料较多，往往由不同部门的秘书人员或临时成立的专门负责大会资料的会议秘书组来完成。召开一次会议一般有哪些文书要撰写呢？上上下下的沟通与修改是怎样完成的？我们以一次大型会议的全过程作为参照展开各文种的学习。

第一节 方案·通知·议程·日程

一、阅读材料，身临职场

经政协××市第四届委员会第×次常委会协商决定，中国人民政治协商会议第四届××市委员会第二次会议于××××年1月3日至5日在政府会议中心举行。参加会议的政协委员接到通知后安排好工作，于××××年1月3日下午14:30—17:30到××××大酒店凭"通知"报到并领取会议材料。

本次会议的议程是：听取和审议政协第四届××市委员会常务委员会工作报告；听取和审议政协第四届××市委员会常务委员会关于四届一次会议以来提案工作情况的报告；列席××市第四届人民代表大会第二次会议；审议通过政协第四届××市委员会第二次会议各项决议；听取政协第四届××市委员会常务委员会关于四届二次会议提案审查情况的报告；其他事项。

中国人民政治协商会议第四届××市委员会第二次会议日程安排如下：

1月3日下午：大会报到，领取会议资料及用品。

1月4日上午：1.开幕大会。(1)主持人宣布大会开幕；(2)奏（唱）国歌；(3)市政协副主席邓××致开幕词；(4)市政协副主席梁××作政协第四届××市委员会常务委员会工作报告；(5)市政协副主席刘××作政协第四届××市委员会关于四届一次会议以来提案工作情况的报告；(6)市委书记王××讲话。2.分组讨论：(1)学习市委书记王××的讲话精神；(2)讨论协商市政协常委会工作报告及提案工作情况；(3)委员撰写提案。

1月4日下午：列席××市人大第二次会议。

1月5日上午：1.分组讨论：(1)讨论协商市政协常委会工作报告和提案工作情况。(2)讨论人民政府工作报告。2. 提案审查委员会会议。对委员在本次会议提交的提案进行审查，写出审查工作情况报告。3. 市政协常委扩大会。（1）听取各小组讨论情况汇报；（2）审议各项决议（草案）；（3）审议政协第四届××市委员会第二次会议提案审查报告。4. 捐资助学协会会员大会。（1）协商通过调整捐资助学协会理事会组成人员的报告；（2）市政协副主席谭××作2011年度市政协捐资助学协会工作情况报告；（3）市政协副主席林××宣读市政协关于表彰捐资助学先进个人的决定；（4）颁奖。5. 闭幕大会。（1）审议通过大会各项决议；（2）市政协副主席刘××作政协第四届××市委员会第二次会议提案审查情况报告；（3）市政协主席宾××讲话；（4）奏（唱）国歌；（5）宣布大会闭幕。

1月5日下午：委员返程。

××市政协委员接到大会通知后，单位办公室对与会人员参会情况报送政协办公室会务组，政协委员410人履行参政议政职责，进行社会调研撰写提案，安排好日常工作准备按时参加会议。

以上活动内容是大会正式召开前单位领导研究确定的。会务秘书组对大会的召开要拟写相关的会务文书。如果你是政协办公室主任、秘书长，你知道筹备这次会议所要使用的文书有哪几种？会前使用的文书是什么？如果你是会务秘书组人员需要协助办公室主任、秘书长完成会前应用文稿的撰写任务，你会写吗？

二、任务分析，明确文种及处理

根据会议召开的实际情况，负责筹备会议的工作人员在会议正式召开前要使用的文书有：

1. 会议方案

会议方案是为了使会议顺利进行，并取得圆满的结果，在会议召开前，对整个会议作出的预设方案。包含会议主题、议程、预期效果、会议日程、经费开支等。有时需要送达上级机关核准批复。

2. 会议通知

会议通知是会议的组织者向与会人员发出的告知性文书，告知会议召开的有关事项，要求有关人员出席会议。

会议方案得到核准后，会议组织者要拟写专门的会议通知向与会人员告知会议的时间、内容及出席会议的准备等，要求有关人员出席会议。书面通知发出后注意统计回执，以便落实参会人数；特别重要的人物要当面告知或电话通知，保证参会人员的到会率。

3. 会议议程

会议议程就是为使会议顺利召开所做的内容和程序工作，是会议需要遵循的程序。它包括两层含义，一是会议的议事程序，二是列入会议的各项议题。会议议程是整个会议议题性活动顺序的总体安排，不包括会议期间的仪式性、辅助性的活动。往往在报批的会议方案中已经确定，在会议通知中告知与会人员等。

4. 会议日程

会议日程是将各项会议活动（包括仪式性、辅助性活动）落实到单位时间，并将开会的日期、时间、活动名称、活动内容、主持人、参加人员、地点等作出具体说明。凡会期满 1 天（即两个单位时间）的会议都应当制订会议日程。会议日程在会议通知时告知与会人员。

以上 4 种文书由会务秘书组人员或办公室人员根据领导意图拟写后交相关领导审核后按实际使用情况打印分发，会后要按单位存档要求汇编归档。

三、掌握要点，模拟写作

（一）会议方案

1. 示例

（1）小型会议方案。

座谈会会议方案

经研究，中国××协会定于××××年××月××日下午在××市××宾馆召开座谈会。具体工作安排如下：

一、13：40—14：00 与会人员签到

二、14：00—15：30 举行会议

1. 14：00—14：10 主持人宣布会议开始，介绍有关代表。

2. 14：15—14：20 中国××协会李××副秘书长介绍有关情况（介绍自律公约有关内容、宣传计划）

3. 14：25—16：25 与会代表发言

4. 16：25—17：30 会议总结

三、18：00 开始晚宴

四、经费预算（见附表）

中国××协会
××××年××月××日

（2）中型会议方案。

××机械厂关于召开职工教育工作会议的方案

××市机械局：

为了贯彻落实中共中央、国务院《关于加强职工教育工作的决定》，我厂定于 5 月 10 日至 15 日，在厂招待所召开职工教育工作会议，特制定会议方案如下：

一、会议目的。认真学习中共中央、国务院《关于加强职工教育工作的决定》，传达省市教育工作会议精神，结合我厂实际情况，制订加强职工教育的规划，研究落实中青年职工的"双补"教育工作。

二、会议规模。主管教育工作的厂党委书记、厂长；厂部有关科室负责人、工作人员；各分厂主管教育工作的负责人；各车间主管教育工作的主任；工会、共青团各级主管教育工作的负责人，共 58 人。

三、会议日程。5 月 10 日，传达省市教育工作会议精神，学习中共中央、国务院《关于

加强职工教育工作的决定》。大会传达后，分组讨论，吃透上级精神，提高认识，端正态度。5月11日至15日，结合我厂实际情况制订加强职工教育规划，研究落实"双补"教育任务，解决"双补"教育中的各种实际问题。

四、会议采取大小会相结合的方法进行。10日上午举行开幕式，大会传达上级会议精神及中央文件，由党委书记罗××作动员报告。15日下午举行闭幕式，宣读我厂加强职工教育规划，部署开展"双补"教育任务和措施。

五、会议准备工作。厂里准备抽调十名熟悉教育工作的同志，用半个月时间通过调查研究，上下结合，写出一份加强我厂职工教育工作特别是开展"双补"教育工作的实施方案，并制订出加强职工教育工作五年规划（草案），拿到会议上讨论修改。

六、会议经费。为了集中精力开好会，所有参加会议人员一律在招待所住宿。其各项开支见附表。

七、请局领导参加我们的会议，并请分管教育工作的王××局长在开幕式上讲话。关于讲话稿的撰写，将派专人面谈。

以上方案，当否，请批示。

××机械厂（公章）
××××年×月×日

（3）大型会议方案。

文化研讨会会议方案

一、会议日期和地点

××××年×月×日至×日于北京××饭店。

二、会议内容及安排

1. 议题3个，分别为：

议题一：全球化对于文化及文化产业的影响。

议题二：在政府发挥的传统性作用之外，民营文化产业在促进文化艺术发展中的作用。

议题三：国家或国际机构与介入文化产业的跨国公司间的合作。

2. 会议共安排开、闭幕式各1次；全体大会5次（其中议题一讨论2次），分组讨论1次；参观游览（含闭幕式）1次，艺术观摩演出1次，娱乐就餐1次，招待会1次，宴请1次。

三、会议组织方式

1. 会议由主持人主持大会主席的选举。会议开、闭幕式由会议中方主席和主持人主持；主持人宣布会议开幕和闭幕及致辞顺序、名单；宣布大会主席、总报告人和全体大会召集人名单。

2. 开幕式由东道国文化部长致开幕词，时间5分钟；然后由主办单位中华人民共和国文化部代表（副部长）和亚欧基金会代表（总干事）发言，时间各20分钟。

3. 大会设两主席，由主持人提名，代表附议并举手表决。东道国出一主席，另一主席可请一欧洲国家代表担任。全体会议召集人5名，由代表提名候选，举手表决。

4. 分组会议拟分6个组进行讨论，分组会议根据报名情况决定，尽量考虑地域、行业、界别的均衡，每组指定召集人1名、讨论者4名。召集人兼顾亚洲和欧洲代表的名额。

5. 会议工作语言为英语，并设中英文同声传译。

6. 全体会议及分组会议程序由召集人执行，发言均限于 15 分钟之内，可能出现评述和答辩。

7. 会议简报（中、英文）每日出 1 期，共 3 期。

8. 闭幕式大会主席讲话内容包括对全体会议和分组会议的小结。主席讲话内容可作为大会主席声明并可提交给亚欧首脑会议。主席讲话内容我方可在会前事先做好准备，届时结合会议情况再做补充。

9. 总报告人负责组织起草会议最后报告并提交有关国家政府和有关国际组织，文件编辑出版。

××××
××××年×月×日

2．写作要点

全文方案通常由标题、正文、落款三个部分组成。

（1）标题。规范的写法应由召开单位、事由（会议名称）和文种类别（方案）"三要素"组成。个别情况有省略会议召开机关（发文机关）的。

（2）正文。通常由开头、主体和结尾三部分构成。开头部分应写明制文（开会）的缘由、单位、会议名称、会议时间、地点、会期等。主体部分要写出会议的宗旨、规模、议程、做法和准备情况。结尾部分要根据会议方案的性质而定，属下级机关请示上级机关的，可写上类似请示报告结尾的用语。如："以上方案，当否，请批示。"若需要经费的另列表一起报批。

（3）落款。签署发文机关、日期。属上级机关的"指导性"方案，多将日期标示在标题下，发文机关在标题中标明，不另外落款。

3．根据材料内容拟写一份会议方案

要求：

（1）正文内容齐全，符合材料提供的信息。

（2）使用计算机 word 文档拟写，格式规范，编排精美。

（3）经费开支另行列表一起报批。

（4）按规范程序审核、打印、盖章、装订、发送与存档。

4．文稿诊改

要求：

（1）指导学生逐项检查正文的各要素是否已经齐全，表达是否明确。

（2）指导学生做经费预算。大中型会议往往需要经费开支。能否开会，审批的领导要知道经费使用情况才能根据实际及预算签字，因此，经费开支有时候也是会议方案重要的组成部分，必须按会议工作各项开支列表标注，作为附件让领导一目了然。有支出标准的按标准计算。没有标准的项目或超出标准的项目需要先调查清楚数额再预算。教师要指导学生预设可能有开支的项目，免得缺项误了会议的召开。

（3）注意印制红头文件时应选择的文种及打印编排的字号、行距、页码等要求。

（二）会议通知

1. 示例

关于召开全省军队转业干部安置工作会议的通知

各市市委、市人民政府，省委各部委，省各委办厅局，省各直属单位，部属各有关单位：

为贯彻中发〔20××〕3号和国转联〔20××〕3号文件，传达全国军队转业干部安置工作会议精神，部署20××年我省军队转业干部安置工作，省委、省政府决定，于6月18日在××召开全省军队转业干部安置工作会议。现将有关事项通知如下：

一、出席会议人员

各市分管军队转业干部安置工作的副书记或副市长1名，市委组织部、人事局、劳动局负责同志和市委组织部综合干部科（处）长、军转办主任各1名。

省委各部委，省各委办厅局，省各直属单位及部属各有关单位负责同志和人事（干部）处长各1名。

军队出席会议人员的通知由省军转办另发。

二、会议时间、地点

会议定于6月18日在×××××宾馆（××市×××路×号）召开，会期1天。各市出席会议人员于6月17日下午到×××宾馆报到；省级机关各部门、单位和部属各有关单位出席会议人员6月18日上午8：15直接到双门楼宾馆开会。各市限带车2辆。

三、其他事项

1. 各市、省级机关各部门、单位和部属各有关单位请于6月17日上午11时前将出席会议人员名单报省军转办。

2. 联系电话：××××××××，联系人：姚××。

中共××省委办公厅
××省人民政府办公厅
××××年×月×日

抄送：省委常委，副省长。
　　　××军区，省军区，省武警总队。
　　　××日报，省广电总台。

2. 写作要点

通知是2012年4月颁布的《党政机关公文处理条例》规定的15种正式文种之一。这里主要就会议通知的写作而言。

（1）通知一般由标题、主送机关、正文、落款和日期构成。

（2）正文要具体全面。要写明会议名称、议题、目的、召开时间、地点、出席人员及对其提出的要求、会议日程安排、会议组织者的联系方式及其他相关事项。

（3）会议通知要适当地提前发文，以便出席人员做好准备。如果事情重大，时间紧迫，可发紧急通知，并在封套上注明，以引起收文机关注意。同时，要及时打电话跟踪落实。

3. 根据材料内容拟写一份会议通知

要求：

（1）正文内容齐全，符合材料提供的信息。

（2）使用计算机 word 文档拟写，编排精美，格式规范。

（3）按规范程序审核、打印、盖章、装订、发送与存档。

4. 文稿诊改

要求：

（1）指导学生重点核对正文内容是否按要求表达得具体全面。

（2）注意印制红头文件的规范格式及打印编排的字号、行距、页码等要求。

（三）会议议程

1. 示例

（1）公司会议。

××公司全体员工 2014 年新年大会会议议程

一、董事长新年致辞

二、通报公司发展概况

三、通报部门划分及岗位职责

四、通报销售部管理规定

五、通报公司财务综合管理和流程

六、通报平台开发进展（提问讨论）

七、研讨客服流程和试题库发展

八、通报视频产品现状

九、宣布市场部工作计划

十、参观产品展览

（2）行政会议。

中国人民政治协商会议第十一届全国委员会第一次会议议程

（××××年 3 月 2 日政协第十一届全国委员会第一次会议预备会议通过）

一、听取和审议政协全国委员会常务委员会工作报告

二、听取和审议政协全国委员会常务委员会关于提案工作情况的报告

三、列席第十一届全国人民代表大会第一次会议，听取并讨论政府工作报告及其他有关报告

四、选举政协第十一届全国委员会主席、副主席、秘书长、常务委员

五、审议通过政协第十一届全国委员会第一次会议政治决议

六、审议通过政协第十一届全国委员会第一次会议关于政协全国委员会常务委员会工作

报告的决议

七、审议通过政协第十一届全国委员会第一次会议提案审查委员会关于政协十一届一次会议提案审查情况的报告

2. 写作要点

要求：

(1) 把会议主要听取、研讨、选举、表决的事项逐条列写清楚。
(2) 语言表达简洁准确，事项清楚明白。
(3) 了解举办会议的目的，有次序地安排议程。

3. 根据材料内容拟写一份会议议程

要求：

(1) 正文内容齐全，符合材料提供的信息。
(2) 使用计算机 word 文档拟写，编排精美。
(3) 懂得提交相关领导审核后正式印制。

4. 文稿诊改

要求：

(1) 教师指导学生重点核对议程表述是否简洁准确。
(2) 检查事项是否齐全，不得缺漏。

（四）会议日程

1. 示例

××系学生委员会第十次代表大会日程安排表

日期	时间	会议内容	报告人	主持人	参加对象	地点
10月27日——10月29日	各代表团自行安排	各代表团讨论 1.讨论大会工作报告（草案） 2.讨论大会选举办法（草案） 3.讨论、酝酿委员候选人预备人选名单（草案） 4.讨论总监票人、监票人、总计票人、计票人名单（草案） 5.讨论大会决议（草案） 6.讨论、修订《×××系"五四红旗团支部"创建管理办法（试行）》等	李×× 刘××	李××	全体代表	自定

(续)

日期	时间	会议内容	报告人	主持人	参加对象	地点
10月29日	18:30—19:30	预备会议 1.听取大会筹备工作报告 2.审议、通过代表资格审查报告（草案） 3.审议、通过委员候选人预备人选名单 4.审议、通过大会主席团和秘书长名单（草案） 5.审议、通过大会会议议程（草案） 6.宣布大会注意事项	李×× 刘×× 杨××	李××	全体代表	北区学术报告厅或教室
10月29日	19:30—20:30	主席团会议 1.讨论酝酿选举办法（草案） 2.听取各代表团汇报 3.审议、通过大会决议（草案） 4.通过新一届共青团××系委员会候选人名单（草案） 5.通过新一届××系学生委员会委员候选人名单（草案） 6.布置大会选举工作	各代表团团长	李××	主席团成员及各代表团团长	北区学术报告厅或教室
10月30日	8:30—10:30	开幕式暨第一次全体会议 1.介绍领导、来宾 2.宣布开幕，奏唱《国歌》 3.致开幕词 4.校领导讲话 5.系领导讲话 6.领导、来宾主席台前合影 7.听取系团委工作报告 8.听取系学生会工作报告	李×× 刘××	李××	全体代表	北区学术报告厅
10月30日	10:30—12:00	第二次全体会议暨闭幕式 1.审议、通过大会选举办法 2.审议、通过大会总监票人、监票人、总计票人、计票人名单（草案） 3.审议、通过共青团××系委员会候选人名单 4.审议、通过××系学生委员会委员候选人名单 5.选举新一届共青团××系委员会委员 6.选举新一届××系学生委员会委员 7.审议、通过《××系"五四红旗团支部"创建管理办法（试行）》等 8.听取提案工作报告 9.听取总监票人汇报选举情况 10.宣布大会选举结果 11.通过大会决议 12.致闭幕词 13.奏唱《团歌》，宣布大会闭幕	李×× 刘×× 杨××	李××	全体代表	北区学术报告厅

2. 写作要点

（1）尽量用表格的形式把日期、时间、会议内容、主持人、讲话人、参加人员、不同的地点等表达清楚。

（2）各项工作安排的时间要衔接，要比较紧凑不松散，保证会议的顺利进行。

（3）领导讲话或专家报告的时间有约束的要会前通知清楚。

3. 根据材料内容拟写一份会议日程表

要求：

（1）根据材料内容设计表格填写。

（2）主持人姓名、地点名称可以自己预设填写。

（3）内容齐全，符合材料提供的信息。

（4）使用计算机 word 文档拟写，编排精美。

4. 文稿诊改

要求：

（1）核对各项活动的日期、时间、活动名称、活动内容、主持人、参加人、地点是否有错漏。

（2）检查各项活动的时间安排是否衔接不松散。

（3）注意按规范格式排版、打印、装订与分发。

四、多看多读，拓展与迁移

要求：

（1）搜集学校学生会、团委会、社团、班级等的会议通知、日程安排等会议材料进行诊断修改，看看哪些地方还可以做得更完善。

（2）关注每天的会务新闻（电视、报纸或网站）信息，观摩会场情况，熟悉会务工作。

第二节　主持词·开幕词·报告·讲话·提案

一、阅读材料，身临职场

经过会前工作的精心筹备，××××年1月4日上午8：30，中国人民政治协商会议第四届××市委员会第二次会议在政府会议中心隆重举行。主持人政协主席宾宣布大会开幕、奏（唱）国歌。据悉，本应出席大会的委员420人，因事因病请假的委员29人，实际出席大会的委员391人，符合法定人数。

上午8：35，市政协副主席邓××受市政协第四届委员会委托向大会致开幕词。其主要内容如下：

一是宣布××××年新年刚刚到来之际，政协第四届××市委员会第二次会议隆重开幕了。

二是代表政协××市委员会，对莅临会议指导的中共××市委、市人大常委会、市政府领导，驻×部队首长以及各位嘉宾，表示热烈的欢迎和衷心的感谢！向政协委员致以崇高的敬意和亲切的问候！

三是提出本次大会的主要任务：……为推进我市港口、园区、城乡协调互动发展，加快××经济带建设，打造××流域核心港口城市，提高人民生活水平，促进经济社会和谐稳定发展建言献策、履职出力。

四是回顾过去一年的政协工作情况：……坚持以邓小平理论，"三个代表"重要思想和十七届五中、六中全会精神，自治区第十次党代会精神为指导，深入贯彻落实科学发展观，牢牢把握团结和民主两大主题……在促进全市经济社会发展和民生工程中，坚持以经济建设为中心，认真贯彻"六靠"工作思路，围绕实施"三百工程"项目建设大会战和农民增收"三年赶超"工程，增强建言献策的主动性、预见性和针对性；配合党委和政府化解矛盾、协调关系、理顺情绪、增进共识，构建和谐环境。……

五是提出新任务：……牢记宗旨，参政为民，议政为公。……要坚持科学发展主题和加快转变经济发展方式主线，加强和改进工作……紧紧围绕我市第四次党代会提出的建设大港口、构筑大平台、培育大产业、营造大环境战略目标，以及新型工业化、特色城镇化、农业现代化、城乡一体化等事关我市"十二五"发展的重大问题和关键环节，深入开展调查研究、积极建言献策。

六是政协委员要牢记自己的责任和使命……建言献策、服务大局，为打造××流域核心港口城市，实现富民强市新跨越的宏伟目标贡献自己的力量。

最后是预祝大会取得圆满成功。

上午8:45，市政协副主席梁××受市政协第四届委员会委托向大会作政协第四届委员会常委会工作报告。其主要内容如下：

一、××××年（上一年）工作回顾

（一）服务发展大局，开展政协协商形式多样化。……

（二）加强民主监督，委员参政议政热情高涨。……

（三）深入调研视察，主动建言献策有新成效。……

（四）高度关注民生，为民办实事好事有新成绩。……

（五）坚持民主团结，促进稳定和谐有新贡献。……

（六）强化学习培训，政协自身建设上新台阶。……

二、××××年（今年）主要工作任务

（一）以提高委员履职水平为目标，切实抓好学习培训。……

（二）以推动××发展为市政协的第一要务，认真开展政治协商。……

（三）以关注民生反映民意为重点，有效实施民主监督。……

（四）以专题调研视察为重要途径，积极主动参政议政。……

（五）以促进团结和民主为主题，努力推动联谊合作。……

（六）以转变机关作风为主要内容，全面加强政协自身建设。……

上午9:30，市政协副主席林××受市政协第四届委员会委托作政协第四届委员会关于四届一次会议以来提案工作情况报告。其主要内容如下：

一、提案工作基本情况

……坚持以邓小平理论和"三个代表"重要思想为指导，深入落实科学发展观，认真学习贯彻党的十七届六中全会精神，以高度的政治责任感和使命感，围绕我市经济社会发展，积极履行政协职能，运用提案形式提出许多全局性、前瞻性、可行性建议。四届一次会议以来，市政协共收到提案 279 件，经审查立案 277 件，其中集体提案 13 件，委员提案 264 件。提案已在去年 10 月交市政府办公室转有关部门办理。各类提案比例为：① 关于经济建设的提案 29 件，占 10.47%；② 关于"三农"建设的提案 16 件，占 5.78%；③ 关于民生建设的提案 75 件，占 27.08%；④ 关于城市建设的提案 131 件，占 47.29%；⑤ 关于法制建设的提案 11 件，占 3.97%。

二、提案工作的具体做法

四届一次会议以来，市政协常委会认真贯彻落实"围绕中心、服务大局、提高质量、讲求实效"提案工作方针，扎扎实实地开展提案工作。截至××××年 12 月 31 日止，已办复提案 261 件，占 94.22%，其他提案，各有关承办单位正在加紧办理中。我们的具体做法是：

（一）着眼全局，切实加强提案工作的领导。

（二）做好服务，努力提高提案质量。

（三）抓住关键，不断增强提案办理实效。

三、××××年提案工作的思路和要求

（一）提高认识，高度重视政协提案工作。

（二）夯实基础，着重抓好提案工作质量。

（三）加强督办，不断提高提案办理成效。

（四）做好服务，努力推动提案工作开展。

各位委员，在发展中国特色社会主义事业的伟大进程中，人民政协事业前景广阔，人民政协工作大有可为，让我们在中共××市委的领导下，紧紧围绕"十二五"规划和我市第四次党代会确定的目标任务，充分运用提案这一人民政协履行职能最广泛、最直接、最有效的方式，多建有据之言，多献务实之策，为推进我市科学发展、和谐发展，实现"富民强市"新跨越做出新的贡献！

上午 10：00，市委书记王××讲话，其主要内容如下：

一是代表中共××市委员会，对大会的召开表示热烈的祝贺！向全体委员、各民主党派、人民团体、无党派爱国人士以及各界朋友致以诚挚的问候！

二是概述××市××××年的社会经济面貌，对政协工作表示感谢：××××年是实施"十二五"规划的开局之年，我市坚持以科学发展观为统领，全面贯彻落实中央和自治区党委、政府的决策部署，紧紧依靠全市各族人民，以打造××流域核心港口城市为目标，以××经济带建设为主战场，全力以赴抓发展、保稳定，千方百计保民生、促和谐，全市经济社会加快发展，社会大局和谐稳定，各族人民安居乐业。这些成绩的取得，是自治区党委、政府正确领导的结果，是全市广大干部群众团结拼搏、真抓实干的结果，同时也是全市各级政协组织和广大政协委员积极参政议政、共谋发展的结果。对此，市委予以充分肯定并表示衷心感谢。

三是表明××市新一年的奋斗目标：今年是实施"十二五"规划承前启后的重要一年，我们将迎来中国共产党第十八次代表大会的隆重召开。结合××市实际，我们着力在"建设大港口、构筑大平台、培育大产业、营造大环境"方面下功夫，努力打造××流域核心港口城市，加快实现富民强市新跨越。各级政协组织和广大政协委员要充分认识自己肩负的重任，牢记增进团结、促进和谐的光荣使命，积极发挥优势、履行职责，不断开创政协工作新局面。

四是希望各级政协组织和广大政协委员积极增进团结，凝聚推动跨越发展的强大力量。我市改革发展稳定的任务很重，要不断扩大联系面，加强同各民主党派、工商联和无党派人士的团结合作，使团结的面越来越宽，团结的人越来越多，最大限度地把方方面面的积极性集中到××的发展需要上来，进一步巩固团结协作、心齐气顺、风正劲足、和谐奋进的良好局面。

五是希望各级政协组织和广大政协委员积极促进和谐，营造推动跨越发展的良好环境。政协要发挥党和政府联系群众的桥梁纽带作用，针对教育、医疗、就业、住房、安全、物价和社会保障等与群众生活密切相关的重点难点问题，通过调研、视察、听证、民主评议和提案，反映社情民意等形式和途径积极献计出力；要注重解决深层次问题，鼓励和组织政协委员深入基层接触实际、体察民情、增进对"和谐××"的认同。

六是坚持、加强和改善党对政协工作的领导，是人民政协履行职能的根本保证。坚持"党委出题、政协调研、政府采纳、部门落实"的工作格局，为政协履行职能和发挥作用创造更加良好的条件。

七是号召各位委员扎实工作，开拓创新，以优异成绩迎接中国共产党第十八次代表大会的胜利召开，共创××更加灿烂美好的明天！

最后是预祝大会取得圆满成功！衷心祝愿各位委员，同志们、朋友们和全市人民新年快乐、吉祥如意、幸福安康！

上午10：20委员分组学习市委书记的讲话、讨论政协常委工作报告和提案报告。各小组委员就报告精神提出、合议和撰写提案。……

二、任务分析，明确文种及处理

根据会议召开的实际情况，会议的一般程序和议题决定了会议召开进行过程中使用到的文书有：

（一）主持词

主持词是主持人在主持会议过程中说明会议宗旨，介绍、引导、推动、衔接和串联各项会议议程所使用的讲演性的文书。开会之前，秘书人员要根据会议日程安排拟写、提交审核、打印好主持词备主持人使用并作为会议资料存档。

（二）开幕词

开幕词是在一些大型会议开始时由会议主持人或主要领导人所作的开宗明义的讲话。它具有宣告性、提示性和指导性。一般出现在表示欢迎的词语后，旨在阐明本次会议的指导思想、宗旨、性质、重要意义等，提出本次会议的任务、议程和要求，对会议起着重要的指导作用。开会之前，秘书人员要根据会议议题结合部门工作成效及工作计划拟写开幕词，提交领导审核，或至少经致开幕词的领导审定后打印作为会议资料分发和存档。

（三）会议报告

会议报告是会议议题的重点，是党政机关、企事业单位、社会团体的领导人代表组织在各项会议上所作的报告，它通常要经过专门会议讨论通过并形成决议，是会议要完成的任务。因其涉及方方面面的工作，往往是秘书在开会前根据搜集到的材料及主要领导的意图先拟写初稿，然后多层次地广泛征求修改意见，最后经主要领导审核后才定稿打印、分发和存档。从搜集材料到定稿需要较长的时间才能完成。

（四）会议讲话

会议讲话是各级领导代表组织在各种会议上所发表的讲话。通过会议讲话，领导人可以表达自己对会议相关问题的看法和见解以及对某项工作做出指示。会议讲话要有指导性、总结性、号召性、针对性，秘书人员根据会议议题拟写后交会务组领导审阅修改后再递交与会讲话的领导审定。与会领导审定后作为会议资料打印、分发和存档。

（五）提案

提案是在召开重大会议时，与会代表以书面形式提交会议讨论决定的建议和意见，一般是依照章程或法律规定提交的，如提案是政协委员、人大代表履行参政议政的一种方式。提案往往是会前调研、会中合议并撰写提交的。大会对委员提交的提案及时审查并写出审查工作情况报告向大会报告。若有特别的社会事项需要紧急提议处理，政协委员、人大代表随时到指定的部门提交提案。

值得注意的是：以上文书虽说是会议期间使用的，但文稿的撰写、审核、印制、分发却是在大会召开之前必须准备妥当的。

三、掌握要点，模拟写作

（一）主持词

1. 示例

××省纪念××人民抗日暴动×周年大会主持词
（××××年×月×日）

各位领导、各位来宾、同志们：

今天，中共××省委、××省人民政府在这里隆重举行"××省纪念××人民抗日暴动 50 周年大会"。

××常委×××同志专程前来参加这次纪念大会。

参加今天大会的还有：

××宣传部、组织部，××总政治部的负责同志；

当年领导和参加抗日××暴动的部分老同志；

××市、××市的领导同志以及××抗日暴动涉及的地市和××县的代表；

当年在××抗日暴动中英勇牺牲的著名烈士亲属的代表；

参加××党史编审会议的编委会委员和顾问；

新华社、人民日报社、中央人民广播电台、中宣部《党建》编辑部、中共中央党史研究室的代表。

中共××省委、省顾委、省人大、省政府、省政协的领导同志出席了这次纪念大会。出席今天纪念大会的还有××市党政军民各界代表，共 2.5 万多人。

省委、省政府决定这次大会在××召开，是对××人民的巨大鼓舞，让我代表中共××市委、××市人民政府以及××市六百多万人民，向各位领导、各位来宾，表示热烈的欢迎并致以崇高的敬意！

今天的大会共有九项议程。

下面进行大会第一项：××省纪念××人民抗日暴动×周年大会，现在正式开会！

进行大会第二项：奏国歌，全体起立！

现在进行大会第三项：请×××常委××同志和当年领导和参加暴动的×××同志为"××人民抗日暴动纪念碑"揭幕！

现在进行大会第四项：向在××人民抗日暴动中英勇献身的先烈们默哀！

（默哀毕）

现在进行大会第五项：由××省委副书记、纪念活动组委会主任×××同志，向"××人民抗日暴动纪念碑"敬献花篮。

请大家坐下。

现在进行大会第六项：请中共××省委副书记、省长×××同志讲话！

（讲话毕）

现在进行大会第七项：请中顾委委员、当年参加和领导××抗日暴动的老同志的代表×××同志讲话！

（讲话毕）

现在进行大会第八项：由××市各界群众代表×××同志讲话！

（讲话毕）

现在宣布第九项：××省纪念××人民抗日暴动×周年大会，闭会！

2. 写作要点

主持词主要由标题、称谓、正文、落款四部分组成。

（1）标题。一般情况下，只需写明"主持词"即可，也可以写"仪式程序"。比较正式的情况下，需要采用姓名+事由+文种的方式，如《×××（职务）在××××会议上的讲话》《×××在××××活动上的主持讲话》等。

（2）称谓。称谓的表述与其他会议相仿，主要依据会议性质或与会者的身份来确定，如"同志们、朋友们""女士们、先生们"。

（3）正文。正文部分首先应介绍到场的人员情况。一般情况下是先介绍上级后介绍下级、先介绍来宾后介绍本地领导。有的时候，出席人员中有职务不太高，但是对整个会议有重要影响的，应该先予以介绍。接下来要感谢领导对活动的关怀和支持，对来宾致以敬意，还要感谢那些为保障活动顺利进行而提供服务的人员。最后再全面介绍本次活动的主要流程。

（4）落款。这一部分位于整个主持词的最后，在讲话时是不用体现出来的，但是在公开发表时则一定需要，具体内容包括署名和讲话时间。

3. 根据材料内容拟写一份主持词

要求：

（1）符合主持词规范的格式。

（2）内容齐全，符合材料提供的信息。
（3）使用计算机 word 文档拟写，编排精美。

4. 文稿诊改

要求：
核对主持词正文议程与第一节的会议日程表的内容是否一致。

（二）开幕词

1. 示例

在"中国国际××展览会"开幕式上的讲话

（××××年×月×日）

女士们、先生们：

早上好！由新加坡××有限公司主办，中国××协会与我分会所属的上海市国际贸易信息和展览公司承办的"中国国际××展览会"今天在这里开幕了。我谨代表中国国际贸易促进委员会上海市分会、中国国际商会上海分会表示热烈祝贺！向前来上海参展的西班牙、比利时、中国台湾省、中国香港地区以及我国各省的中外厂商表示热烈的欢迎！

本届展览会将集中展示具有国际水准的各类××产品及生产设备，为来自全国各地的科技人员提供一次不出国的技术考察机会；同时，也为海内外同行共同切磋技艺创造了条件。

朋友们、同志们，上海是中国最重要的工业基地之一，也是经济、金融、贸易、科技和信息中心。上海作为长江流域乃至全国对外开放的重要窗口，将实行全方位的开放。我国政府已将浦东的开发开放列为中国今后十年发展的重点，上海南浦大桥的正式通车，将标志着浦东新区的开发进入实质性的启动阶段。上海将进一步改善投资环境，扩大与各国各地区的合作领域。我真诚地欢迎各位展商到上海的开发区和浦东新区参观，寻求贸易和投资机会，寻找合作伙伴。作为上海市的对外商会——中国国际贸易促进会上海市分会将为各位朋友提供卓有成效的服务。

最后，预祝"中国国际××展览会"圆满成功！感谢大家！

2. 写作要点

开幕词通常由标题、称谓、正文和落款四部分组成。

（1）标题通常有三种写法：一是用会议名称作标题；二是会议名称前加上领导人姓名作标题；三是用提示内容中心或主旨的词作标题，在后面通常加上副标题。

（2）称谓一般写在标题下行顶格，称呼通常用"同志们""朋友们""各位代表"等。

（3）正文一般包括开头、主体和结尾。开头写宣布开幕之类的话。主体部分一般包括以下内容：会议的筹备和出席会议人员情况；会议召开的背景和意义；会议的性质、目的及主要任务；会议的主要议程及要求；会议的奋斗目标及深远影响等。最后是结尾，一般都是"祝大会圆满成功"之类。

（4）落款：讲话人姓名和时间，可在文末右下角，也可标注在标题下一行。

（5）语言简洁明了、口语化，通俗、明快、上口，热情，富于鼓舞力量。

3. 根据材料内容扩写一份开幕词

要求：
(1) 符合开幕词规范的格式，语言口语化。
(2) 内容正确，符合材料提供的信息。
(3) 使用计算机 word 文档拟写，编排精美。

4. 文稿诊改

要求：
(1) 注意选用热情、富于鼓舞的词句。
(2) 注意主要内容之间的衔接，用好过渡词句。

（三）工作报告

1. 示例

(1) 党政事业单位工作报告。

2012 年××市政府工作报告

——2012 年 2 月 1 日在××市第三届人民代表大会第二次会议上

××市人民政府市长　周××

各位代表：

　　我代表市人民政府向大会报告工作，请予审议，并请市政协委员提出意见。

2011 年工作回顾

　　过去的一年，按照省委、省政府的总体部署，在市委的领导下，在市人大、市政协的监督支持下，我们解放思想，抢抓机遇，攻坚克难，奋力推进各项工作，经济社会呈现出加快发展的良好态势。全年实现生产总值 343 亿元，比上年增长 15.2%，按常住人口计算人均生产总值突破 1 万元；全社会固定资产投资 320 亿元，增长 52.7%；社会消费品零售总额 135 亿元，增长 18.5%；地方公共财政收入 12.7 亿元、支出 136.7 亿元，分别增长 63%、32.7%；城镇居民人均可支配收入 14 609 元，农民人均纯收入 4 667 元，分别增长 15.8%、21.3%；居民消费价格上涨 6.6%；城镇登记失业率控制在 4.2%以内；单位生产总值能耗下降 3%。

　　一、狠抓基础建设，发展条件继续改善。……
　　二、积极培育产业，经济发展后劲增强。……
　　三、完善城镇功能，发展载体加快构建。……
　　四、推进改革开放，内外活力显著增强。……
　　五、注重统筹协调，社会事业全面发展。……
　　六、着力改善民生，人民生活水平提高。……
　　七、严格依法行政，社会保持和谐稳定。……

　　各位代表，过去一年取得的这些成绩，是在省委、省政府的坚强领导和亲切关怀下，市委正确领导，市人大、市政协和社会各界监督支持，全市广大干部群众奋力拼搏的结果。在此，我代表市人民政府，向全市人民和各位人大代表、政协委员，向各民主党派、工商联、无党派人士、人民团体和各界朋友，向驻×解放军和武警部队官兵、政法干警表示崇高的敬意和衷心的感谢！

各位代表，回顾一年来的工作，我们深切体会到：加快××市发展，必须坚持"两化"互动、统筹城乡不动摇，打破城乡二元结构，做大发展载体，做强产业支撑，实现城乡同发展、共繁荣；必须坚持深化改革、扩大开放不犹豫，破除"三论"，强力推进市场化改革，实施充分开放合作战略，切实增添经济发展的动力和活力；必须坚持投资拉动、项目带动不松劲，抢抓机遇争取项目，发挥优势引进项目，努力扩大经济规模，夯实发展基础；必须坚持为民谋利、改善民生不懈怠，做到发展为了人民，发展依靠人民，发展成果由人民共享，着力解决好城乡居民最关心、最直接、最现实的利益问题；必须坚持胸怀大局、团结干事不折腾，求真务实，真抓实干，一步一个脚印地把各项事业推向前进。

我们清醒地认识到，我市经济社会发展和政府工作还面临不少困难。主要是：产业发展层次低，工业严重滞后，骨干企业少，内生增长动力较弱。产业园区建设起步晚，招商引资项目落地建设配套条件较差。开放活力不够，发展环境尚需优化。城镇化水平低，辐射带动农村乏力，统筹城乡发展任重道远。全市贫困面大、贫困程度深，改善民生的任务艰巨。对这些困难和问题，我们将积极采取措施，着力加以解决。

2012 年主要工作

2012 年是全面落实市第三次党代会重大部署的关键一年。做好今年的政府工作，意义重大，任务艰巨。我们要深刻理解中央和省委对当前经济形势的分析判断，准确把握宏观调控政策的趋势走向，紧紧抓住国家和省加大对西部地区、革命老区、连片特困区域的支持力度等政策机遇，进一步坚定信心和决心，主动作为，乘势而上，巩固良好发展态势，实现新的更大突破。

今年政府工作的总体要求是：以邓小平理论和"三个代表"重要思想为指导，深入贯彻落实科学发展观，坚持"两化"互动、统筹城乡、追赶跨越、加快发展，着力促增长、强基础、转方式、增投资、惠民生，抓项目扩大投资，抓开放聚集要素，抓改革创新机制，抓城镇培育载体，抓产业强化支撑，抓扶贫改善民生，促进经济持续快速增长，推动"两地两区一中心"建设取得新的更大进展。

今年经济社会发展的主要预期目标是：实现生产总值 410 亿元，增长 16%；全社会固定资产投资达到 480 亿元，增长 50%；规模以上工业增加值 116 亿元，增长 28%；社会消费品零售总额 162 亿元，增长 20%；地方公共财政收入 20 亿元，增长 60%；城镇居民人均可支配收入和农民人均纯收入分别增长 16%、17%；城镇化率提高 3 个百分点；森林覆盖率提高 0.5 个百分点；人口自然增长率控制在 5.6‰以内；城镇登记失业率控制在 4.4%以内；居民消费价格涨幅控制在 4.5%以内；全面完成省下达的节能减排任务。

围绕上述目标，重点抓好以下工作：

一、强化项目工作，保持投资较快增长。

坚持把项目作为推动加快发展的强大引擎，全力以赴抓项目，拉动投资快速增长。

推进项目建设。……

抓好项目储备。……

加强项目管理。……

二、着力"两化"互动，促进产城一体发展。

坚持以新型工业化为主导，以新型城镇化为引领，推进"产城一体"发展，着力做大发展载体，做强产业支撑。

加快推进城镇建设。……

大力培育工业经济。……

积极发展服务业。……

三、坚持城乡相融，加快新农村建设步伐。

坚持城乡一体，突出"三化"联动，扎实推进扶贫开发，切实加快新农村建设。

推进扶贫开发。……

发展特色产业。……

建设××新居。……

强化农业基础。……

四、深化改革开放，增强经济发展活力。

坚定不移地推进各项改革，深入实施充分开放合作战略，切实增强加快发展的动力和活力。

大力推进改革。……

扩大开放合作。……

五、加强社会建设，提升公共服务水平。

更加注重社会建设，推动经济社会协调发展，促进社会和谐稳定。

切实保障改善民生。……

全面发展社会事业。……

加强社会管理创新。……

各位代表，新形势新任务对政府自身建设提出了新的更高要求。我们要努力做到：加强民生政府建设，坚持以人为本、执政为民，财政支出进一步向民生倾斜，实施好各项民生工程，切实办成一些城乡群众看得见、摸得着的好事和实事。加强法治政府建设，始终坚持把依法行政贯穿政府工作的全过程，严格按照法定程序、法定权限、法定职责管理经济社会事务，推进政务公开，充分发扬民主，虚心听取意见，自觉接受人大法律和工作监督、政协民主监督、社会各界监督。加强效能政府建设，科学研判，超前谋划，重视经济运行调节和统计监测，增强工作的预见性、针对性和实效性。深入推进机关行政效能建设，健全工作落实机制，完善绩效评估制度，强化行政效能监察，跟踪问效，对应问责，增强政府执行力。加强诚信政府建设，建立健全以政府为表率、企业为重点、个人为基础的社会信用体系，提高政府公信力，以诚信政府带动诚信社会建设。加强廉洁政府建设，强化对重点领域、重大工程、重要环节和关键岗位的行政监察和审计监督，坚决惩治违纪违法行为，厉行节约，勤俭办事，树立良好政府形象。

各位代表！新的征程已经开启，新的形势催人奋进，新的任务不容懈怠。让我们紧密团结在以胡锦涛同志为总书记的党中央周围，在省委、省政府和市委的坚强领导下，深入践行科学发展观，开拓创新，奋发进取，努力谱写"两化"互动、统筹城乡、追赶跨越、加快发展新篇章，以优异的成绩迎接党的十八大和省第十次党代会胜利召开！

（2）企业专项工作报告。

2014年度监事会工作报告

一、监事会工作情况

报告期内，监事会严格按照《公司法》《公司章程》《监事会议事规则》及有关法律法规的要求，遵守诚信原则，认真履行监督职责，通过列席和出席董事会及股东大会，了解和掌握公司的经营决策、投资方案、财务状况和生产经营情况，对公司董事、总经理和其他高级管理人员的尽职尽责情况进行了监督，维护了公司利益和全体股东的合法权益，对企业的规范运作和发展起到了积极的作用。

报告期内，监事会共召开7次会议，会议情况如下：

（一）2014年2月2日召开第一届监事会第十二次会议，审议并通过了《关于用募集资金置换预先已投入募集资金投资项目的自筹资金的议案》。

（二）2014年4月2日召开第一届监事会第十三次会议，审议并通过了《关于〈2013年度监事会工作报告〉的议案》《关于〈2013年度财务决算报告〉的议案》《关于〈2013年年度报告及摘要〉的议案》《关于〈2013年度利润分配预案〉的议案》《关于〈募集资金2013年度存放与使用情况专项报告〉的议案》《关于2014年日常关联交易预计情况的议案》《关于〈2013年度内部控制自我评价报告〉的议案》《关于续聘公司2014年度财务审计机构及确定其支付报酬额度的议案》《关于继续使用部分闲置募集资金暂时补充流动资金的议案》。

（三）2014年4月22日召开第一届监事会第十四次会议，审议并通过了《关于〈公司2014年第一季度报告〉的议案》《关于公司监事会换届选举的议案》。

（四）2014年5月25日召开第二届监事会第一次会议，审议并通过了《关于选举公司第二届监事会主席的议案》。

（五）2014年8月13日召开第二届监事会第二次会议，审议并通过了《关于〈2014年半年度报告及其摘要〉的议案》《关于加强上市公司治理专项活动的自查报告和整改计划的议案》。

（六）2014年9月21日召开第二届监事会第三次会议，审议并通过了《关于开展加强上市公司治理专项活动的整改报告的议案》。

（七）2014年10月22日召开第二届监事会第四次会议，审议并通过了《关于〈公司2014年第三季度报告〉的议案》《关于大股东及其关联方占用公司资金情况的自查报告》《关于继续使用部分闲置募集资金暂时补充流动资金的议案》。

二、监事会对2014年度有关事项的独立意见

（一）公司依法运作情况。

公司监事会按照《公司法》《公司章程》《监事会议事规则》等规定，认真履行职责，积极参加股东大会，列席董事会会议，对公司的决策程序、内部控制制度的建立与执行等依法运作情况进行监督，公司监事会认为：报告期内，依据国家有关法律、法规和公司章程的规定，公司建立了较完善的内部控制制度，股东大会、董事会的决议及授权规范运作，决策程序符合相关规定；公司董事及其他高级管理人员在履行职责时，不存在违反法律、法规、规章以及公司章程等规定或损害公司及股东利益的行为。

（二）检查公司财务情况。

报告期内，监事会对公司财务制度及财务状况进行了检查和审核，认为公司财务管理、内控制度较为健全，公司财务状况、经营成果良好。会计无重大遗漏和虚假记载，2014年度

财务报告真实、客观地反映了公司财务状况和经营成果。

（三）募集资金情况。

报告期内，监事会对募集资金的使用情况进行核实，认为公司对募集资金进行了专户存储和专项使用，不存在变相改变募集资金用途和损害股东利益的情况，不存在违规使用募集资金的情形。

（四）公司收购、出售资产情况。

报告期内，公司没有收购、出售资产的情况。

（五）公司关联交易情况。

监事会对公司2014年度发生的关联交易行为进行了核查，认为：公司股东魏××、赵××、周××、王××、魏××为公司向银行借款提供担保及公司向深圳市××有限公司和深圳××高科技股份有限公司采购物料的关联交易是按照"公平自愿，互惠互利"的原则进行的，决策程序合法有效；交易价格按市场价格确定，定价公允，不存在损害公司和中小股东的利益的行为。

（六）公司对外担保及股权、资产置换情况。

2014年度公司无违规对外担保，无债务重组、非货币性交易事项、资产置换，也无其他损害公司股东利益或造成公司资产流失的情况。

（七）对公司内部控制自我评价的意见。

监事会对董事会关于公司2014年度内部控制的自我评价报告、公司内部控制制度的建设和运行情况进行了审核，认为：公司已建立了较为完善的内部控制制度体系，并能得到有效的执行。公司内部控制的自我评价报告真实、客观地反映了公司内部控制制度的建设及运行情况。

本届监事会将继续严格按照《公司法》《公司章程》和国家有关法规政策的规定，忠实履行自己的职责，进一步促进公司的规范运作。

报告人：梁××
2014年12月30日

2. 写作要点

报告一般由三部分组成，即标题、正文和落款。

（1）标题：一是采用"姓名+职务+会议名称+文种"的方式，如《××市长在××××会议上的报告》。二是采用"时间+机关名称+工作+文种"的方式，如《2013年××市政府工作报告》。

（2）正文：一般的会议报告在正文的开头都是对前一段工作的总结，提炼经验，并指出工作中存在的不足。接下来分析当前的形势，指出今后工作的方向和目标，并作出具体的部署。总的来说，正文分五个部分来表述：客观陈述业绩、深刻揭示经验、指出存在的问题、分析当前形势和全面部署工作。而专项工作报告则是只需如实陈述做了什么工作、结果是怎样即可。

（3）落款：在正文之后需要标注署名和所作报告的时间。会议报告如果已经在标题下注明，则落款处不再重复，宣读时也不用说出来。如果是专项工作专人负责则在文末署名和标注时间。

（4）以事实为依据，评价客观；语言简明平实，用词准确，避免抒发个人的主观情感。

3. 根据材料内容扩写一份提案工作报告

要求：

（1）内容正确，符合材料提供的信息。
（2）使用计算机 word 文档拟写，编排精美。
（3）根据自己对政协工作的了解尝试把内容写得更具体。

4. 文稿诊改

要求：
（1）注意主要内容之间的衔接，用好过渡词句。
（2）检查学生对政协工作扩写内容是否恰当。

（四）讲话稿

1. 示例

××同志在全市安全生产工作会议上的讲话
（××××年×月×日）

同志们：

安全生产工作是经济发展的基础，是全市人民安家乐业必须要做好的基本工作。今天，我就当前我市的生产工作提出以下几点要求：

一、认清形势，进一步提高对安全生产工作重要性的认识

安全生产关系到人民群众的生命财产安全，关系到全县改革、发展、稳定的大局，关系到构建社会主义和谐社会宏伟目标的实现。今年以来，全县安全生产形势虽然稳定好转，但这并不意味着安全生产各方面的工作都十分到位，我们必须清醒地看到，我县安全生产工作中还存在许多问题：如个别部门领导对安全生产的严峻形势重视不够，安全生产基础设施投入不足，各类安全事故隐患整改不力等。对此，我们一定要高度重视，认清形势，坚决克服松懈和麻痹情绪，进一步提高对抓好安全生产工作重要性的认识。

二、强化监管，进一步遏制安全事故的发生安全生产重在监管

工作中，我们要以贯彻实施《安全生产法》为契机，突出重点，强化监管。一要深化安全专项整治，着力解决事故多发行业和领域的突出问题。二要开展好安全生产大检查，切实加大安全隐患整改力度。三要加强源头管控，严把市场准入关。同时还要健全预警机制，增强抢险救灾的及时性和有效性。县安全管理部门要切实担负起责任，一旦发生事故，要做到处乱不惊，行动有序，救援迅速。

三、夯实基础，构筑安全生产的长效机制

各级各部门要把安全生产基础工作放在更加重要的位置，加强力量，加大投入，夯实安全生产基础。一是建立安全生产台账。二是加快淘汰危及安全的落后技术、工艺和产品。三是强化安全生产技术培训。四是建立健全安全生产控制指标体系。五是健全安全投入机制。

四、加强领导，形成齐抓共管的良好局面

安全生产涉及面广，工作复杂，各级各部门一定要各负其责，密切配合，齐心协力地抓好安全生产工作。第一，要全面落实安全生产责任制。第二，要强化行政责任追究。第三，

要加强部门配合。县安监局要承担搞好安全监管，指导协调安全生产工作的重要职责。第四，要搞好宣传引导。要采取各种方式，加大安全生产宣传教育和舆论引导力度。总之，要通过广泛宣传引导，强化全民安全意识，营造"关爱生命，关注安全"的良好舆论氛围。

同志们，安全生产责任重于泰山。抓好安全生产意义重大、任务艰巨。我们要充分认识做好安全生产工作的极端重要性，把安全生产工作摆在更加突出的位置，群策群力，常抓不懈，努力实现全县安全生产稳定发展的良好局面，为全县经济社会发展和大局稳定做出应有的贡献！

2．写作要点

会议讲话大体上分为四个部分，即标题、正文、结尾和落款。

（1）标题：会议讲话的标题有简式和复式之分，简式标题多采用"讲话人姓名+讲话人职务+事由+文种"的方式，如《×××市长在×××会议上的讲话》；复式标题由主标题和副标题组成，主标题指明会议的主旨，副标题同简式标题，如《抓住机遇乘势而上　大力推进干部人事制度改革——×××同志在××××会议上的讲话》。若简式标题没有讲话人姓名，可在标题下标注。

（2）正文：正文分为开头和主体两部分。①开头。根据会议的性质或者与会者的身份来确定称谓，如"同志们""同学们""各位代表""来宾们、朋友们"等。接下来简要介绍一下本次讲话的主要内容，语言要简洁、高度概括。②主体。主体部分的内容要视情况而定。工作会议讲话可以根据会议精神就前一阶段工作做一个总结，或者就下一阶段工作做一个规划；庆祝会议讲话要表明态度，表明对某项工作的肯定和重视，也可以表示对推进某项事业的决心；表彰会议讲话则兼有表态和指示，既要对前一阶段做出贡献的人员进行表彰，又要提出要求，激励全体人员。

（3）结尾：结尾处一般要总结全文，照应开头，发出号召。也可以征询意见或建议。

（4）落款：标注讲话人姓名、时间。讲话人姓名可在标题下，也可在结尾右下角。

3．根据材料内容拟写一份讲话稿

要求：

（1）内容正确，符合材料提供的信息。

（2）使用计算机word文档拟写，编排精美。

（3）语言要恰当，肯定成绩态度要鲜明，鼓舞斗志要有激情。

4．文稿诊改

要求：

仔细琢磨语言是否应用得当，自行修改文稿。

会议讲话根据内容的不同，在语言上的要求也不同。工作会议讲话要求用词庄重、平实，要做到实事求是；庆祝会议讲话则要求运用热情洋溢的语言，富于鼓动性和号召性；表彰会议讲话二者兼而有之。总之，要根据内容和具体场合来确定语言的整体基调，站在全局的高度去看问题，贴近实际。但是切记不能讲得过细过杂，要主旨鲜明，重点突出，做到台上台下，相互交流。

（五）提案

1. 示例

案由：关于加快保障性安居工程建设的提案

理由：我县城镇低收入住房困难家庭 5 427 户 20 622 人，住房面积在 8 平方米以下的有房家庭 166 户 631 人，无房户 3 722 户 14 143 人；人均住房面积在 25 平方米以下的家庭 1 539 户 5 848 人。根据现行住房保障制度要求，"十一五"期间，我县计划投资 1.2 亿元，建设廉租住房 2 100 套，建筑总面积 10.5 万平方米，解决最低收入居民 6 930 人住房困难问题。

办法：加快我县保障性安居工程建设应以增加投资、扩大内需为主线，因地制宜，实事求是，制定切实可行的安居工程建设发展规划。今后几年保障性住房建设规划，应依据城镇人口、资源、环境和政府财政承受能力，结合现有城镇低收入居民家庭结构、住房状况、户均人口等情况进行适度调整，确定科学合理的建设规模，体现竭力而为、供求平衡、节约资源、突出保障的宗旨。精心组织，准确把握，确保保障性安居工程建设政策落到实处。统筹谋划项目选址，严格控制套型面积，建设模式多法并举，工程质量要坚持标准，国家扶持要用足用好。部门联动，相互配合，确保保障性安居工程建设顺利实施。为确保廉租住房和经济适用住房顺利推进，各部门要创造条件，优化环境，形成合力，坚持简化程序，减少手续，先办理、后规范的原则，加快项目进度，促使项目早开工、早竣工、早投入使用。

提案人：梁××

××××年××月××日

2. 写作要点

提案一般由案由、理由、办法和落款四部分组成。

（1）案由：类似于文章标题，需要简明扼要地指出所提的建议和意见。一般是"关于……的提案"。

（2）理由：理由是提案的主体部分，是对所提建议或意见的理由陈述，通常是列举事实，说明问题性质，提出解决该问题的必要性和迫切性。

（3）办法：办法是对所提问题的解决方案，需要列出具体的措施，表述要有层次，条理分明。

（4）落款：写明提案人的姓名或单位全称、日期。

3. 以政协委员的身份拟写一份委员提案

要求：

（1）内容自定，你觉得有必要向政府提议的公共事务都可以写。

（2）态度要认真严肃，正确对待。

（3）撰写前要调研并掌握事实依据。

（4）表达通顺，事实清楚，办法可行。

4. 文稿诊改

要求：

（1）注意提案的严肃性和可行性。

在写作提案时，一定要结合实际，不能胡编乱造，也不能乱发牢骚。提出的议案要切实可行，对于理由要陈述充分，体现问题的紧迫性。在陈述办法时，要注意措施的可行性，办法具体明确。

（2）注意上交提案要填写个人信息，方便联系及办理后的反馈。

四、多看多读，拓展与迁移

要求：

（1）查阅当年全国政协、人大"两会"的年度工作报告，了解国家大事。

（2）查阅经验介绍、发言稿的写作范例。

（3）查阅企业各项工作年度报告的写作范例。

第三节 记录·决议·闭幕词·纪要

一、阅读材料，身临职场

会议按日程安排继续进行。2014年1月4日下午，全体政协委员列席市人大四届第四次会议，听取市政府工作报告和财政报告等。1月5日上午分组讨论政府工作报告及其他会议报告。

在市科技局会议室，经济一组讨论政府工作报告时气氛热烈，委员们以饱满的政治热情，积极踊跃发言，认为×市长的《政府工作报告》求真务实，客观地总结了上一年政府坚持以科学发展观统领全局，以建设××流域核心港口城市为目标，以实施"三百工程"项目建设大会战为载体，全力抓发展，千方百计保民生，经济社会实现平稳较快发展。正确处理改革、发展、稳定的关系，努力克服各种困难，抓改革，促发展，保稳定，使我市改革开放和现代化建设迈出了新步伐，区域经济实力不断增强，城乡两个文明建设取得了新的成就。

与会委员对市政府过去五年的工作给予了充分肯定，对市政府提出的新一年经济社会发展的奋斗目标和工作措施表示赞同，并对全面实现这些奋斗目标充满信心。

张委员说，政府工作报告总结成绩实事求是，摆问题切中要害，今年工作重点突出，是一个鼓舞人心的好报告。

周委员说，听了政府工作报告，我有两点感想，一是内容比较实，文字比较精，不说大话、空话，对成绩和问题都说得实实在在；而且今后的工作任务明确，打造现代化大港口、增强园区承载能力发展产业群、提升城市品位、推进现代农业建设、提升公共服务水平、尤其是提升政府执行力等的奋斗目标令人振奋。

陈委员接着说，报告中关于2014年具体工作的总体框架合理、可行，但要想全面实现全年奋斗目标有一定难度，要积极采取措施，特别是要解决一些社会问题，如教育均衡问题、如贫困户的住宿问题、如招商引资问题等。要从细微处着手解决一些实际存在问题，维护社会稳定才能谋更好的发展。

吴委员是位民营企业家，他说，报告中提出的富民强市、率先奔小康的奋斗目标令人鼓舞，我们民营企业理当多作贡献。但是，目前，许多民营企业发展面临困难，我认为，最大的困难还在于自身的问题，观念的问题。比如，"巨人"失色、"太阳神"落山，从已垮台的或正在走向衰败的民企情况看，它们的失败很大程度上是自己打倒了自己。那么，面临二次创业，我市民营企业如何才能防止重蹈覆辙？我认为，关键在于民营企业家观念要更新。经济组有不少委员是民营企业家，吴委员谈到的民营企业发展问题，引起了大家热烈的讨论。

顾委员说，民营企业决策理念要升级。比如，产权应该由一元式升为多元式。有句名言说得很有道理：老板的股份越来越少，员工的股份越来越多，民营企业才能越做越大。为什么？老板舍得把股份拿出部分给员工，老板股份的相对比例是减少了，但员工持股后积极性高了很容易把企业做大，这样老板的实际所得反而更多了。所以，民企要走产权多元化道路。

朱委员接着这个话题说，民企的管理要由传统的家庭管理转变到现代化的管理轨道上来，要按照现代企业制度的要求，建立决策层、管理层、监督层三权分立的治理结构。要知道，建立规范化、制度化的企业管理和决策机制，是实现企业低风险、高效率运作的重要条件。但是，现在不少私营企业老板只对自己放心，将企业的管理权、重大决策权独揽自己一人手中。决策的非规范化、非制度化常常是私营经济的通病，形成一言堂的家长式管理，这是很危险的。即使这个"家长"的素质不低，也不能一个人说了算。因为一个人能力与智力总是有限的，把企业的发展维系在一个人身上总是十分危险的。

陆委员接着说，这里就牵涉到民营企业用人方式问题。应该跳出以血缘、亲缘、地缘为纽带的束缚，走出自家人总比外人好、熟人总比生人强的认识误区，大胆地用贤能，搞五湖四海。尤其是××市的民营企业要突破现有的规模谋求更大的发展，眼光要放远一点。委员各抒己见，讨论会开得热烈、开心。会议讨论记录人陆××边听委员发言边记下了委员的讲话内容。

2014年1月5日上午10：00—10：30，召开市政协常委扩大会议听取各小组对政府工作报告、政协常委工作报告、政协提案工作报告讨论的情况汇报，审议各项决议（草案），政协秘书长对会议内容进行了记录。2014年1月5日上午11：20—12：20举行闭幕大会，审议通过大会各项决议；市政协副主席林××作政协第四届××市委员会第四次会议提案审查情况报告；市政协主席宾××讲话致闭幕词；奏（唱）国歌，大会顺利闭幕。第二天，市政协办公室将两天来的会议情况以会议纪要的形式下发各县市区政协办公室，让更多的人了解本次政协会议开会的情况。

二、任务分析，明确文种及处理

政协会议继续按日程推进，根据材料的信息，会议所使用的文书还应该有：

（一）会议记录

会议记录是在会议中由专人把会议召开情况、具体内容记录下来形成书面材料的一种文书，它要记录的内容包括会议的组成情况、会议讨论的主体、与会人员的发言情况、会议的各项决议等。会议记录一般分为摘要式和详记式两种。摘要式主要概括会议的内容和发言情况；详记式则需要录音工具的帮忙，有笔录、音录和影像录几种，会后用笔录书写所有内容。会议记录要妥善存档，它有依据和备忘作用。

（二）会议决议

会议决议是工作人员整理的，经过会议讨论通过的决定，主要是针对有关重要事项做出的决策和安排，具有决策性、权威性和程序性。

（三）闭幕词

闭幕词是一些大型会议结束时由有关领导人或德高望重者向会议所作的讲话。具有总结性、评估性和号召性。

（四）纪要

纪要是 2012 年 4 月 16 日中共中央办公厅、国务院办公厅联合发布实施的《党政机关公文处理工作条例》规定的 15 种正式文种之一，有较规范的格式，分为例行办公会议纪要和专题工作会议纪要两类。会议纪要是根据会议记录和会议文件以及其他有关材料加工整理而成的，它是反映会议基本情况和精神的纪实性公文，是传达会议议定事项和重要精神、并要求有关单位执行的一种文件，具有纪实性、条理性、备考性的特点。

有的需要下发执行的会议纪要，可以用"通知"形式发出。会议纪要是会议文件，但并非所有的会议都要形成会议纪要。通常只有大中型会议或比较重要的会议，才要求写会议纪要。特别是尚未形成正式决定，而讨论的事项又要求有关人员了解的会议。

以上 4 种文书是随着会议进程出现的具体情况按实际内容进行记录和整理的，虽然闭幕词可以根据预想的会议结果先撰稿，但也要在得知会议各项情况后修改定稿，保证如实反映会议的实际情况。而纪要更要对会议的总体情况了解后由专门负责的人员整理经领导及与会的主要人员审核签字后存档或以通知的文种下发执行会议决定事项。

三、掌握要点，模拟写作

（一）会议记录

1. 示例

×××公司行政工作会议记录

时间：××××年××月××日上午 10 点—12 点
地点：行政会议室
出席人：（姓名、职务、单位）
　　　　李×，（总经理）
　　　　王××，（人力资源部部长）
　　　　陈××，（公关部部长）

……（略）
缺席人：（略）
列席人：（略）
主持人：王××
记录人：魏×，李××
议题：（略）
发言内容：
王××：×××××××××
陈××：××××××××××××
……
决定事项：1. ×××××××××。
     2. ×××××××××××××××。
     3. ××××××××××。……

散会
主持人：（签名）
主要与会人：（签名）
记录人：（签名）
（本会议记录共×页）

2. 写作要点

（1）真实、准确、清楚。要如实地记录与会人的发言，不论是详细记录，还是概要记录，都必须忠实原意，不得添加记录者的观点、主张，不得断章取义，尤其是会议决定之类的东西，更不能有丝毫出入。真实准确的要求是：不添加，不遗漏，依实而记。清楚的要求是：书写要清楚；记录要有条理，突出重点。

（2）要点不漏。记录的详细与简略，要根据情况决定。一般地说，决议、建议、问题和发言人的观点、论据材料等要记得具体、详细。一般情况的说明，可抓住要点，略记大概意思。

（3）始终如一。始终如一是记录者应有的态度。这是指记录人从会议开始到会议结束都要认真负责地记到底。

（4）注意格式。格式并不复杂，一般有会议名称、会议基本情况和会议内容。基本情况包括：时间、地点、出席人数、主持人、缺席人、记录人。会议内容包括：发言、报告、传达人、建议、决议等，是会议记录的主要部分。

（5）凡是发言都要把发言人的名字写在前。一定要先发言的记录于前，后发言的记录于后。记录发言时要掌握发言的质量，重点要详细，重复的可略记，但如果是决议、建议、问题或发言人的新观点要记得具体详细。

3. 根据材料内容拟写一份会议记录

要求：
(1) 与材料提供的信息相符，格式正确，注意落实主要人员的签字工作。

（2）会议记录突出以下的重点：①会议中心议题以及围绕中心议题展开的有关活动；②会议讨论、争论的焦点及各方的主要见解；③权威人士或代表人物的言论；④会议开始时的定调性言论和结束前的总结性言论；⑤会议已议决的或议而未决的事项；⑥对会议产生较大影响的其他言论或活动。

4. 文稿诊改

要求：
（1）检查内容记录是否符合要求。
（2）检查用笔记录的速度、准确度等。

（二）决议

1. 示例

（1）政府工作报告的决议。

州×届人大×次会议关于政府工作报告的决议
（××××年2月14日州×届人大×次会议第×次全体会议通过）

××自治州第×届人民代表大会第×次会议，听取和审议了×××州长所作的《政府工作报告》。会议认为，报告对过去五年政府工作的回顾客观中肯，实事求是，提出的今后五年工作目标积极可行，措施明确具体。会议决定批准这个报告。

会议认为，过去五年，州人民政府在省委、省政府和州委的正确领导下，团结带领全州各族人民，坚持以邓小平理论和"三个代表"重要思想为指导，深入贯彻落实科学发展观，大力弘扬"不怕困难、艰苦奋斗、攻坚克难、永不退缩"的××精神，克服百年不遇的低温雪凝灾害、百年不遇的国际金融危机、两次特重旱灾和××两次特大山洪泥石流灾害的影响，抢抓机遇，顽强拼搏，圆满完成了州×届人大×次会议确定的各项目标任务。报告提出的今后五年主要奋斗目标和工作重点，符合××州实际，符合全州各族人民的根本利益，经过不懈努力一定能够实现。

会议指出，今后五年是我州全面实施"十二五"规划，实现与全省、全国同步进入小康社会的关键时期，也是深化改革开放、加快转变经济发展方式的攻坚期。州人民政府要认真贯彻落实国务院《关于进一步促进××经济社会又好又快发展的若干意见》，坚持以科学发展为主题，以加快转变经济发展方式为主线，紧紧围绕"加速发展、加快转型、推动跨越"主基调，大力实施工业强州、城镇化带动主战略，按照"一二三四"的科学发展思路，调整经济结构、转变发展方式，争取项目投资、扩张经济总量，深化体制改革、扩大对外开放，实施民生工程、构建和谐社会，着力推进工业化、城镇化、农业产业化"三化"同步协调发展，推动经济社会又好又快、更好更快发展，努力把××州建设成为全国承接产业转移、旅游休闲度假、民族文化保护和生态文明示范区，西南腹地出海和连接东南亚的大通道，西江上游经济区的能源化工、原材料加工基地，××西部区域经济新的增长极，×××三省（区）结合部商贸物流中心和区域性经济中心。

会议要求，××××年，州人民政府要紧紧围绕经济工作"稳中求进"的总基调、"提速转型"

的总目标和"稳中求快、快中保好，能快则快、又好又快"的总要求，着力调整经济结构，着力深化改革和扩大开放，着力推进教育发展和科技创新，着力加快扶贫攻坚，着力保障和改善民生，以优异成绩迎接党的十八大和省第十一次党代会胜利召开。

会议强调，州人民政府要认真贯彻落实本次会议精神，坚持以人为本，进一步改进工作作风，强化责任意识，提高行政效能，全面完成本次会议提出的各项目标任务。

会议号召，全州各族人民要更加紧密地团结在以胡锦涛同志为总书记的党中央周围，深入贯彻落实科学发展观，在中共××州委的领导下，高举发展、团结、奋斗的旗帜，立足新起点，抢抓新机遇，开创新局面，为建设天蓝、地绿、水清、人和、业兴的和谐××，完成今后五年全州经济社会发展目标，实现经济社会发展的历史性跨越而努力奋斗！

（2）企业会议的决议。

××有限公司董事会决议

××有限公司于××××年5月10日在××市××路18号召开董事会会议。应参加会议董事为5人，实际参加会议董事5人，符合××有限公司章程规定，会议有效。

与会董事就本公司作为独家发起人，采取社会募集方式设立××股份有限公司（以下简称股份公司）事宜，经过讨论以举手表决方式，以5票赞成，0票反对，通过了以下决议：

1. 本企业作为独家发起人，采用社会募集方式设立股份公司。
2. 本次设立股份公司将本企业的部分经营性资产、业务及相干负债重组，以经有关中介机构评估后的净资产折股投入股份公司，该净资产值以××省国有资产管理局确实数为准。
3. 本次资产重组的原则有：
① 剥离非经营性资产，提高股份公司的赢利能力；
② 剥离不良资产，优化股份公司的资本结构；
③ 杜绝同业竞争，减少关联交易，关联交易应完全按市场原则来进行。
4. 本公司将上述净资值按65%的比例折股投入股份公司，作为发起人认购股。
5. 股份公司在资产重组完成后，应及时完成注册手续，早日向中国证监会申报材料，以便向境内社会公开发行A股，同时在证券交易所上市交易。
6. 本企业作为股份公司的独家发起人，在本次设立股份公司过程中，承担下列权利和义务：
① 按约定的时间和方式认购股份公司股份；
② 本企业认购股份公司的股份在3年内不得转让；
③ 设立股份公司的费用，在股份公司成立后，由股份公司承担；如果未能成立的由本企业承担。
7. 由张××、黄××2人共同组成股份公司筹委会，其中委托张××为主任。
8. 现授权股份公司筹委会负责办理股份公司设立股票发行与上市的一切相干事宜。

本决议符合《中华人民共和国公司法》的规定。

出席会议的董事签名：×××、×××、×××、×××、×××

2. 写作要点

决议由标题、成文日期、正文和落款组成。

（1）标题。标题一般由发文机关或会议名称、主要内容和文种组成。发文机关或会议名称可省略。

（2）成文日期。成文日期加括号标写于标题之下的居中位置。具体的写法有两种：①若标题中没有会议名称，括号内要写明"××委员会第×次会议××××年××月××日通过。②若标题中有会议名称，括号内只需要写"××××年××月××日通过"即可。

（3）正文。①开头部分：写决议的根据，如写明会议听取了什么，学习讨论了什么，审议了什么，批准或通过了什么，自何时生效等。②主体部分：内容复杂，写法也灵活多样。若是批准事项或通过文件的决议，相对比较简单，这部分多是强调意义，提出要求和号召；若是安排工作的决议，要求写明工作的内容、要求、措施，内容复杂时，要明确分出层次并列出各层次的小标题，或分条撰写；若是阐述原则问题的决议，主体部分要有较多的议论，多采用夹叙夹议的写法，把道理说深说透。③结尾：可有可无。有时主体结束，全文也自然结束。有时需要写一个结尾，多以号召或者希望来收结全文。

（4）落款。某项决议需要确认与会人员职责及意见的，可要求与会主要领导人签名。

3. 根据材料内容拟写一份会议决议

要求：
（1）内容正确，符合材料提供的信息。
（2）格式正确，使用计算机 word 文档拟写，编排精美。

4. 文稿诊改

要求：

"决议"和"决定"是《党政机关公文处理工作条例》规定的 15 种正式文种之第一、第二个文种，要仔细区分，正确选用。

（1）从制作程序上区分。"决议"须经某一级机关或组织机构的法定会议对某一议题进行集体讨论，由法定多数表决通过，然后形成正式文件，并以会议的名义公布。而"决定"却不一定经过法定会议讨论通过的程序。它既可以是某种会议讨论研究的成果，形成正式文件予以公布，也可由各级领导机关直接制作并予以公布。因此，可以认定，凡未经有关法定会议讨论通过这一程序，而是以领导机关的名义发布的议决性文件，就只能使用"决定"。

（2）从作用上区分。"决议"一律要求下级机关执行。而"决定"只有"部署性决定"才要求下级机关执行，"宣告性决定"只起知照性作用，一般不要求下级机关执行。

（3）从内容上区分。①在会议讨论通过的前提下，凡作出了具体的规定和要求，履行法定的权力，强制有关部门贯彻执行的，用"决定"。若只是简要地表示肯定或否定的意见，履行法律程序，指导有关部门遵照办理的，用"决议"。②由会议或领导机关直接制定发布行政法规，用"决定"。由会议审议批准某项议案、重要报告、法规，用"决议"，所审议批准的条文作为"决议"的附件。③授予荣誉称号或给予处分，用"决定"。审议机构成立或撤销，用"决议"。

（4）从写法上区分。公布性决议、批准性决议一般写得比较简要、笼统。阐述性决议除指出指令性意见外，还要对决议事项本身的有关问题作若干必要的论述或说明，即作一些理论上的阐述。"决定"的写法与"决议"大不相同，它不多说理论上的道理，而往往着重提出开展某项工作的步骤、措施、要求等。"决定"要求写得明确、具体一些，措施也更落实，行政约束力强，可以直接成为下级机关行动的准则。而"决议"往往写得比较概括，原则性条文多，下级机关在贯彻执行时，多数还要根据"决议"制定相应的具体办法或实施措施。

（三）闭幕词

1. 示例

××省第×届人民代表大会闭幕词

×××

（××××年××月××日）

各位代表、同志们：

在党的十八大精神鼓舞下，经过全体代表的共同努力，××省第×届人民代表大会第一次会议，圆满完成了各项预定任务。各位代表不负重托，忠实履行了人民代表的光荣职责。这次会议，开得很成功，是一次继往开来、与时俱进的大会，求真务实、谋划发展的大会，发扬民主、团结奋进的大会。

会议审议批准了政府工作报告和其他报告，明确了今后5年我省全面建设小康社会的目标、任务和主要措施。大会选举××担任省人大常委会主任，××同志担任省人民政府省长，选举产生了新一届省人大常委会组成人员、省政府领导人员、省两院主要领导和省人大法制委员会组成人员，选举了第十届全国人大代表。我们衷心感谢全体代表和全省人民的信任和支持。我们决心不辱使命和责任，不负重托和信任，为加快××省发展，全面建设小康社会扎扎实实做好各项工作。

各位代表，未来5年，是我们贯彻党的十八大精神，落实省第四次党代会提出的各项任务，努力开创××省改革开放和现代化建设新局面，全面建设小康社会的重要时期。为了实现这次大会确定的奋斗目标，我们必须坚持以邓小平理论和"三个代表"重要思想为指导，落实科学发展观，认真贯彻党的十八大精神，紧紧抓住发展这个第一要务，围绕全面建设小康社会这一总体目标，分阶段、有重点、有步骤地加以实施，努力做到速度与结构、质量、效益的统一，促进经济、政治、文化的协调发展。

……

我们要坚持把改革开放作为××省发展的根本动力，深化以社会主义市场经济为取向的各项改革，大力推进体制创新，坚决扫除一切阻碍发展的思想和体制障碍，进一步解放和发展生产力。要在国有企业和国有资产管理体制改革、农垦改革、农村经济体制改革、政府机构改革等方面有新的、更大的作为。

实现全面建设小康社会的目标，关键在人，关键在干部。我们要用"三个代表"重要思想武装干部的头脑，不断提高各级干部的执政能力和领导水平。各级领导干部，要倍加珍惜人民赋予的权力，不负众望，不辱使命，为全省人民掌好权，用好权。要发扬艰苦奋斗的延安精神，廉洁从政，执政为民。人大代表是国家权力机关组成人员，要学习和掌握宪法、法律知识，正确行使代表权力，履行代表职务，密切联系群众，切实提高素质，真实反映人民的愿望和要求，更好地代表人民的意志和利益。

各位代表，尽管我们还面临着这样那样的困难和挑战，但只要我们心往一处想，劲往一处使，办法总比困难多。只要我们持之以恒，咬住发展不放松，××省的明天一定会更加美好。让我们紧密团结在以习近平同志为总书记的党中央周围，高举邓小平理论伟大旗帜，全面贯彻"三个代表"重要思想，解放思想，与时俱进，开拓创新，埋头苦干，为开创××省改革开放和社会主义现代化建设事业的新局面而努力奋斗！

我宣布：本次会议圆满完成任务，闭幕。

2. 写作要点

闭幕词由标题、称呼、正文和落款四部分组成。

（1）标题与称呼。写法与开幕词基本相同。

（2）正文。在标题和称呼之后，另起一段首先说明会议已经完成预定任务，现在就要闭幕了；然后概述会议的进行情况，恰当地评价会议的收获、意义及影响。核心部分要写明：会议通过的主要事项和基本精神，会议的重要性和深远意义，向与会人员提出贯彻会议精神的基本要求，等等。一般说来，这几方面内容都不能少，而且顺序是基本不变的。写作时要掌握会议情况，有针对性地对会议内容予以阐述和肯定，同时可以对会议未能展开但都已认识到的重要问题作出适当强调或补充。行文要热情洋溢，文章要简洁有力，起到激发斗志，增强信念的作用。结尾部分一般先以坚定语气发出号召，提出希望，表示祝愿等；最后郑重宣布会议闭幕。

（3）落款：讲话人姓名和时间，可在文末右下角，也可标注在标题下一行。

3. 根据材料内容拟写一份闭幕词

要求：

（1）格式正确，内容正确，具有总结性、概括性、号召性。

（2）闭幕词要适合口头表达，要求语言通俗易懂、生动活泼。

（3）使用计算机 word 文档拟写，编排精美。

4. 文稿诊改

要求：

大声朗读，体会语言口语化的特点，对不适合的词句进行修改。

（四）会议纪要

1. 示例

（1）专题工作会议纪要。

×××××纪要
××发〔××××〕××号

关于研究今年农产品收购资金问题的会议纪要

××××年×月×日，国务院副总理×××主持会议，研究今年农产品收购资金的有关问题。

会议认为，安排今年农产品收购资金工作的指导思想是：

一、要按照党中央、国务院的决定，一定要保证今年农产品收购资金的需要，坚决消灭打"白条"的问题，以取信于民。消灭"白条"，这是硬任务，各地区、各部门都要坚决完成。

(续)

二、农产品的收购总量并不多,只要各地区、各部门充分重视,互相配合,解决农产品收购资金问题是完全有可能的,对此应有信心。

三、地方各级人民政府和财政、银行等有关部门都要落实责任制,各司其职,各负其责,密切配合,困难再大也应首先把农产品的收购资金问题解决好。

经会议研究后,×××同志概括提出以下五条四十个字的政策措施:

一、老账要清,逐步消化。……

二、新账要扣,逐月扣清。……

三、专户立账,体内循环。……

四、定金到位,确保收购。……

五、优先保证,消灭"白条"。……

××××年×月×日

分送:××××××	
××××××	××××年×月×日印发

（2）例行办公会议纪要。

中共××市委常委第×次办公会议纪要

时间:××××年6月21日下午

地点:市委主楼318会议室

主持人:×××

参加人:×××、……

会议议定事项内容:

会议认真学习了省委××××年6月16日《关于进一步统一认识,坚决搞好治理整顿》的通知,对我市前段治理整顿的情况和一季度形势逐项进行了分析和深入讨论,进一步统一了思想,明确了当前和今后治理整顿的任务和工作重点。

会议认为,半年来我市在贯彻中央治理整顿方针的过程中,态度坚决,工作扎实,初见成效,但对成绩不能估计过高,要看到思想认识的差距和治理整顿任务的艰巨,要按照中央精神,进一步统一思想,认真抓好治理整顿的各项工作。

会议决定:

一、在省委传达中央工作会议精神后,召开市委工作会议,通过传达中央工作会议精神,分析我市治理整顿形势和任务,提高认识,统一思想、动员广大党员一心一意搞好治理整顿。会议定于6月底召开,由市委办公室做好会议筹备工作。

二、听取了××同志关于××××年××立功竞赛表彰大会准备工作的汇报,原则同意"立功办"提出的大会方案及召开时间,原则同意市级劳模及文明单位的名单,责成"立功办"根据市委常委意见进行调整,并做好大会准备工作。对有些需要进一步研究的问题由"立功办"再做准备,向书记办公会汇报。

分送:××××××	
××××	××××年×月××日印发

2. 写作要点

（1）格式特定。会议纪要格式是以固定版头印发纪要的特定格式，标识一般为"××××××××会议纪要"。该格式的主要特点是：① 正文中无主送单位，在"版记"中列明分送单位和部门；② 其标识用红色小标宋体字，发文字号常以序号或期数表示，字号由发文机关酌定；③ 正文结束后不落款，不加盖印章。其他要素服从国家标准公文格式相关要素说明，如示例，按类别规范格式。

（2）正文内容明确。会议纪要正文包括会议概述和内容纪要。① 会议概述，即正文开头，概要介绍会议时间、地点、召集单位与主持人，与会范围与出席人员（身份），会议主体等。② 内容纪要，即正文主体，包含了会议主要精神与议定事项。会议主要精神，指对会议议题经过讨论分析而形成的指导思想。这是会议议定事项的思想基础，也是会议弘扬的主要精神。议定事项，指会议议定的部署、措施和要求。会议的目的是为了解决问题，议定事项正是会议成果的体现。因此内容纪要必须抓住要领，认真提炼，概括综合，理清思路，分清层次，从而使纪要明确。有的会议纪要在末尾提出希望或号召，作为对纪要内容的强调与补充。

3. 根据材料内容拟写一份会议纪要

要求：

（1）仔细整理本次会议有关材料，归纳会议的主要任务、精神及结果，分条陈述，突出中心。

（2）按特定格式，使用计算机 word 文档拟写，编排精美。

4. 文稿诊改

要求：

（1）核实材料是否充分。会议纪要是对所有会议材料的概括、综合和提炼，所以要写好纪要，必须做好材料工作。搜集、掌握会议情况，按会议精神和领导意图筛选材料，进行科学分析，并围绕中心精心安排材料。

（2）核实内容是否真实。要准确反映会议的真实情况和基本精神。不可将执笔者的个人意见掺杂进会议纪要。

（3）对表达中不明确、条理性不够的地方进行修正。纪要篇幅不宜过长。语言要简明，防止含糊其辞导致歧义；阐述要有条有理，尽量使用层次序数、标首语句。有些必须有较长篇幅的会议纪要，应用小标题提示每部分内容。

四、多看多读，拓展与迁移

要求：

（1）查阅会议记录、会议决议、闭幕词、会议纪要写作范例。

（2）熟读 2012 年 4 月 16 日中共中央办公厅、国务院办公厅联合发布实施的《党政机关公文处理工作条例》及《党政机关公文格式》（中华人民共和国国家标准 GB/T 9704—2012）。

第五章 科技文书

科技文书是人们在科学领域内为解决各种科学问题而撰写的书面材料,用于科学技术、学术研究和科技管理等方面。科技文书根据其具体适用范围,可以分为论文类、报告类、说明类三类文书,其写作都要求具有科学性、实用性、严谨性。本章限于篇幅,主要学习毕业论文、毕业设计(也叫设计说明书)、论文答辩、实验报告和实习报告的写作与应用。

第一节 毕业论文·毕业设计·答辩

一、阅读材料,身临职场

撰写毕业论文是检验学生在学校学习成果的重要措施,大学生在毕业前都必须完成毕业论文或毕业设计的撰写任务。可以说,毕业论文是一个大学生专业知识的掌握、运用与实践能力的综合体现,在一定程度上表明作者的能力与才华。好的毕业论文很有可能成为毕业生就业的敲门砖。因此,即将毕业的大学生都要在毕业年的 5 月中旬前提交毕业论文,不但完成课程学习的任务,拿到毕业文凭,而且要争取得到优秀毕业生的荣誉,为自己的就业选择增添一份证明,向社会展示自己的实力。小张是汽车检测与维修技术专业的学生,在汽车 4S 店已经实习半年,3 月 10 日接到实习指导老师询问毕业论文或毕业设计撰写情况的信息,也知道上交日期及答辩在即,而自己因为工作与学习的关系没有处理好,还没有动笔撰写,不免着急了。如果你是小张,你怎么办?

二、任务分析,明确文种及处理

小张可以根据自己的实际能力选择撰写论文或者搞毕业设计,两者都需要花时间和精力去选题、搜集材料并动手实践,尤其是要根据自己工作中的特别案例提炼观点为撰写及答辩提供真实有效的材料。

(一)毕业论文

毕业论文是本专科应届毕业生运用自己所学的专业理论、知识和技能就本学科内的某一问题进行探讨,并表述其研究成果和学术见解的文章,具有学术性、理论性、科学性和独创性。属于学术论文。学术论文按其用途,可分为学术会议用论文、学术刊物用论文、高校学生用论文。高校学生用论文又分为学年论文、毕业论文、学位论文。在此主要学习毕业论文的写作。

(二)毕业设计

毕业设计是大专以上学历教学过程的最后阶段采用的一种总结性的实践教学环节。毕业设计能使学生综合应用所学的各种理论知识和技能,进行全面、系统、严格的技术及基本能力的练习或考核,多用于工科类专业。

(三)论文答辩

论文答辩是一种有组织、有准备、有计划、有鉴定的比较正规的审查论文的重要形式。为了搞好论文答辩,在举行答辩会前,校方、答辩委员会、答辩者(撰写毕业论文的作者)三方都要做好充分的准备。在答辩会上,考官要极力找出在论文中所表现的水平是真是假。而答辩者不仅要证明自己的论点是对的,还要充分应对老师的质疑。

三、掌握要点,模拟写作

(一)毕业论文

1. 示例

分析我国企业品牌延伸的战略
张××

摘要:在日益激烈的市场竞争中,众多企业已认识到品牌在竞争中的重要性。品牌在社会经济生活中的广泛应用,说明对品牌延伸进行理论研究具有重要的现实意义。因此,企业必须从长远发展的角度审视品牌延伸,要了解品牌延伸的风险并采取合理有效的方法规避风险,以确保品牌延伸的成功。

关键词:企业 品牌延伸 战略

一、我国企业品牌延伸存在的问题

(一)品牌延伸中新产品定位不准确,个性淡化

消费者在消费过程中,对最先接触到的事物一般会留下较深刻的印象。从品牌延伸的角度看,成功的品牌在市场中都有十分明确清晰的形象定位,尤其是忠诚度极高的品牌还可能变成某一特定产品的代名即类别品牌,如拜耳之于阿司匹林。本来消费者对原品牌的品牌类别、核心产品等情况认知明确、记忆清晰,此时品牌延伸的新产品就可能导致原有品牌形象的模糊和混淆,并可能失去消费者对原有品牌的独特偏好,导致品牌个性淡化。例如娃哈哈品牌,最初是一种儿童饮品的品牌,鲜明的个性使该产品迅速红遍大江南北,后来却在品牌延伸定位上趋向模糊以至丧失最初清晰定位的状况,随后开发出娃哈哈红豆沙、绿豆沙、娃哈哈八宝粥、娃哈哈纯净水等产品。这些产品既越来越偏离"儿童",又越来越偏离"营养饮品"等娃哈哈品牌原有的属性,使娃哈哈在儿童市场上占有率大大降低。

(二)企业在品牌延伸时,出现了延伸无序化现象

延伸理论告诉我们,品牌低档化比品牌的高档化容易得多。品牌高档化的缺点是支持力

不够，品牌低档化的缺点是容易损坏母品牌的形象。更令人担心的是，有些企业在品牌延伸战略实施时不是"运作"，而是"炒作"。品牌的物质载体是产品的性能、质量、价格等实质性内容，品牌若没有质量的保证，仅靠"概念"加上广告宣传的狂轰滥炸来铸造品牌无疑损害品牌的基础。"三株"鼎盛时期自称品牌价值50亿，其实品牌宣传和扩展比较成功，从口服液，一直延伸到白酒、化妆品等。但不太过硬的质量、过于夸张的宣传、不着边际的价格，最终断送所有辛苦的努力。既没有与众不同的质量、上乘的产品，也没有与竞争对手有别的盈利模式，掉入了过度造名、品牌延伸的陷阱。

（三）品牌延伸的跷跷板效应

一个名称代表两种甚至两种以上的有差异的产品，必然容易导致消费者认知的游离和模糊化。当延伸品牌的产品在市场竞争中处于绝对优势时，消费者就会把原强势品牌的心理定位转移到延伸品牌上。这样，就无形中削弱了原强势品牌的优势。这种原强势品牌和延伸品牌竞争态势此消彼长的变化，即为"跷跷板"效应。如果品牌延伸是以降低原品牌的消费者忠诚为代价的，延伸品牌所获得的销售额是以原品牌的衰退为代价而得来的，那么，这种品牌延伸就得不偿失。由于企业精力有限，往往无法很好地兼顾多个产品的市场推广，同时品牌延伸引起企业管理和促销预算按原产品和新产品线分配，管理者和促销者的注意力不像以前那样完全集中在母品牌上了，零售商受货架空间的限制，不愿接受所有的延伸产品，或者只从原产品的货架中划出一部分给这些延伸产品，从而使原品牌的货架空间减少。这样的事实，造成延伸产品占据市场领导地位，但原产品却丧失了领导地位。

（四）延伸策略单调，出现粗放式经营

大部分企业只是进行产品线或产品种类的延伸，延伸方式单一，缺乏灵活性，在企业外部领域中延伸方式不多，品牌延伸中不注重分销、供应同行业等领域的延伸和影响，有时延伸一味缩短销售渠道，认为这样就贴近了消费者，实现产品的销售，品牌延伸就万事大吉，容易导致无法预测和掌握瞬息万变的市场，培养忠诚的消费者。中国的不少企业不注重合作，认为合作是一种相互利用的短期行为。其实，随着整合营销观念的深入，成员间的相互合作与支持非常重要，彼此相互间信任加深，反而节约监督与制约成本，有利于企业集中精力进行产品开发，从而带动整个品牌的发展。联通CDMA新时空手机刚刚入市，面对电信成熟的GSM通信网络的挑战，不得不采取低价机，与生产手机厂商一起进行品牌扩展，无疑损害了手机生产商的短期利益，广泛引起手机生产商的不满。然而，联通通过与生产商结成长期战略伙伴关系，双方从长远利益出发，使生产商不断加盟，有力地推向市场，最终品牌在分销中延伸策略获得成功。

二、企业实施品牌延伸战略的对策建议

（一）恰当的维护品牌原有定位

所谓恰当的维护就意味着并不是要保持品牌原有定位的一成不变，而是根据新产品的需要对品牌原有定位进行适当地丰富和调整，并且还要保证这种丰富和调整不至于切断消费者原有的品牌联想，更不能引起消费者的心理冲突。若在品牌延伸中不与该品牌定位一致，会动摇人们心目中对该品牌的思维和情感定势，从而导致该品牌的市场影响力降低，危及该品牌的市场地位。如果品牌被用在另一类别产品上，那么这一品牌在消费者心中就难以再成为原类别的替代物，在这种情况下，其他品牌就会趁机而入，篡夺原品牌在消费者心目中的位置。如TCL从彩电延伸到手机、电脑、洗衣机等产品，但仍没有偏离家电、信息产品这一定位。从中国企业目前的品牌发展状况来看，多数品牌还没有在消费者心目中形成牢固的品牌定位，这也为企业在品牌延伸时进行适当调整提供了空间。如娃哈哈由营养液延伸至如纯净水，尽管初期被理论界普遍看低，但通过品牌定位的恰当调整，依然取得了很好的效果。

（二）注重提升企业品牌知名度

品牌知名度是实施品牌延伸策略的基础。只有尽快提升品牌自身的知名度，才能利用已有品牌的声誉和影响，迅速将新产品推向市场，保证品牌延伸的实施效果。首先，要培养和形成企业的良好信誉。尤其是在品牌的成长期，产品质量信誉、售后服务信誉和交货信誉等都对品牌的知名度有较大影响。其次，在为客户提供产品的同时提供多方面的服务，服务质量好坏是品牌提升快慢的催化剂。再次，在经营和管理活动中要融入企业形象的塑造。通过独具影响的经营特色、高超的企业管理水平、良好的社会公益形象来提升企业的品牌形象。

（三）科学选择品牌延伸领域

品牌延伸所推出的新产品能否取得成功，取决于以下几个条件：第一是否有技术创新能力，是否具备品牌延伸成功的技术基础和人才保障；第二是否具有必要的企业管理能力和营销能力；第三是否有比较雄厚的资金保障。这些条件全部具备，那么实施品牌延伸策略才有成功的可能。不同的新产品，对企业的上述能力有不同的要求，因此选择企业能够满足要求的新产品是品牌延伸决策的一项重要内容。一般来说，新产品与原有产品的跨度越大，企业满足其要求就越困难。当然，延伸领域的选择还必须考虑前面所论述的品牌定位的冲突问题。我国许多企业实施品牌延伸没有取得成功，归根结底就在于这些企业没能科学地进行品牌延伸保障能力的评价，盲目进入自身所并不熟悉的领域。

（四）主副品牌等营销策略的灵活运用

在主品牌不变的前提下，为延伸的新产品增加副品牌，是规避延伸风险的有效手段之一。这样可以使各种产品在消费者心目中有一个整体的概念，又在各种产品之间形成一定的比较距离，使产品在统一中保持差异性。

参考文献：（略）

（来源：应届毕业生求职网）

2. 写作要点

一般来说，毕业论文篇幅大，字数多，至少3 000字。如果动笔前缺乏周密的考虑，难免顾此失彼。毕业论文虽然没有一成不变的结构，但是从前人成功的实例中，还是可以概括出通常适用的基本型项目。

（1）标题，又称题目，是论文内容的高度概括。标题不宜过长，一般不超过20字，也可以采用正副双行标题。讲究"小题目写出大文章"的构思和立意。

（2）署名，在论文标题的下面署上作者和指导老师的姓名。署名是作者对研究成果拥有著作权和具有责任感的体现。

（3）摘要，又称提要，是对论文内容不加诠释和评论的概括性陈述。它的作用同标题一样，使读者尽快了解论文的主要内容。它虽然放在前面，却是在论文完稿以后写的。

摘要的内容是标题的扩充，又是全文的高度浓缩。它包括：研究目的、对象、方法、结果、结论和应用范围等内容。其中研究的对象和结果是必不可少的。

摘要的写法，视论文的长短和复杂程度而不同。如果论文不长，可用一两句话，对研究对象和结果作简略的介绍；如果论文较长又比较复杂，可将论文的创新性内容作较详细的说明。这两种写法都要求正确、精练、具体、完整，字数一般在200字以内。

（4）关键词，又称主题词，为了检索的需要，从论文中选出能代表论文中心内容特征的词或词组。毕业论文主题词可选3~5个。关键词位置排在摘要之下，另起一行书写。

选择关键词的关键在于选出的词或词组应当真正反映论文的主旨，选择不当就会影响检索效果，影响读者对论文的理解。

（5）正文，是毕业论文的核心部分，一般分为绪论（引言、引论）、本论、结论三部分。

第一，绪论要写得简明扼要，有吸引力。

绪论是全文的开头，正文之前的导引部分。

绪论的写法之一，交代提出问题的背景。即向读者说明论文中的问题是在什么背景下提出的。背景常常可以衬托问题的重要性。

绪论的写法之二，简述写作的缘起。即说明为什么写作本文，本文是为解决什么问题而写的。

绪论的写法之三，指明论文所研究的课题价值、意义。读者在阅读正文之前，存在着了解论文价值的心理，从而对是否阅读作出判断。

绪论的写法之四，提挈和概括本论部分的精髓。这利于读者在阅读正文之前对论文的精华有所了解。

第二，本论要充分展开，合乎逻辑。

本论是毕业论文的正文，是论文的核心部分。本论部分应严密地表述自己的研究成果，并加以充分地论证。写作这一部分时，应该注意在显著地位提出自己的论点，展示富有新意和创造性的结论，而不应该将这些闪光的东西淹没在材料和论证之中，这就是遵循"论点显明"的原则，即所谓"立片言以居要"。

- 论点要鲜明。毕业论文往往把中心论点分解成若干个分论点。中心论点是论述的中心，居于统帅的地位。分论点从不同的角度证明中心论点，是证明中心论点的论据。两者的关系是统率与被统率的关系。可利用"三点罗列"效应来展开主体内容，即把自己的观点、意见、理由归纳成三个要点，以使得读者感到条理分明，印象深刻。

- 材料要相符。观点要靠材料支撑，材料为证明观点服务。观点不能没有材料证明，材料不能与观点游离，更不可与观点相悖。

- 逻辑要严密。阐述自己的见解，应当表现出一种鲜明的逻辑力量。这就要求概念明确，命题的适用范围应严格地加以限定，论证的过程要合乎逻辑。

- 段落层次要分明。为了眉目清楚，要正确使用序数词。较复杂的论文，按层次使用序码，如一、（一）1.（1）；二、（二）2.（2）；三、（三）3.（3）；四、（四）4.（4）……。

第三，结论要干净利落，切忌拖泥带水。

结论是论文的收束，应该在论证的基础上水到渠成地得出。写作时应注意结论要与论证部分相一致，而不能脱节。结论是对论证的主要观点的科学概括，而不是单纯的重复。

结论应兼具结尾的作用。如果本论部分已能收束全文，则不必硬安一条尾巴。

（6）参考文献。要写清楚参考文献的作者、篇目、版次、出版社（刊名）与出版时间，这是作者严肃、科学的态度的体现，同时也表现了作者对前人研究成果的尊重。

3. 根据自己所学专业的要求拟写一篇论文

要求：

(1) 认真对待，选准课题。

就自己熟悉的与所学专业相关的内容进行选题，多比较，多实践，以求印证自己所在专业的真实水平。

选题的途径：一是查阅文献资料。要选准有价值的课题就要查阅文献资料，了解本学科的研究现状，寻找本学科未得到解决的问题，结合自己的思考选题，才能有所创新。二是做好实践工作，就工作中的疑难问题和亟待解决的问题进行调查并提出可行办法。

(2) 搜集材料，提炼观点。

尽可能多地收集与自己课题相关的材料。在有了客观认识后，因所认识的是多方面的，就要比较哪些观点是创新的、哪些观点是可行的、有价值的，必须查阅相关的文献材料，看看前人是否有类似的研究及成果，前人的理论是否支持自己提出的观点等，综合考虑后才能在纷繁复杂的认识中整理并明确有价值的观点，写出的文章才有价值。

(3) 结构严谨，论述清楚。

写出的论文要合乎思维方式，大论点和小论点要安排妥当，做到层次井然，逻辑性强。

(4) 使用计算机 word 文档拟写，符合学生所在学校要求的论文格式。

4. 文稿诊改

要求：

(1) 仔细斟酌，反复修改。

论文完成初稿后要仔细斟酌，反复修改。论点的表达、论据的选择、图表的拟制、数字的引用等是否准确无误；层次和段落之间的过渡是否自然；标题是否概括论文的中心观点，是否生动、吸引人；摘要是否概括了全文的内容；关键词是否恰当；引用的参考资料的出处、篇目名称和作者是否有遗漏等。

(2) 按论文的基本项目检查是否已经按要求落实并正确排版、打印。

(二) 毕业设计（也叫设计说明书）

1. 示例

回转型蓄热式换热器的设计

化工机械专业××级：×××

指导老师：×××

一、概述

回转型蓄热式换热器是 7021 厂为综合利用能源，从生产实际中提出的课题。以本换热器做该厂加热炉空气预热器，回收 400QC 烟道气中的余热，预热进入加热炉供燃烧用的空气至 3 500 C 以上。经试用，每年可节约天然气 80 万标准立方米，价值 17.6 万元。总投资可在两年半收回。

二、设计原理

回转型蓄热式换热器是用内置蓄热体的转子在低温和高温气体通道中连续旋转，使蓄热体在高温气体通道内吸收高温气体的热量，而在低温气体通道内再把热量放出，传给低温气体，从而达到换热的目的。

如图1（略）

三、工作性能和使用范围

本换热器具有热回收率高、结构紧凑、处理气量大等优点，可以满足防堵塞、防腐蚀的要求。虽然存在着换热气体间的交错污染，但是对于加热炉空气预热而言，可以允许空气烟气之间有一定的交错污染，而且通过密封结构的完善和改进，可以把交错污染控制在10%以下。

四、主要设计要求（略）

五、结构设计主要参数（略）

六、主要计算公式（略）

七、本换热器采用卧式设计（略）

八、结束语

本设计从计算公式、数据选取、结构设计都以可靠性为首要原则。本换热器在技术上完全安全可靠。

由于资料收集尚不完整，加上毕业设计时间有限，所以改进设计的效果有待实践验证。

参考文献：（略）

2. 写作要点

毕业设计报告的结构一般由标题、前言、主体、结尾、参考文献组成。

（1）标题，一般分为两种，一种是设计项目和文种，另一种是直接用文种作标题。

（2）署名，标题下一行写毕业设计学生的专业、班级和姓名，再下一行写指导老师及姓名。

（3）前言，主要是介绍本设计项目的性质、目的、效益、原理及设计过程。

（4）主体，主要是对设计原理与设计方案的论证；介绍主要技术参数、工作流程及技术性能；说明适用范围及资金预算情况。以上内容，不同专业、不同类型的设计报告各有取舍或侧重。

（5）结尾，综述设计报告的内容，或对有关技术问题作出补充。若不需要也可以不要这一环节。

（6）参考文献，需列出主要的参考文献，要写清楚参考文献的作者、篇目、版次、出版社（刊名）与出版时间，这是作者严肃、科学的态度的体现，同时也表现了作者对前人研究成果的尊重。

3. 根据自己所学专业要求拟写一份毕业设计

要求：

（1）认真对待，选准课题。

（2）科学设计并实践操作，记录相关数据。

（3）真实、规范地陈述前言、主体、结尾的各要素。

（4）按自己所在学校对毕业设计的格式要求排版打印上交。

4. 文稿诊改

要求：

（1）语句通顺，无错别字和病句。
（2）有切实的理论和事实依据。
（3）格式符合要求，要素齐全。

（三）论文答辩

1. 示例

论 文 答 辩

尊敬的各位老师：

大家上午好！

我叫×××，本次论文指导老师是×××老师，我选的毕业论文题目是《提升××省出口优势产业集群竞争力的对策研究》，下面我先汇报一下自己选择这篇论文的动机以及论文选题背景、基本写作思路、理论与实践意义。

先陈述一下我的写作动机。我来自台州，在没写这篇论文之前我仅知道××各地存在生产相同产品的特色乡镇，比较熟悉的有临海的×××彩灯城、××的服装机械、玉环的阀门等，根据2013年年底的统计数据，其中阀门水泵占全国出口的60%以上，缝纫机和电动裁剪机在国际上占有70%的市场份额等。而××省，众所周知是一个贸易大省，我想出口与产业集群应该有醒目的联系，所以，我就选择了《提升××省出口优势产业集群竞争力的对策研究》，一方面是希望通过这篇论文能让自己更加清楚地了解××省出口优势产业集群的分布、现状及国际竞争力，二则因为自己属于国贸专业，也希望以后能从我省的优势产业集群中挖掘更多的商机，为自己的未来做些理论的铺垫。

其次，我要陈述的是本篇论文的主要论点及结构。虽然这篇论文的选题有点长，但我觉得中心还是应该扣在最后的几个字上，即"集群竞争力的对策分析"。北京大学教授××在论坛中指出，提高出口竞争力的关键是发展富有特色的产业集群，力避产业集群的同质性的重复建设。因此，我的论文从××省出口优势产业集群的发展现状和主要特点着手，力求寻找到我省出口优势产业集群具有优势的软硬件基础。我总结出来的几点是规模喜人、产业结构合理、产品分工细致、出口竞争优势显著等。

在论证××省出口优势产业集群竞争力及其竞争优势的时候，我主要分析××省产业集群的几个关系，比如企业集聚与生产效率、国际竞争力的关系，集群竞争力与竞争压力、创新能力的关系，"区位品牌"与集群竞争力的联系等。而出口优势产业集群竞争力的决定因素也常规地从国家层面、集群层面、企业层面"先大角度再小口径"予以分析。

这篇毕业论文对××省出口优势产业集群竞争力指标分析主要集中在第三部分，这也是我的对策研究的理论根据。其中包括集群占××省近几年六成左右的主要经济指标——××省2011—2014年的进出口额，××省出口优势产业集群中主要企业在各地区的分布情况，例举××民营中小企业对海外市场进入方式偏好，而竞争力指标也主要围绕贸易竞争力指标（TC指数）、出口分散度等进行论述。并进一步提出××省出口优势产业集群竞争力的制约因素。这些都是××省出口优势产业集群竞争力对策提出的基础。

论文的重心也是通过以上的分析来给出提升××省出口优势产业集群竞争力的对策。我借鉴了大学经济类科目的主要归纳方法，分别从政府、企业、行业协会三个角度来提出相应的对策。也可以说是宏观与微观对策的双重分析来应答如何提升××省出口优势产业集群竞争力。

在写完这篇论文的时候，自己感觉条理上还不是很严谨，出现了一些观点的重复，对一些具体数据的收集还有许多不足，使得这篇论文在对××省出口优势产业集群竞争力的思考还停留在比较粗浅的层面。但也因为写这篇论文使我对××的出口优势产业集群的分布、产业集群状况及出口总体概况有了大致的了解，大学本专业所学的部分知识也重新被认识与肯定，因此我受益匪浅。

最后，恳请各位老师进行批评指正，谢谢大家！

2. 答辩的内容

要保证论文答辩的质量和效果，关键在答辩者一边。论文作者要顺利通过答辩，在提交了论文之后，不要有松一口气的思想，而应抓紧时间积极准备论文答辩。那么，答辩者在答辩之前应该从哪些方面去准备呢？

（1）要写好毕业论文的简介。主要内容应包括论文的题目，指导教师姓名，选择该题目的动机，论文的主要论点、论据和写作体会以及本议题的理论意义和实践意义。

（2）要熟悉自己所写论文的全文，尤其是要熟悉主体部分和结论部分的内容，明确论文的基本观点和主论的基本依据；弄懂弄通论文中所使用的主要概念的确切涵义，所运用的基本原理的主要内容；同时还要仔细审查、反复推敲文章中有无自相矛盾、谬误、片面或模糊不清的地方，有无与党的政策方针相冲突之处等。如发现有上述问题，就要作好充分准备——补充、修正、解说等。只有认真设防，堵死一切漏洞，才能在答辩过程中做到心中有数、临阵不慌、沉着应战。

（3）要了解和掌握与自己所写论文相关联的知识和材料。如自己所研究的这个论题学术界的研究已经达到了什么程度，目前存在着哪些争议，有几种代表性观点，各有哪些代表性著作和文章，自己倾向哪种观点及理由；重要引文的出处和版本；论证材料的来源渠道等。这些方面的知识和材料都要在答辩前做到有比较好的了解和掌握。

（4）论文还有哪些应该涉及或解决，但因力所不及而未能接触的问题，还有哪些在论文中未涉及或涉及很少，而研究过程中确已接触到了并有一定的见解，只是由于觉得与论文表述的中心关联不大而没有写入等。

（5）对于优秀论文的作者来说，还要搞清楚哪些观点是继承或借鉴了他人的研究成果，哪些是自己的创新观点，这些新观点、新见解是怎么形成的，等等。

对上述内容，作者在答辩前都要很好地准备，经过思考、整理，写成答辩说明书，记在脑中，这样在答辩时就可以做到心中有数，从容作答。

3. 答辩的程序

（1）提交论文。

按照一般的规定，答辩者必须在论文答辩会之前，将经过指导老师审阅并签署意见的毕业论文定稿，交参与答辩的老师，人手一份。

（2）答辩委员会的组成。

答辩委员会的成员一般不少于三人，如有外单位的专业人员参加更好，而且总成员应该为单数,以免表决时相持不下。答辩者的指导老师最好回避答辩。

(3) 答辩的过程。

第一,答辩者自我介绍,并宣读《论文原创性声明》(即《诚信声明》)。

第二,答辩者自述。答辩者自述论文的内容,包括选题的原因和意义,论文的结构及各部分的内容,主要的论据及结论,论文的特色及创新之处。论文还有哪些不足,自己对此问题认识的深化,还可做补充说明。自述时要观点鲜明,重点突出,条理清楚,语速适中。用口述的方法,不要按事先准备的材料照本宣读。时间控制在15分钟之内。

第三,向答辩者提问。答辩委员会成员在答辩者自述之后,向其提问,提出跟毕业论文有关的问题。如论文的真实性、论文的创新之处、论文的缺陷等。一般提3个或3个以上的问题即可。

第四,做好回答准备。答辩委员会成员提出问题后,答辩者在规定的时间内迅速做好准备。要把握问题的针对性及实质,并写出回答要点或提纲。

第五,回答问题。答辩者简短准备之后回答问题,可以按提问的顺序,也可以先易后难作答。

第六,民主评议。答辩完毕,答辩委员会成员根据论文的质量和答辩情况进行民主评议,以不记名的方式投票表决,获三分之二以上同意票的即通过毕业论文答辩。

第七,宣布结果。民主评议后,答辩委员会将答辩者召回,肯定成绩和优点,指出错误或不足,宣布论文答辩是否通过后散会。

四、多看多读,拓展与迁移

要求:

(1) 观摩毕业论文答辩。

(2) 参加毕业论文答辩模拟活动。

(3) 查阅国家级科研课题立项申报书和省级教改项目立项申报书。

第二节 实验报告·实习报告

一、阅读材料,身临职场

××××年××月××日,××学校建筑工程专业的学生到××高速公路及××高速公路的部分施工工地开展实习工作,加深对高速公路的路基处理、沥青路面的施工、道路的设计、公路桥梁的设计与施工以及其他公路相关设施的设计与布置的实践认识。

××至××高速公路起于××绕城高速公路南段××互通式立交,止于××县××湾,路线全长64.714公里。××至××公路是国家规划的西部大通道××至××高速公路在××省境内的重要路段,也是××省公路主骨架的重要组成部分,是全国12条公路勘察设计典型示范工程之一。本项目是在建的××路口至××高速公路向东延伸段,已建成的××至××高速公路向西延伸段,途经××国际机场。

在师傅的带领下,同学们的实习工作主要是路基和路面的施工。

路基的实习主要在××高速公路的部分施工工地,包括了地基处理、路堤、桥涵等内容。

一、路基处理

该路段位于湿陷性黄土地区，处理办法就是换填土法。就是将上面 80 cm 路床范围内的多余的土全部挖掉，然后分层回填上 50 cm 的素土，上面是沙粒。但是这种情况很不好的一点就是沙粒遇到水之后，水还会下渗到路基的黄土上，破坏了其稳定性。于是对原设计进行了变更，就是将原来 80 cm 的土挖掉，先进行全段碾压，碾压后回填上 40 cm 素土，再上面加 40 cm 的石灰土，然后在两侧设计盲沟。

对于湿陷性黄土有两种处理方法：一是冲击碾压，二是强夯法。对比二者机能后，该路段全部强夯处理。处理方法工序是：首先进行清表；然后就是按照设计要求打网格，进行土方调配设计；最后确定机械的夯实机能（120 吨米，60 吨米）。

另外，对结构物的处理。由于湿陷性黄土对结构物会有很大的影响，处理方法就是先把基坑开挖，然后用大吨级机械进行强夯，保证结构物安全。

对于路堤的处理，用碾压夯实法。其机理是：土是三相体，土粒为骨架，颗粒之间的孔隙为水分和气体所占据。压实的目的在于使土粒重新组合，彼此挤紧，孔隙缩小，土的单位重量提高，形成密实整体，最终导致强度增加，稳定性提高。

方法是先原地面进行碾压，用环刀法测定密实度；再进行分层填土碾压，用灌沙法测密实度。压实示例：在机具类型、土层厚度及行程遍数已经选定的条件下，压实操作时宜先轻后重、先慢后快、先边缘后中间（超高路段等需要时，则宜先低后高）。压实时，相邻两次的轮迹应重叠轮宽的三分之一，保持压实均匀，不漏压，对于压不到的边角，应辅以人力或小型机具夯实。压实全过程中，经常检查含水量和密实度，以达到符合规定压实度的要求。

土方施工的工序是：粗平——放样——打灰线——精平——测压实度。碾压机械采用羊足碾压实。

二、桥涵

高速公路由于等级高，全线封闭、立交，加上跨河谷等，所以桥梁甚多。我们实习的主要包括××机场高架桥和××大桥两段。

这段××机场高架桥全长 980 m，全部采用预应力组合箱梁和现浇梁，单梁跨度为 25 m，采用张拉工艺，在梁内布置预应力钢角线，减小形变增加承载力。

××大桥是一个 2×85 m T 型钢构桥，其上部工艺采用挂篮悬臂浇筑法。现在两桥墩做到 38 m 左右，设计高度为 51.5 m，下面桩基深达 75 m。墩身采用的是箱型薄壁墩，上部 3 m 为合拢段，将两墩硬性的连接在一起，增加起整体效果。属于大体积混凝土浇筑，浇筑中有散热设计。

路面的实习主要集中在××高速公路的工地（沥青路面）。这条高速路采用了厂拌法热拌沥青混合料路面的施工工艺。其路面由面层、基层、底基层组成。面层分：上面层 5 cm、中面层 7 cm、下面层 10 cm。其材料有改性沥青、粗细集料等。基层为二灰稳定碎石；底基层为二灰稳定土。

热拌沥青混合料适用于各种等级道路的沥青面层。高速公路、一级公路和城市快速路、主干路的沥青面层的上面层、中面层及下面层应采用沥青混凝土混合料铺筑。热拌沥青混合料材料种类应根据具体条件和技术规范合理选用。应满足耐久性、抗车辙、抗裂、抗水损害能力、抗滑性能等多方面要求，同时还需考虑施工机械、工程造价等实际情况。

厂拌法沥青路面包括沥青混凝土、沥青碎（砾）石等，施工过程可分为沥青混合料的拌制与运输及现场铺筑两个阶段。

（一）沥青混合料的拌制与运输

在工厂拌制混合料所用的固定式拌和设备有间歇式和连续式两种。前者系在每盘拌和时计量混合料各种材料的重量，而后者则在计量各种材料之后连续不断地送进拌和器中拌和。该拌和站采用的是3 000间歇式拌和机。

在拌制沥青混合料之前，应根据确定的配合比进行试拌。试拌时对所用的各种矿料及沥青应严格计量。通过试拌和抽样检验确定每盘热拌的配合比及其总重量（间歇式拌和机）、或各种矿料进料口开启的大小及沥青和矿料进料的速度（连续式拌和机）、适宜的沥青用量、拌和时间、矿料和沥青加热温度以及沥青混合料出厂的温度。对试拌的沥青混合料进行试验之后，即可选定施工的配合比。

材料的运输是靠卡车直接运到施工路段进行摊铺。

（二）铺筑

铺筑工序如下：

1. 基层准备和放样

面层铺筑前，应对基层和路基进行检查处理，确保道路的基层和面层有很好的黏结，减少水分浸入基层。

为了控制混合料的摊铺厚度，在准备好基层之后进行测量放样，沿路面中心线和四分之一路面宽处设置样桩，标出混合料的松铺厚度。采用自动调平摊铺机摊铺时，还应放出引导摊铺机运行走向和标高的控制基准线。高速公路和一级公路在施工前应铺筑试验段。试验段的长度应根据试验目的确定，宜为100～200 m。试验段宜在直线段上铺筑，如在其他道路上铺筑时，路面结构等条件应相同，路面各结构层的试验可安排在不同的试验段上。

2. 摊铺

沥青混合料可用人工或机械摊铺，高等级公路沥青路面应采用机械摊铺。沥青混合料摊铺机有履带式和轮胎式两种。二者的构造和技术性能大致相同。沥青摊铺机的主要组成部分为料斗、链式传送器、螺旋摊铺器、振捣板、摊平板、行使部分和发动机等。

3. 碾压

沥青混合料摊铺平整之后，应趁热及时进行碾压。碾压的温度应符合规定的要求。压实后的沥青混合料应符合压实度及平整度的要求，沥青混合料的分层压实厚度不得大于10 cm。

沥青混合料碾压过程分为初压、复压和终压三个阶段。初压用60～80 KN双轮压路机以1.5～2.0 km/h的速度先碾压2遍，使混合料得以初步稳定。随即用100～120 KN三轮压路机或轮胎式压路机复压4～6遍。碾压速度：三轮压路机为3 km/h；轮胎式压路机为5 km/h。复压阶段碾压至稳定无显著轮迹为止。复压是碾压过程最重要的阶段，混合料能否达到规定的密实度，关键全在于这阶段的碾压。终压是在复压之用60～80 KN双轮压路机以3 km/h的碾压速度碾压2～4遍，以消除碾压过程中产生的轮迹，并确保路面表面的平整。

碾压时压路机开行的方向应平行于路中心线，并由一侧路边缘压向路中。用三轮压路机碾压时，每次应重叠后轮宽的1/2；双轮压路机则每次重叠30 cm；轮胎式压路机亦应重叠碾压。由于轮胎式压路机能调整轮胎的内压，可以得到所需的接触地面压力使骨料相互嵌挤咬合，易于获得均一的密实度，而且密实度可以提高2%～3%。所以轮胎式压路机最适宜用于复压阶段的碾压。

三、接缝施工

沥青路面的各种施工缝（包括纵缝、横缝、新旧路面的接缝等）处，往往由于压实不足，容易产生台阶、裂缝、松散等病害，影响路面的平整度和耐久性，施工时必须十分注意。本路段采用的半幅机械施工，中间设计有分隔带。在施工中有两台机械同步摊铺，则机械间的纵缝应注意处理。

四、排水设施

整个路面为一个拱形,所以一般路面采用坡面向两侧漫流,流入公路两边的边沟中排走;在道路曲线的地段,公路外侧设有超高,采用单面排水,在中央分隔带设有雨水管道,收集曲线外侧路面的雨水,再由路基下铺设的排水横向管流入边沟。

通过这次外业的道路实习,我们对高速公路的路基、路面的设计与施工有了一次比较全面的感性认识,进一步理解接受课堂上的知识,使理论在实际的生产中得到了运用。近年来,中国的公路事业特别是高速公路得到了迅猛的发展,并且其需求也越来越大,这对于从事道路的工作者来说,既是一个机遇,也是一个挑战。作为将要走出学校的学生,我们更应该在有限的时间内,掌握更多的专业知识,加强实践和设计能力,这样更有利于将来的发展,使自己在此领域内也有所作为。

二、任务分析,明确文种及处理

(一)实验报告

实验报告是科技文书的一种,是在科学研究活动中,人们为了检验某一种科学理论或假设,通过实验中的观察、分析、综合、判断,如实地把实验的全过程和实验结果用文字形式记录下来的书面材料,具有确证性、纪实性、格式固定的特点。实验报告具有情报交流的作用和保留资料的作用。实验分为检验型实验和创新型实验。

(二)实习报告

实习报告是各种人员实习结束后对实习期间的工作学习经历及专业知识、技能运用情况用简练流畅的文字进行描述的文本,有基本的格式。

三、掌握要点,模拟写作

(一)实验报告

1. 示例

红细胞渗透脆性实验

[实验目的]通过实验使学生了解红细胞的特性之一:渗透脆性,即红细胞对不同低渗溶液具有不同的渗透抵抗力。

[实验基本原理]正常的红细胞系混悬于等渗的血浆中,若置于高渗溶液内,则红细胞失去内部液体而皱缩;反之,至于低渗溶液内,则水分进入红细胞,使红细胞膨大,继续进入红细胞发生破裂溶解,形成溶血。

[实验材料与设备]试管、试管架、吸管、去纤维蛋白质、1%Nacl溶液、蒸馏水等。

[方法与步骤]

1. 先将试管分别排列在试管架上,按下表把 1% NaCl 溶液稀释成不同浓度的低渗溶液,每管溶液均为 2 mL。

稀释度＼试管号	1	2	3	4	5	6	7	8	9	10
1%NaCl（mL）	1.40	1.30	1.20	1.10	1.00	0.90	0.80	0.70	0.60	0.50
蒸馏水（mL）	0.60	0.70	0.80	0.90	1.00	1.10	1.20	1.30	1.40	1.50
NaCl 浓度（%）	0.70	0.65	0.60	0.55	0.50	0.45	0.40	0.35	0.30	0.25

2. 每支试管中加入大小等量的血样 1 滴，轻轻混匀 1 小时。

3. 观察结果。

（1）上层清，液无色，管底为混浊红色，表示红细胞下沉，没有溶血。

（2）上层呈淡红色，管底为混浊红色，表示部分红细胞破裂溶解，为不完全溶解。

（3）管内溶液完全呈透明红色，管底无红细胞沉积，为完全溶血。

依上述说明，判定出开始溶血及开始完全溶血的 NaCl 浓度百分率，并记录。

[实验结果]试管号 1、2、3，实验现象观察为没有溶血。试管号 4、5、6、7，实验现象为部分溶血。试管号 8、9、10，实验现象为完全溶血。

[实验结果讨论]红细胞溶血的原因是什么？什么是红细胞渗透脆性？

红细胞在低渗溶液中，溶液中的水分渗入红细胞内，引起其膨胀，红细胞膜终被胀破并释放出血红蛋白，这种现象为溶血。红细胞在低渗溶液中发生膨胀破裂的特性称为红细胞渗透脆性。红细胞不易破裂表示脆性小，容易破裂表示脆性大。

本实验比较成功，能严格按照实验要求认真做好每一个实验步骤，实验结果符合实验要求的结果。

[注意事项]

1. 配制 NaCl 的各种溶液的浓度必须准确。

2. 各管中所加入的血滴大小应尽量相等并充分摇匀，且勿用力振荡。

2．写作要点

实验报告分为检验型和创新型两种。

检验型实验报告的结构，一般包括以下内容，写法比较固定。

（1）标题，即实验名称。一般由一个偏正短语构成。力求确切、简洁、醒目，如实反映实验内容。

（2）实验目的。简要地说明为什么要做这个实验，该实验要解决什么问题。

（3）实验原理。简要说明实验所依据的基本原理、实验装置的设计原理等。有的还要绘出原理图、列出计算公式等。

（4）设备或材料。实验所用仪器设备或材料应给出名称、规格、型号、数量。对于化学实验中的试剂，还应给出形态、浓度、化学成分等。

（5）实验步骤。一般按操作的时间先后划分成几步，并在前面加上序数词 1、2、3……使条理更为清晰。对于操作过程的说明，要简单明了。可附实验装置的安装过程和实验路线的连接过程示意图。

（6）数据记录。实验数据是实验过程中从测量仪表所读取的数值。要根据仪表的最小测度单位或精密度决定实验数据的有效数字位数。实验数据常常用表格来表示。

（7）计算和作图。考虑到测量仪器、读数的误差，实验数据通常测得几组，并求出计算结果的平均值。有时为了更直观地表达变量间的相互关系，还采用作图法，即用相对应的各组数据确定若干的坐标点，再以点画出相应的曲线。

（8）误差分析。在实验中，测量值和真值之间存在着一定的误差。在计算实验结果时，从三个方面分析误差：一要确定实验结果的误差范围；二要找出影响实验结果的主要因素，并采取有效措施，尽量减少误差；三是误差过大时，应找出其原因，并作出合理的解释。

（9）实验结果。测量性结果包括几次测量的平均值、绝对误差和相对误差；对于非测量性实验，实验结果主要是描述和分析实验中发生的现象。

（10）讨论。对实验结果进行理论分析和解释，阐明实验的新发现和新见解。对实验结果作出定性或定量分析，说明其必然性。还可对异常现象或数据加以解释，对实验方法及装置提出改进建议。

（11）结论。逐一列出实验结果，并根据实验结果作出结论。有的还可进一步指出，通过实验证实了某一理论或得出的结果。

（12）参考文献。列出参考文献，一方面表明言之有理，另一方面也表现对他人著作权的尊重。参考文献的顺序，著作：作者、书名、出版地、出版者、出版年月、版次；期刊：作者、文章题目、期刊名、年、卷（期）、起止页。

创新型实验报告的结构和写法与学术论文大体相同，包括以下部分：

（1）标题。即实验报告名称，多由一个偏正短语构成，力求确切、醒目、简洁，集中反映实验内容。

（2）作者及其单位。与论文要求相同。

（3）摘要。主要包括该报告中最突出的几条结论，可不加解释，主要设备可作简单说明。

（4）前言。概括地说明研究的对象、实验的意义和作用，该实验要达到的目的，此前该项研究的发展状况及存在的问题。

（5）正文。相当于论文的本论。内容包括实验原理和设备、实验方法与步骤、实验结果和讨论。

第一，实验原理和设备。主要介绍实验涉及的重要概念、原理、定律和公式，以及据此推算出的结果。重要的设备要详细介绍，还可绘图说明，常见的设备提及名称即可。

第二，实验方法与步骤。要有序介绍，特殊方法要重点介绍，实验过程除文字简述外，还要附上实验原理图、电路图、流程图等。

第三，实验结果。测量性结果包括几次测量的平均值、绝对误差和相对误差；对于非测量实验，实验结果主要是描述和分析实验中发生的现象。

第四，讨论。对实验结果进行理论分析和解释，阐明实验的新发现和新见解。对实验结果作出定性或定量分析，说明其必然性。还可对异常现象或数据加以解释，对实验方法及装置提出改进建议。

（6）结论。是实验科技报告全文的总结。它是通过分析、判断、推理得出的对事物本质和规律的认识，是全篇报告的精华所在。

（7）参考文献。在实验报告后面列出参考文献，目的在于表明作者的科学态度和对前人劳动成果的尊重，以方便读者去查阅参考文献的原文，所列参考文献应是作者阅读并引用的。参考文献应按《文后参考文献著录规则》（国家标准局颁布的 GB 7714—1987）办法著录。

3. 根据材料内容拟写一份路面铺筑试验的报告

要求：

（1）主要用说明的表达方式，不必描写和抒情。

（2）复杂的数据尽量采用图表辅助说明。

（3）使用计算机 word 文档拟写，与材料提供的内容相符。

4. 文稿诊改

要求：

格式规范，说明准确，表达流畅。

（二）实习报告

1. 示例

××学校××专业学生实习报告

姓　　名	李××	实习岗位	物流业务
实习目的	通过系统的物流业务知识与技能操作的综合训练，考取物流从业资格证书。		
实习时间	××××年7月24日—8月7日		
实习地点	××学院综合物流实训中心		
实习单位	××学院		
实习内容	1.物流电子商务实训 3.货运代理业务实训 5.第三方物流管理模拟 7.平置仓库操作实训 9.车队运输管理实训 11.集装箱多式联运业务实训 13.国际物流综合协作实训	2.国际商务单证实训 4.集装箱港口堆场管理实训 6.报关、报检实训 8.全自动立库实训 10.货架仓库操作实训 12.电子分拣库操作实训	
实习结果	完成国际口岸物流软件实训、综合物流实训、国际物流实务与案例培训、商务单证及电子商务实训、第三方物流仓储系统实训与操作、实训基地建设与规划、物流仓储设备操作技能训练等项目，经过考核顺利取得培训结业证书。		
实习总结	××××年7月24日—8月7日，我们前往××职业学院综合物流实训中心，进行了为期两周的物流实训培训。在这里，我们深深地感受到了实训中心的王×主任、张×、高×、王××等老师极其严谨的治学态度，他们以极高的热情和极大的耐心，悉心指导我们参加实训实践。很感谢××学院给我们提供此次实训实践的机会。通过实践，使我能将理论知识和实际操作相结合，实践过程中受益匪浅，感受颇多，现谈一下自己的心得体会。		

(续)

| 实习总结 | 一、实践与理论相结合，提升了运用知识的能力
为了更好地提高自己的专业水平与实践操作能力，我抱着极大的热情和十足的信心参加物流基本业务的实际操作，让我最深的感受就是我们不仅要学好自己的专业知识，而且要将之付诸实践，才会得到更大的提升。培训期间，我们学习了有关国际物流实务、物流运输业务、第三方物流、集装箱港口堆场管理、国际物流综合协作等相关知识。在各位老师的悉心指导下，我们完成了物流电子商务、国际商务单证、货运代理业务、集装箱港口堆场管理、第三方物流管理、报关报检、集装箱多式联运等流程的模拟操作；分小组完成了平置仓库、全自动仓库、货架仓库、电子分拣库操作实训；最后参加了实训考试，取得培训合格证。在各项不同的流程操作中，体验了不同角色的业务操作，熟悉了出口商、进口商、生产商、船公司、外经贸委、货代、检验检疫局、海关、银行、报关行、报检行、外管局、保险公司等多个角色的业务操作流程。通过对贸易合同、申请许可证、货物加工生产通知单、报关单、装箱单、报检单、核销单、货运代理委托书等多个不同单证的填写，弄清了不同贸易术语的区别和联系，初步掌握了进出口贸易实务的基本原理、基本知识和基本技能与方法，认识了国际贸易进出口业务流程。从进出口合同发起，经过货代、堆场、报关、船运等相关系统的业务操作，了解了其中的操作规律，熟悉了货代管理、堆场管理、报关管理、船代管理等业务，完成了国际物流的各项相关服务。在各种单证的填写中，学会了如何制作账单，知道了出运表、出口委托书等的格式，在操作的过程中了解到必须先填制收发货人代码里面的内容，例如：港口维护、往来单位，第二步是业务委托，再者是费用管理，这些都需要认真填写，有些内容还必须记住才能做下面的步骤。像业务编号就是要牢记，因为出运表、出口委托书等就需要业务编码的帮助。的确是了解了不少专业知识，对物流有了更深刻的了解。通过各种不同角色的体验，让我能够熟悉软件，达到了实训的目的。经过实训，我对物流的定义、基本功能、各个作业流程有了一定的理论基础，并将这些理论与实际的操作相结合，在实践中提高了运用知识的能力。通过实际操作，我深刻体会到了理论和实际操作的差别，深刻体会到了做物流的艰辛，但是也体会到了理论与实际相结合的乐趣。
二、在实践中不断反思，在反思中不断成长
通过这次实训实践，我不仅学到了经验，开阔了视野，拓宽了思路，提升了理念，更重要的是，通过实践，我深入地了解了物流实训系统建设的现状、方法和步骤；充分认识到了物流实训系统建设的重要性和必要性，我对物流有了新的认识。因为在实践中反思，总会发现自己的不足，在实践中研究，再实践，不断循环，不断更新，不断提升和发展，从而达到追求完美的境界。在不断的实践和反思中，我认识到了学习上的不足和专业知识的欠缺及局限性，但是在不断的操作当中，我也一步一步突破局限，结合实际扩展知识的层面性。中等职业教育承担着为社会开发劳动力资源、直接向社会输送实用型人才的重任，这就决定了它对教师队伍建设有着特殊的要求。它要求中职教师不仅要有较高 |

（续）

	的师德水准和系统的专业理论知识，而且还必须有丰富的实践经验和熟练的系统操作技能。通过此次实训，我学到了宝贵的实践经验，强化了操作技能，让我在实践中反思，在反思中不断成长。 再次感谢××学院给我们提供学习和交流的平台，让我在实践中真正做到了理论与实践相结合，深化了对现代物流理论的理解，进一步体会到理论与实践的差别，也体会到理论与实践结合的乐趣，让我感到了一种满足感，觉得自己能够从中获取真正有价值的知识与技能。希望在今后的学习和实践过程中，我都能将所学知识学以致用。 本次实习成绩自我鉴定为： ☑优秀　　□良好　　□合格　　□基本合格　　□不合格 　　　　　　　　　　　　　　　　签名：××× 　　　　　　　　　　　　　　　　××××年××月××日
实习单位鉴定	（单位盖章） 指导老师：××× ××××年××月××日
学校鉴定	综合该生实习纪律及工作表现，本次实习成绩评为：（或以100分制打分） □优秀　　□良好　　□合格　　□基本合格　　□不合格 指导老师：××× ××××年××月××日

××学院印制

2．写作要点

实习报告一般由标题和正文组成。

(1) 标题，一般分为两种，一种是实习人、内容和文种；另一种是实习地点和文种。

(2) 正文，一般由前言、主体和结尾组成。① 前言，主要是标明实习人姓名、实习岗位、实习目的、时间、地点、单位；概述实习内容和结果。② 主体，就是俗话讲的实习总结，主要是对实习过程、实习内容、实习环节和一些具体做法作综合概括和分析，总结成绩、经验和不足；明确努力方向，提出改进措施等。最后是自我评价、签名和标注日期。③ 结尾，主要是对实习人的表现作出鉴定。首先是接受实习人开展实习工作的单位对实习人的鉴定，然后是派出实习人单位的鉴定。只有个人、实习单位、派出单位都做出各自的鉴定，一次实习工作情况才算是向上级报告完毕。

3. 根据材料内容拟写一份实习报告

要求：

（1）总结必须有情况的概述和叙述，有的比较简单，有的比较详细。这部分内容主要是对工作的主客观条件、有利和不利条件以及工作的环境和基础等进行分析。

（2）成绩和缺点。这是总结的中心。总结的目的就是要肯定成绩，找出缺点。成绩有哪些，有多大，表现在哪些方面，是怎样取得的；缺点有多少，表现在哪些方面，是什么性质的，怎样产生的，都应讲清楚。

（3）经验和教训。做过一件事，总会有经验和教训。为便于今后的工作，须对以往工作的经验和教训进行分析、研究、概括、集中，并上升到理论的高度来认识。

（4）今后的打算。根据今后的工作任务和要求，吸取前一时期工作的经验和教训，明确努力方向，提出改进措施等。

（5）使用计算机 word 文档拟写，与材料提供的内容相符。

4. 文稿诊改

要求：

按所在学校印制的实习报告的格式要素填写、印制、装订。

四、多看多读，拓展与迁移

要求：

（1）查阅"应用写作"网站文章。网址：www.appliedwriting.com。
（2）参观学习优秀实习报告展评等。

第六章 经贸文书

经贸文书是机关、单位、企业或个人在社会经济活动中处理财政、商业运作、经营管理等活动中反映产品、市场及财务状况等经济理论和经济实践的应用文体。可以分为经济报告类、经济合同类、产品说明书类、商务活动类等。

第一节 招标书·投标书·意向书·合同

一、阅读材料，身临职场

近年来，国家实行高考扩招，为高等院校提供了良好的发展机遇，但是，随着在校生人数的急剧增加，不少高校也出现了许多问题，如校舍紧张，设备不够，师资缺乏等，总之是高等院校现有资源不能满足日益增长的教育需求。因此，高等院校扩大办学规模已成为一个迫在眉睫的问题。

我院是一所具有百年历史的师范学院，由于深化教学改革，围绕市场办学，学生就业率高，招生形势非常喜人。但学生的学习、生活条件已感紧张。因此，在2014年秋季新生入学前，学院召开处级以上干部紧急会议，商讨解决这一紧迫问题。经过充分的酝酿讨论，得出两个方案：一是从发展的角度考虑，抓紧时间在本市西部开发区征地建新校区，但是等新校区投入使用，需要的时间太长；二是在现校址的东端、老教学楼和图书馆后面的空地段，建一栋现代化的高层综合楼，抓紧时间建，一年后即可投入使用。又经过院长办公会议的多次研讨，学院决定两个方案同时进行，但要抓紧第二方案的实施。学院责成后勤集团基建处着手进行综合楼的建设工作。

综合楼由省建筑设计院负责设计，建筑面积8 568平方米，主体10层，局部8层，1—4层为综合图书楼，6—8层为实验室，9、10层为计算机室和多媒体教室。综合楼设计已经由院方和有关部门审查通过，省、市两级政府分别给予资金援助。该综合楼为框架结构，楼全长80米，宽45米，主楼高38米。基础系打桩水泥浇注，现浇梁柱板。外粉全部，玻璃马赛克贴面，内粉混合砂浆、刷涂料，个别房间贴壁纸。地面全部铺防滑地砖。工程范围包括土建、水暖、电照、电梯、上下水等。为了保证建筑质量，学院要求基建处采用公开招标的方式，择优选择施工承包商。该工程全部实行五包：包工程数量、包工程造价、包工程质量、包工程工期、包工程材料。该工程计划2014年10月底开工，2015年11月底竣工。要求施工者按施工图设计文件和有关部门颁发的施工技术规范、规程施工，工程竣工后按省里颁发的建筑工程验收办法达到全优工程验收。凡具备建筑工程施工总承包一级以上资质并成功完成过10层以上建筑的建筑单位均可参加投标资格预审报名。

基建处写出招标公告，从8月15日起，开始在省内外主要报纸上刊登，凡符合以上条件并有意向者，可在2014年8月16日—20日凭单位介绍信到我院基建处找李先生、张女士办理申请投标资格预审手续。学院要求凡申请报名者必须同时递交营业执照、资质证书（以上材料均需提供原件和复印件）、单位简介、以往工程业绩及证明材料、拟投入项目班子主要成员的资历、现有施工机械设备和2013年经审计的财务报告（原件核对后归还，复印件装订成册），逾期不予受理。资格预审申请文件一式二份。报名地址：××省××市××师范学院×号楼211室（基建处）。电话：（0369）886070××，136239374××；传真：（0369）886070××。

截止到8月20日，有8家施工单位报名参加投标资格预审。通过审查后，8家单位分别报送了投标书。通过公开招标，最后省第五建筑公司中标。双方经过具体的磋商，先后签订了意向书和合同书，工程按时开工。

在落实综合楼开工建设的过程中，学校、竞标的施工单位各需要用什么经贸文书开始运作并确认事情的推进及解决呢？

二、任务分析，明确文种及处理

从事情发生的先后顺序看，首先是师范学院要撰写一份综合楼工程招标书对外公布工程招标，然后是省第五建筑公司根据师范学院的招标书内容结合自己的实力及中标的各项因素综合研究后撰写一份综合楼工程投标书。省第五建筑公司在公开竞标中标后，与招标单位就具体合作情况再磋商，按法律程序签订意向书和合同书，双方就建综合楼的工程事项谈妥并以文书的形式确认后，工程按时开工。

（一）招标书

招标书有广义和狭义之分。广义的招标书是招标单位按照法定程序，在招标过程中作的各种文书的总称。它包括投标邀请函（招标公告）、采购人需求书、投标人需知、投标文件格式、合同书格式等。狭义的招标书指招标公告或投标邀请函。它是招标者为请有关符合条件的单位投标，将业务项目、项目标准及要求条件等写成告知性文书，又称招标通告、招标广告、招标公告、招标启事等。具有公开性、规范性、竞争性、时效性的特点。它是业主按照规定条件发布的招标信息，邀请投标人投标，在投标人中选择理想的合作伙伴的一种方式，有公开招标和邀请招标两种类型。

（二）投标书

有时也称投标函。与招标书一样，投标书有广义和狭义之分。广义的投标书是投标单位按照法定程序，在投标过程中制作的各种文书的总称。它包括唱标一览表、投标函、法定代表人授权书、资格证明文件、采购代理服务费承诺书、其他资料、技术响应文件、唱标信封等。狭义的投标书指投标者经招标单位资格审查准予参加招标后，按照招标书提出的条件和要求，向招标人表达竞标意愿的文书。本书学习的投标书是狭义的投标书，它是投标单位在充分领会招标文件，进行现场实地考察和调查的基础上所编制的文书，是对招标公告提出要求的响应和承诺，并同时提出具体的标价及有关事项来竞争中标，具有针对性、保密性和明确性的特点。

（三）意向书

意向书是当事人双方或多方就某项合作项目正式签订合同、达成协议前，表达初步设想和目的的意向性文书。意向书是合同的先导，内容具有概括性、临时性、灵活性的特点。

（四）合同

合同是平等主体的自然人、法人、其他组织之间设立、变更、终止民事权利义务关系的文书，要明确双方的权利和义务。签订合同是一种法律行为，依法成立的合同，受法律保护。合同具有合法性、对等性、约束性、规范性的特点。经济合同是合同的一种，它是法人之间或法人与其他经济组织或个人之间，为实现一定的经济目的，明确相互权利和义务而订立的协议。

三、掌握要点，模拟写作

（一）招标书

1. 示例

投标邀请函

根据《中华人民共和国政府采购法》的规定，××市政府采购中心和××招标有限公司受××大学文学院（以下简称"采购人"）的委托，就××大学文学院计算机及多媒体实训室设备采购项目的全部货物供应及其相关服务，采用公开招标的方式进行招标，欢迎合格的投标人提交密封投标。有关事项如下：

一、项目名称、采购编号、采购设备数量、采购情况简要说明、交货期和交货地点

（一）项目名称：××大学文学院计算机及多媒体实训室设备采购项目。

（二）采购编号：JM2012-C142。

（三）采购设备数量：计算机及多媒体设备一批。

（四）采购情况简要说明：××大学文学院计算机及多媒体实训室设备采购项目的全新货物供应及其相关服务。

（五）交货期：采购合同签订并生效之日起的20个工作日内完成安装、交货及安装调试。

（六）交货地点：××市区内采购人指定地点（以合同为准）。

二、投标人资格条件

（一）投标人是具有合法经营资格的法人，具有良好的信誉，注册资金在人民币100万（含100万）元以上。

（二）投标人是所投标设备的生产商、授权代理商或者经销商。

三、申请下载招标文件时需核对以下文件

（一）营业执照（副本）。

（二）税务登记证（副本）。

以上文件如在供应商登记时已核对原件的，则不需要重复核对。

四、获取招标文件的时间、地点、方式及招标文件售价

（一）获取招标文件方式：网上下载。

（二）供应商申请下载招标文件时间：2014年12月1日起至12月15日17：30止。

（三）招标文件售价为：人民币××元一套，招标文件售出不退。供应商应在下载招标文件申请获得批准后至开标前以现金、转账或电汇的方式向××市政府采购中心交纳本项目的标书费。否则，视同报名手续未完成，不得参加采购活动及暂停网上下载招标文件资格。

五、接收投标文件时间：2014年12月18日9：30至10：00

六、接受投标文件截止时间：2014年12月18日10：00。提前、逾期递交或不符合规定的投标文件恕不接受

七、接收投标文件地点：××市政府采购中心（地址：××市盛世名门小区办公室一楼大厅）

八、开启投标文件时间：2014年12月18日10：00

九、开启投标文件地点：××市政府采购中心开标会议室（地址：××市××××小区办公室一楼大厅）

十、采购代理机构和采购人不负责投标人准备投标文件和递交投标文件所发生的任何成本或费用

十一、有关本次采购之事宜，可按下列联系方式向采购代理机构查询

采购代理机构名称：××招标有限公司／××市政府采购中心

地址：×××××××××

电话：××××××××　　　联系人：×××

传真：××××××××　　　邮编：××××××

××市政府采购中心

××招标有限公司

××××年××月××日

2. 写作要点

招标书一般由标题、正文、结尾三部分组成。

（1）标题，一般由招标单位名称、招标项目和文种构成。如：《××药学院第一附属医院医疗设备招标采购项目招标公告》。也可以用省略方式。如《×××项目招标公告》《投标邀请函》等。也有用广告性标题的，如《谁来承包×××桥梁建设》。如果标题没有单位名称，那么在文末落款处与时间一起标注。

（2）正文，由前言、主体组成。① 前言。写明招标申请的目的、依据、招标项目名称、项目计划批准文号等项内容。② 主体。主要内容包括：招标项目的名称、用途、数量、简要技术要求或者招标项目的性质，合格投标人条件，获取招标文件的时间、地点、方式及招标文件售价，投标截止时间、开标时间及地点等。

（3）结尾，一般写明采购人、采购代理机构的名称、地址和联系方式，采购项目联系人姓名和电话等。

3. 根据材料内容拟写一份投标书

要求：

（1）了解招标的过程，熟悉招标的程序。

（2）遵循制作招标书的四大原则：全面反映采购人需求的原则，科学合理的原则，公平竞争（不含任何歧视）的原则，维护国家利益和供应商商业秘密的原则。

（3）依照《中华人民共和国招标投标法》编制。

（4）内容完整，格式规范，语言准确严谨。

（5）使用计算机 word 文档拟写，与材料提供的内容相符。

4. 文稿诊改

要求：

（1）符合固定的内容和规范格式。

（2）注意时间安排的连接性。

（3）根据文体要求，对提供的素材可增删，但要合理。

（4）按分类确定招标的类型。（公开或邀请）

（二）投标书

1. 示例

投 标 函

致××市政府采购中心、××招标有限公司：

我方确认收到你中心提供的××大学文学院计算机及多媒体实训室设备采购项目招标文件的全部内容，我方：<u>　×× 　</u>（投标人名称）作为投标者正式授权<u>×××经理</u>（授权代表全名，职务）代表我方进行有关本投标的一切事宜。

在此提交的投标文件，正本一份，副本五份，"唱标信封"一份。包括如下等内容：（一）投标报价表；（二）商务响应文件；（三）技术响应文件。

我方已完全明白招标文件的所有条款要求，并重申以下几点：

（一）我方决定参加：采购编号为 JM2012-C142 号标的投标。

（二）全部货物之供应和服务内容的投标总价详见投标报价表。

（三）本投标文件的有效期：投标截止日后 60 天有效。如中标，有效期延至合同终止日为止。

（四）我方已详细研究了招标文件的所有内容包括修正文（如果有）和所有已提供的参考资料以及有关附件并完全明白，我方放弃在此方面提出含糊意见或误解的一切权利。

（五）我方保证所提交给采购代理机构和采购人的资料和数据是真实的。

（六）我方明白并愿意在规定的开标时间和日期之后，投标有效期之内撤回投标，则投标保证金将被贵方没收。

（七）我方同意按照你中心可能提出的要求而提供与投标有关的任何其他数据或信息。

（八）我方理解你中心不一定接受最低标价或任何贵方可能收到的投标。

（九）我方如果中标，将保证履行招标文件以及招标文件修改书（如果有的话）中的全部责任和义务，按质、按量、按期完成采购合同中的全部任务。

（十）如我方被授予合同，由我方就本次采购支付或将支付给采购代理机构的采购代理服务费列于招标文件要求的承诺书（承诺书号为CN2012—C142）中。

（十一）所有与本招标有关的函件，请邮寄到下列地址：

地址：××××××××　　　邮政编码：××××××

电话：××××××××　　　传真：××××××××

法定代表人姓名：×××　　　职务：××××

投标人（法人公章）：×××

授权代表姓名（签名或盖章）：×××

日期：××××年××月××日

2. 写作要点

投标书一般由标题、致送单位、正文、结尾四个部分组成。

（1）标题一般由投标单位名称、应标项目和文种构成。也可以用省略方式，如《×××公司投标书》《投标书》。

（2）致送单位：抬头写明致送单位即招标单位的全称。

（3）正文由前言、主体组成。

前言简要表明收悉对方的招标文件，表明投标意向，并介绍投标单位、投标代理人、投标函的人数等情况。

主体首先列出投标文件清单，用序号表明。投标报价表是投标书的关键，需放首位，其他各项要根据招标单位要求和招标内容排列。其次宣布己方观点，即同意招标书的有关规定。

（3）结尾主要写明投标单位地址、邮政编码、电话、传真、法定代表姓名、职务、投标人（法人公章）、投标人地址、授权代表姓名（签名）、日期等。居左排版。

3. 根据材料内容拟写一份投标书

要求：

（1）针对性强。了解投标信息，掌握投标过程。要紧紧围绕招标文件的具体要求进行表述，充分展示自身的实力和竞争能力。

（2）实事求是。认真研究分析招标文件并根据本单位的实际情况，提出切实可行、合理的投标条件，作出准确的投标方案决策。引用的数据要准确，确定的目标要可信，制订的措施要可行。

（3）使用计算机word文档拟写，与材料提供的内容相符。

4. 文稿诊改

要求：

（1）符合固定的内容和规范格式。

（2）核实数据，检查表达是否准确，材料是否真实。

（3）根据文体要求，对提供的素材可增删，但要合理。
（4）按规定打印、装订、签发和存档。

（三）意向书

1. 示例

食品安全合作意向书

为提升我市食品安全水平，促进两地在食品安全方面的合作交流，根据《中华人民共和国合同法》及有关法律法规等有关规定，现就食品安全合作相关事宜，经甲乙双方协商一致，特订立本意向书，供双方共同遵守。

一、建立工作信息交流机制，以方便及时沟通工作，快速传递有关食品安全信息；共同促进两地政府及监管部门、食品企业及从业人员之间的交流，并提供指引、培训等服务。

二、合作制订适合我市的食品安全管理体系标准。根据我市食品行业现状，基于国际食品安全管理体系标准以及××品质保证局的卫生监控体系，为我市食品行业制订适合本地区的食品安全管理体系标准和提供相应的解决方案，双方派出专家共同参与标准的制订工作。我市食品安全委员会负责推荐具有代表性的食品行业企业参与，××品质保证局则为企业提供评审服务。

三、双方共同努力，大胆尝试，拟成立××"食物安全及营养中心"，以进一步促进××两地在食品安全方面建立更加紧密地合作和联系，建立起一个食品安全消费环境，让市民随时随地买到安全、放心食品。

四、未尽事宜，在正式签订合同或协议书时再予以补充。

五、本意向书一式两份，甲、乙双方各执一份，经双方签章后生效。

甲方（签章）	乙方（签章）：
代表：	代表：
地址：	地址：
电子邮箱：	电子邮箱：
××××年××月××日	××××年××月××日

2. 写作要点

意向书一般由标题、正文、尾部三个部分组成。

（1）标题常见的形式有两种：① 合作项目+文种，如《投资意向书》《捐款意向书》。② 单纯使用文种，即《意向书》。

（2）正文由前言、主体和结尾三部分构成。

前言。先写各方合作人的单位全称，再写签订意向书的背景或原因（也可省略此项内容），最后写明各合作方之间就××项目达成××意向。往往用"双方就有关事宜，达成如下意向"或"通过友好协商，双方就××事宜达成本意向书，内容如下"等导出主体部分。

主体。分条列项写明双方的意图及初步商谈后达成的倾向性认识和比较认同的事项。可参照合同或协议的条款排列。

结尾。一般应写明"未尽事宜，在签订正式合同或协议书时再予以补充"一语，以便留有余地。同时说明意向书的份数及生效时间。如"本意向书一式两份，甲、乙双方各执一份，经双方签章后生效。"

（3）尾部（签署），写签订意向书各方单位的名称、代表人姓名，并加盖印章，及签订时间、联系地址、电子邮箱、QQ/MSN、手机／电话号码、传真等。甲、乙的信息材料在左、右分开规整排版。

3. 根据材料内容拟写一份意向书

要求：

（1）实事求是，忠实洽谈内容。

（2）言简意赅，表达平实得体。

（3）使用计算机 word 文档拟写，与材料提供的内容相符。

4. 文稿诊改

要求：

（1）结构规范，表达流畅、准确。

（2）这是一份建筑工程意向书，双方可从工程范围、质量标准、工期、资金、用料、工程进度、双方分别承担的责任和义务等方面达成一致的初步意向。

（3）具体内容可以根据自己掌握的施工情况进行补充。

（四）合同

1. 示例

（1）购销合同。

换向器购销合同
合同编号：

购货单位：××××××××××××，以下简称甲方；
供货单位：××××××××××××，以下简称乙方。
经甲乙双方充分协商，特订立本合同，以便共同遵守。
第一条　产品的名称、品种、规格和质量
　1．产品的名称、品种、规格
　（1）SC 6350 水箱换向器 22*16*8 ；
　（2）20W 换向器 20.3*16*10 ；
　（3）摇机换向器 15.2*13*8。
　2．产品的技术标准（包括质量要求），按下列第（　）项执行：
　（1）按国家标准执行；
　（2）按部颁标准执行；
　（3）由甲乙双方商定技术要求执行。

第二条　产品的数量和计量单位、计量方法

　　1. 产品的数量：××××××××××××。

　　2. 计量单位、计量方法：××××××××××。

第三条　产品的包装标准和包装物的供应与回收：××××××××××××

第四条　产品的交货单位、交货方法、运输方式、到货地点

　　1. 产品的交货单位：××××××××××××。

　　2. 交货方法，按下列第（　）项执行：

　　（1）乙方送货；

　　（2）乙方代运；

　　（3）甲方自提自运。

　　3. 运输方式：××××××××××××。

　　4. 到货地点和接货单位（或接货人）××××。

第五条　产品的交（提）货期限：××××年××月××日——×××年××月××日

第六条　产品的价格与货款的结算

　　1. 产品的价格，按下列第（　）项执行：

　　（1）按甲乙双方的商定价格；

　　（2）按照订立合同时履行地的市场价格；

　　（3）按照国家定价履行。

　　2. 产品货款的结算：产品的货款、实际支付的运杂费和其他费用的结算，按照中国人民银行结算办法的规定办理。

第七条　验收方法××××××××××××

第八条　对产品提出异议的时间和办法

　　1. 甲方在验收中，如果发现产品的品种、型号、规格、花色和质量不合规定，应一面妥为保管，一面在 30 天内向乙方提出书面异议；在托收承付期内，甲方有权拒付不符合合同规定部分的货款。甲方怠于通知或者自标的物收到之日起两年内未通知乙方的，视为产品合乎规定。

　　2. 甲方因使用、保管、保养不善等造成产品质量下降的，不得提出异议。

　　3. 乙方在接到甲方书面异议后，应在 10 天内负责处理，否则，即视为默认甲方提出的异议和处理意见。

第九条　乙方的违约责任

　　1. 乙方不能交货的，应向甲方偿付不能交货部分货款的 20% 的违约金。

　　2. 乙方所交产品品种、型号、规格、花色、质量不符合规定的，如果甲方同意利用，应当按质论价；如果甲方不能利用的，应根据产品的具体情况，由乙方负责包换或包修，并承担修理、调换或退货而支付的实际费用。

　　3. 乙方因产品包装不符合合同规定，必须返修或重新包装的，乙方应负责返修或重新包装，并承担支付的费用。甲方不要求返修或重新包装而要求赔偿损失的，乙方应当偿付甲方该不合格包装物低于合格包装物的价值部分。因包装不符合规定造成货物损坏或灭失的，乙方应当负责赔偿。

　　4. 乙方逾期交货的，应比照中国人民银行有关延期付款的规定，按逾期交货部分货款计

算，向甲方偿付逾期交货的违约金，并承担甲方因此所受的损失费用。

5. 乙方提前交货的产品、多交的产品的品种、型号、规格、花色、质量不符合规定的产品，甲方在代保管期内实际支付的保管、保养等费用以及非因甲方保管不善而发生的损失，应当由乙方承担。

6. 产品错发到货地点或接货人的，乙方除应负责运交合同规定的到货地点或接货人外，还应承担甲方因此多支付的一切实际费用和逾期交货的违约金。

7. 乙方提前交货的，甲方接货后，仍可按合同规定的交货时间付款；合同规定自提的，甲方可拒绝提货。乙方逾期交货的，乙方应在发货前与甲方协商，甲方仍需要的，乙方应照数补交，并负逾期交货责任；甲方不再需要的，应当在接到乙方通知后15天内通知乙方，办理解除合同手续。逾期不答复的，视为同意发货。

第十条　甲方的违约责任

1. 甲方中途退货，应向乙方偿付退货部分货款20%的违约金。

2. 甲方未按合同规定的时间和要求提供应交的技术资料或包装物的，除交货日期得顺延外，应比照中国人民银行有关延期付款的规定，按顺延交货部分货款计算，向乙方偿付顺延交货的违约金。如果不能提供的，按中途退货处理。

3. 甲方自提产品未按供方通知的日期或合同规定的日期提货的，应比照中国人民银行有关延期付款的规定，按逾期提货部分货款总值计算，向乙方偿付逾期提货的违约金，并承担乙方实际支付的代为保管、保养的费用。

4. 甲方逾期付款的，应按中国人民银行有关延期付款的规定向乙方偿付逾期付款的违约金。

5. 甲方违反合同规定拒绝接货的，应当承担由此造成的损失和运输部门的罚款。

6. 甲方如错填到货地点或接货人，或对乙方提出错误异议，应承担乙方因此所受的损失。

第十一条　不可抗力

甲乙双方的任何一方由于不可抗力的原因不能履行合同时，应及时向对方通报不能履行或不能完全履行的理由，以减轻可能给对方造成的损失，在取得有关机构证明以后，允许延期履行、部分履行或者不履行合同，并根据情况可部分或全部免予承担违约责任。

第十二条　其他

按本合同规定应该偿付的违约金、赔偿金、保管保养费和各种经济损失的，应当在明确责任后10天内，按银行规定的结算办法付清，否则按逾期付款处理。但任何一方不得自行扣发货物或扣付货款来充抵。

本合同如发生纠纷，当事人双方应当及时协商解决，协商不成时，任何一方均可请业务主管机关调解或者向仲裁委员会申请仲裁，也可以直接向人民法院起诉。

本合同自××××年××月××日起生效，合同执行期内，甲乙双方均不得随意变更或解除合同。合同如有未尽事宜，须经双方共同协商，作出补充规定，补充规定与合同具有同等效力。本合同正本一式二份，甲乙双方各执一份；合同副本一式×份，分送甲乙双方的主管部门、银行（如经公证或签证，应送公证或签证机关）等单位各留存一份。

购货单位（甲方）：_____（公章）　　供货单位（乙方）：_____（公章）
法定代表人：_____（盖章）　　　　　法定代表人：_____（盖章）
地址：_____　　　　　　　　　　　　地址：_____

开户银行：_____　　　　　　　　开户银行：_____
账号：_____　　　　　　　　　　账号：_____
电话：_____　　　　　　　　　　电话：_____
_____年___月___日　　　　　　　_____年___月___日

（2）保修合同。

房屋建筑（桩基）工程质量保修合同

发包人（全称）：××××××××
承包人（全称）：××××××××××

发包人、承包人根据《中华人民共和国建筑法》《建设工程质量管理条例》和《房屋建筑工程质量保修办法》，经协商一致，对××××××××（工程名称）签订工程质量保修书。

一、工程质量保修范围和内容

承包人在质量保修期内，按照有关法律、法规、规章规定和双方约定，承担本工程质量保修责任。

质量保修范围包括地基基础工程、主体结构工程、屋面防水工程、有防水要求的卫生间、房间和外墙面的防渗漏，供热与供冷系统，电气管线、给排水管道、设备安装和装修工程，以及双方约定的其他项目。具体保修的内容，双方约定如下：

二、质量保修期

1. 双方根据《建设工程质量管理条例》及有关规定，约定本工程的质量保修期如下：

（1）地基基础工程和主体结构工程为设计文件规定的该工程合理使用年限；

（2）屋面防水工程、有防水要求的卫生间、房间和外墙面的防渗漏为 ×年；

（3）装修工程为×年；

（4）电气管线、给排水管道、设备安装工程为×年；

（5）供热与供冷系统为×个采暖期、供冷期；

（6）住宅小区内的给排水设施、道路等配套工程为×年；

（7）其他项目保修期限约定如下：××××××，××××××，……。

2. 质量保修期自工程竣工验收合格之日起计算。

三、质量保修责任

1. 属于保修范围、内容的项目，承包人应当在接到保修通知之日起7天内派人保修。承包人不在约定期限内派人保修的，发包人可以委托他人修理。

2. 发生紧急抢修事故的，承包人在接到事故通知后，应当立即到达事故现场抢修。

3. 对于涉及结构安全的质量问题，应当按照《房屋建筑工程质量保修办法》的规定，立即向当地建设行政主管部门报告，采取安全防范措施；由原设计单位或者具有相应资质等级的设计单位提出保修方案，承包人实施保修。

4. 质量保修完成后，由发包人组织验收。

四、保修费用

保修费用由造成质量缺陷的责任方承担。

五、其他

1. 双方约定的其他工程质量保修事项：××××××××，××××××××……。

2. 本工程质量保修书，由施工合同发包人、承包人双方在竣工验收前共同签署，作为施工合同附件，其有效期限至保修期满。

发 包 人（公章）：×××　　　　　　　　　承 包 人（公章）：×××
法定代表人（签字）：×××　　　　　　　　法定代表人（签字）：×××
　　××××年××月××日　　　　　　　　　　××××年××月××日

（3）企业劳动合同。

企业劳动合同

甲方（用人单位）名称：
　　　　　　地址：　　　　　　　　　　　联系电话：
法定代表人或主要负责人（委托代理人）：　联系电话：
乙方（劳动者）姓名：
　　　　　　性别：
现居住地地址：　　　　　　　　　　　　　联系电话：
户籍所在地地址：　　　　　　　　　　　　联系电话：
居民身份证号码（或其他有效身份证件号码）：

甲乙双方根据《中华人民共和国劳动合同法》等法律、法规、规章的规定，在平等自愿、协商一致的基础上，同意订立本劳动合同，共同遵守本合同所列条款。

一、合同期限

第一条　甲、乙双方选择以下第 × 种形式确定本合同期限：

（一）固定期限：自用工之日××××年×月×日起至××××年××月××日止。其中试用期自××××年×月×日至××××年××月××日止，期限为×天。

（二）无固定期限：自用工之日××××年×月×日起至法定的终止条件出现时止。其中试用期自××××年×月×日至××××年××月××日止，期限为×天。

（三）以完成一定的工作任务为期限。自用工之日××××年×月×日至工作任务完成时即行终止。

二、工作内容和工作地点

第二条　根据甲方工作需要，乙方同意在甲方安排的工作地点××××××从事××岗位（工种）工作。经甲、乙双方协商同意，可以变更工作地点、工作岗位（工种）。

第三条　乙方应按照甲方要求，完成××工作数量，并达到质量标准。

三、工作时间和休息休假

第四条　甲乙双方选择实行以下第×种工时制度：

（一）实行标准工时工作制度。

（二）实行综合计算工时工作制度。

（三）实行不定时工作制度。

休息休假按国家和我省有关规定执行。

四、劳动保护、劳动条件和职业危害防护

第五条　甲方应严格执行国家和地方有关劳动保护的法律、法规和规章，为乙方提供必要的劳动条件和劳动防护用具，建立健全生产工艺流程，制定操作规程、工作规范和劳动安全卫生制度及其标准。

第六条　对乙方从事接触职业病危害作业的，甲方应按国家有关规定组织上岗前和离岗时的职业健康检查，在合同期内应定期对乙方进行职业健康检查。

第七条　甲方有义务负责对乙方进行政治思想、职业道德、业务技术、劳动安全卫生及有关规章制度的教育和培训。

第八条　乙方有权拒绝甲方的违章指挥，对甲方及其管理人员漠视乙方安全健康的行为，有权提出批评并向有关部门检举控告。

五、劳动报酬

第九条　乙方试用期的工资标准为×元／月（试用期的工资不得低于本单位相同岗位最低档工资或者本合同第十条约定的工资的80%，并不得低于用人单位所在地的最低工资标准）。

第十条　乙方试用期满后，甲方应根据本单位的工资制度，确定乙方实行以下第×种工资形式：

（一）计时工资。乙方的月工资为×元。如甲方的工资制度发生变化或乙方的工作岗位变动，按新的工资标准确定。

（二）计件工资。甲方应制定科学合理的劳动定额标准，计件单价约定为×元/件。

（三）其他工资形式：×××××。

第十一条　甲方应以法定货币形式按月支付乙方工资，发薪日为每月×日，不得克扣或无故拖欠。甲方支付乙方的工资，应不违反国家有关最低工资的规定。

第十二条　实行标准工时制度，甲方安排乙方延长日工作时间，应支付不低于乙方工资的150%的工资报酬；安排乙方在休息日工作又不能安排补休的，应支付不低于乙方工资的200%的工资报酬；安排乙方在法定休假日工作的，应支付不低于乙方工资的300%的工资报酬。

第十三条　实行综合计算工时和不定时工作制度，甲方安排乙方月工作时间超过167.4小时，应支付不低于乙方工资的150%的工资报酬；安排乙方在法定休假日工作的，应支付不低于乙方工资的300%的工资报酬。

六、社会保险

第十四条　甲方应按国家和地方有关社会保险的法律、法规和政策规定为乙方缴纳基本养老、医疗、失业、工伤、生育保险费用；社会保险费个人缴纳部分，甲方可从乙方工资中代扣代缴。

甲乙双方解除、终止劳动合同时，甲方应按有关规定为乙方办理职工档案和社会保险转移等相关手续，出具解除或者终止劳动合同证明书。乙方应及时办理工作交接手续。

七、双方约定的事项

第十五条　甲乙双方约定本合同增加以下内容：

（一）甲方出资，为乙方提供法定以外培训的约定。

××××××××××……。

（二）保守商业秘密的约定。

××××××××××……。

（三）补充保险和福利待遇的约定：

××××××××××……。

（四）其他事项的约定：

××××××××××……。

八、其他

第十六条　甲乙双方劳动合同的变更、解除、终止、续订按国家和本省有关规定执行。

第十七条　本合同未尽事宜，双方可另行协商解决，与今后国家和本省有关规定相悖的，按有关规定执行。

第十八条　本合同一式两份，甲乙双方各执一份。

甲方：（盖章）　　　　　　　　　　　　　　　　乙方：（签名）
法定代表人或主要负责人（委托代理人）：（签名或盖章）
××××年×月×日　　　　　　　　　　　　　　　××××年×月×日

2. 写作要点

合同主要由标题、双方当事人、引言、主体和尾部五部分组成。

（1）标题。合同的标题，写在合同第一行居中位置，标题内容一般写"制订合同单位+合同性质+合同名称"，单位可以省略。如《××公司二手车买卖合同》《农副产品买卖合同》。有的还在标题右下方标注合同的编号。

（2）双方当事人。当事人是法人或其他组织的，要写明单位的全称和详细地址，有时还需写上联系电话；当事人是自然人的，要写明个人的全名和住所，并附上身份证号码。

（3）引言即合同的开头，主要写明订立合同的根据、目的以及是否经过平等、友好协商等。

（4）主体。《合同法》第十二条规定，合同的内容由当事人约定，一般包括以下7项条款：

第一，标的，是合同权利与义务所指向的对象。标的条款必须清楚地写明标的名称，以使标的特定化，能够界定权利义务的量。标的可以是货物或货币，也可以是某项工程、劳务、科技成果等。如买卖合同的标的是某种商品，技术合同的标的是科技项目。任何合同都有一定的标的，合同没有标的，就会失去订立的目的和意义。

第二，数量，是从数量的角度对标的进行精确度量。标的的数量决定双方当事人承担的权利义务的大小、范围。标的数量要确切。

第三，质量。质量要求是对标的质的要求，要明确它的技术标准、等级、检测依据等。《合同法》第六十二条（一）规定："质量要求不明确的，按照国家标准、行业标准履行；没有国家标准、行业标准的，按照通常标准或者符合合同目的的特定标准履行。"

第四，价款或酬金。价款或酬金是有偿合同的主要条款。价款是取得标的物所应支付的代价，酬金是获得服务所应支付的代价。一般合同都必须写明价款或酬金的数量、计算标准、结算方式和程序，涉外合同中，还要特别注意写明用何种货币计价和结算。

第五，履行的期限、地点和方式。合同中必须明确提供标的和支付价款或者报酬的起止时间，一般以年月日来体现。履行地点是合同双方提交标的地点，如交货地、取货地等。履行的方式是合同双方履行义务、支付价款或者报酬的手段，如一次交付还是分期分批交付，是空运、铁路运输还是公路运输等，都应在合同中写明。

第六，违约责任。合同的违约责任规定是促使当事人履行责任，使守约方在违约方因过错致使合同不能履行或不能完全履行时，免受或少受损失的法律措施。违约责任一般是要求违约方支付违约金或赔偿经济损失。

第七，解决争议的方法。《合同法》第一百二十五条规定："当事人对合同条款的理解有争议的，应当按照合同所使用的词句、合同的有关条款、合同的目的、交易习惯以及诚实信用原则，确定该条款的真实意思。"

（5）尾部。① 附则。一般包括合同的份数、保管、有效期及附件说明等。② 落款。在正文末尾的下方写明双方的单位名称、法定代表人姓名。在署名下面写上签订合同的日期。

此外，有的合同还注明签订合同的地点，双方单位的地址、邮编、电话、传真、开户银行及账号等。

3. 根据材料内容拟写一份合同

要求：

（1）熟悉新修订的《合同法》以及国家的其他有关法律规定，避免订立的合同无效。《合同法》第七条规定："当事人订立、履行合同，应当遵守法律、行政法规，遵守社会公德，不得扰乱社会经济秩序，损害社会公共利益。"

（2）熟悉与订立合同有关的业务和市场情况，以便订立合同时做到心中有数。

（3）条款要周全，语言要严密。不得使用模棱两可、含糊不清或易生歧义的语言。

（4）合同书写要规范，标点符号使用要正确，术语运用要合乎专业规范。

（5）使用计算机 word 文档拟写，与材料提供的内容相符。

4. 文稿诊改

要求：

（1）仔细检查合同条款的表述是否周全严密。合同的内容必须明确、具体、周全，尤其是基本条款，每个细节都必须写得明白无误。比如，在施工过程中，如遇人力不可抗拒的灾害，被迫停工，延误工期怎么办；款项是否能按时拨付；工程竣工验收后的保修问题；在竣工工程验收中如发现质量问题怎么办；违约责任；解决争议的办法等，都不得含糊笼统。

（2）最后定稿的合同，版面整洁清楚，格式规范，盖章后不得随意涂改。如有更改需经双方同意，并由更改方盖章确认。

（3）合同撰写完成后需要按程序讨论修改和审核的，一定遵照程序执行。

四、多看多读，拓展与迁移

要求：

（1）查阅合同生效、合同无效、合同解除、合同管理、合同诈骗等相关的知识。

（2）查阅各级人大会议上财政局局长关于预算执行情况及新一年预算草案的报告。

第二节　市场调查报告·营销策划案·产品说明书·广告策划书·广告文案

一、阅读材料，身临职场

上海××电热毯有限公司、××××电暖科技有限公司是我国电热毯专业生产企业。公司占地 10 000 平方米，建筑面积 15 000 多平方米；××××占地 36 000 平方米，建筑面积 30 000 平方米，是我国最大的电热毯生产基地之一，也是我国最具实力的电热毯生产企业。企业拥有先进的电热毯及其主要零部件生产设备，是国内少有的从电热毯毯料、电热垫保温棉、双层螺旋发热线、控制器等主零部件生产到成品组装的一条龙生产企业。

企业建立有完善的质量管理体系，拥有完备的电热毯质量检测设备，有很强的电热毯质量控制能力。公司通过了 ISO 9001 质量管理体系认证和 ISO 14001 环境管理体系认证，2008 年被评定为"4A 级标准化良好行为企业"，是电热毯国家标准和行业标准参加起草单位。

企业以"质量求生存、管理出效益、效益求发展"为宗旨，狠抓产品质量，重抓新产品开发，不断改善产品性能，使产品质量、性能始终保持行业领先，同时运用现代化管理手段不断挖掘降低产品成本的潜力，使××产品做到质优节能环保，真正受惠于消费者、取信于消费者。××企业以全面提升我国电热毯技术性能为己任，努力向市场提供更安全、舒适、质优、节能环保的××牌电热毯，努力为提高我国电热毯的国际市场竞争能力作贡献。

××全线路安全保护调温型印花双人多温区电热毯是本公司生产的优秀产品之一，是具有国内自主知识产权的新一代全线路安全保护双人床上取暖、去潮用品。控制器配有高、低、关三个档位，操作简单，实惠方便；毯料材料为 100%涤纶纤维，经过无纺加工而成，面料为无纺布转移印花，具有阻燃、保暖、强度高、手感厚实、透气性好等特点，毯体底面颜色白色，正面颜色为各种各样的印花图案，给人以温暖、五彩缤纷的感觉。

其具有如下的优越性能：

1. 温度预设，自动恒定。温度可以在 1—10 档之间调节。当设置到您需要的温度后，温度能自动恒定，不会出现越用越热的现象，使用十分舒适。

2. 升温快捷，保暖舒适。先进的自动控制线路使预热时的升温速度快。省时省电，方便快捷。

3. 多温区结构。脚部温度高于腰部温度，腰部温度高于肩部温度，倍加呵护您的双脚，取暖更趋人性化。

4. 超温保护，安全放心。先进的控制线路和新型的双层螺旋发热线结构，使电热毯具备自动控温特性，避免了电热毯无限升温而引起的热安全隐患，能有效地防止电热毯因折叠、局部褶皱等非正常使用和异常状态（如断丝打火）引起的局部超温等意外事故。

产品的具体情况如下：

商品名称：××全线路安全保护调温型印花双人多温区电热毯 6132 130 cm×60 cm（适合 1.5 米床）

商品品牌：××

商品产地：××

商品颜色：印花

商品型号：TT160×130-8XD

额定功率（W）：100

商品规格：长×宽：160 cm×130 cm；重量：1.5 kg

商品系列：××调温型系列

商品款式：双人多温区

保修期：12 个月

商品等级：合格

技术认证：通过 ISO 9001 质量管理体系认证；通过 ISO 14001 环境管理体系认证；通过 CQC 产品认证。

许可证：全国工业产品生产许可证

包装方式：塑料袋

包装规格：长×宽×高：49 cm×39.5 cm×10 cm；重量：0.1 kg

包装材质：塑料袋

包装清单：电热毯 1 条、说明书 1 份、保险卡 1 张、快速指南 1 份

适用人群：此产品为具有生活自理能力的正常人员用于床上取暖、去潮的产品

适合年龄：此产品为所有 8 岁以上生活能自理的人的床上取暖用品

商品材质：100%涤纶、100%聚氯乙烯电缆料、100%涤纶纺织布料

材质简介：使用 100%涤纶短纤维，经过无纺针刺加工，具有保暖性好、柔软舒适、强度高、阻燃等优点，是电热毯的最佳选材

使用说明：

1. 准备——将电热毯不分正反平铺于规格合适的床上的褥垫或垫絮上，用具有一定强度的带子穿过电热毯四角的布环将电热毯固定于床的四角或床垫上（防止电热毯褶皱使用），把床单平铺于电热毯上，再平铺上被子。

2. 接通电源——将电热毯控制器电源插头插入 220V 交流电源插座上，将控制器电源推钮推至"高"或"低"的位置，电热毯开始工作。

3. 使用——入睡前 30 分钟左右，控制器电源推钮推至"高"的位置，电热毯全功率加温，可很快温暖您的被窝，入睡后可根据您的需要将控制器电源推钮推至"低"的位置保暖，或置于"关"的位置以停止加热。本产品全部经过 3 750 V 每分钟的电器强度和耐压测试，并具有全线路自动安全保护功能，绝不会出现加热超温等引起的起火燃烧事故，您完全可以放心使用。

特殊说明：

当电源电压较低时，电热毯发热较慢，不属于电热毯故障；电源指示灯并联于电路中，当电热毯启动永久安全保护功能时，电源指示灯亮，但电热毯不发热，需与工厂指定维修点联系维修。

注意事项：

禁止折叠、褶皱通电使用，生活不能自理人员、婴幼儿等不能使用，不能接入直流电源使用，禁止与其他发热器具（如暖手炉等）并用，长时间不使用时须关掉电源并拔下电源插头。

经过多年的发展，公司的电热毯生产销售取得较大的利润，职工工资和福利都有较大的提升，全体职工正以饱满的信心开创未来。公司准备在 2013 年 7 月 10 日召开董事会，总结 2012 年的工作与成绩，研讨制定公司新一轮的发展规划。会前需要各部门提前做好自己部门的准备工作。尤其是营销部门要进行市场需求的调研、根据调研情况在 2013 年 6 月 30 日前制订新一轮的营销方

案向有关部门、股东、公司领导征求意见,根据意见修改营销策划方案,7月8日前拿出初步的方案提供董事会讨论。董事会通过营销策划方案后,公司宣传部门要在2013年7月25日前制订广告策划方案供董事会讨论,广告策划方案通过后,8月20日前完成广告制作及广告宣传部署事宜,9月1日起开始新一轮的营销攻势。

据调查,电热毯问世以来,使大多数电热毯消费者的睡眠质量得到了提高,电热毯是经济实用的取暖去潮用品,根据国家质检总局首次公布的顾客满意度指数调查结果显示,电热毯产品的平均顾客满意度指数最高,是众多商品中性价比较高的产品之一。电热毯从20世纪90年代以来,得到了迅速发展和普及,尤其是近几年电热毯的安全保护技术取得突破以后,电热毯以其特有的取暖、去潮和除菌功能,且耗电低,使用普及率得到了更大的提高,不论从冰封白雪的北国到冬季也温暖如春的华南,还是从经济发达的城市到边远落后的乡村,电热毯都已逐步成为人们必备的冬季用品。随着全球能源供应的紧缺和人们环保意识的增强,安全、舒适、节能和环保已成为当今社会对电热取暖产品的基本追求,电热毯产品正是顺应了这样的潮流而得到了快速的发展。

……

在电热毯的使用安全问题得到解决后,人们开始更加关注电热毯的使用舒适性。我公司生产的××全线路安全保护调温型印花双人多温区电热毯(商品型号:TT160×130-8XD)科技含量较高,能满足消费者舒适的要求,产品销售已经覆盖全国三分之二的地区,深受消费者的喜爱。但我公司对品牌的宣传力度还不够大,在许多大型超市中,××公司产品混杂在其他产品中,对消费者的引导性不强。要保持现在的规模及市场份额的占有率,除了技术上要紧跟先进外,宣传策略及地区的市场开发要有足够的人力与物力的投入。

如果你是营销部门负责人,请你开展调查研究并提交一份该公司2012年9月—2013年4月关于电热毯销售情况的市场调查报告和一份该公司2013年9月—2014年4月的营销策划方案给董事会。如果你是产品研发部门的负责人请提供给广告部门一份产品说明书。如果你是广告部门负责人,请提交一份该公司2013年9月—2014年4月的广告策划方案和一份广告文案。

二、任务分析,明确文种及处理

营销部门负责人在推进新一轮的工作中最常规的书面报告就是要对产品营销所占的市场份额、发展动态进行调查,总结优势,分析不足,捕捉市场机遇,发现商机,便于在新一轮的工作中,根据优势及不足的改进提出新的营销策略,开拓市场。因此,市场调研报告及营销策划方案是营销人员要熟练撰写的文书。而负责宣传产品的广告部门,首先要搞清楚自身产品的性能、优势、使用方法、蕴含的文化内涵等才能准确地进行宣传策划。因此,产品研发部门要提供产品说明书给广告部门,广告部门充分地熟知产品性能、优势及销售情况后,开始策划新一轮的宣传,这就需要撰写广告策划书及制作广告需要的广告文案。

(一)市场调查报告

市场调查报告是以科学的方法对市场的供求关系、购销状况以及消费情况等进行深入细致地调查研究后所写成的书面报告,具有针对性、真实性、典型性、时效性的特点。包括市场环境调查、市场状况调查、销售可能性调查,消费者及消费需求、企业产品、产品价格、影响销售的社会和自然因素、销售渠道等调查。其作用在于帮助企业了解掌握市场的现状和趋势，增强企业在市场经济大潮中的应变能力和竞争能力，从而有效地促进经营管理水平的提高。

市场调查报告可以从不同角度进行分类。按其所涉及内容含量的多少，可以分为综合性市场调查报告和专题性市场调查报告；按调查对象的不同，有关于市场供求情况的市场调查报告、关于产品情况的市场调查报告、关于消费者情况的市场调查报告、关于销售情况的市场调查报告以及有关市场竞争情况的市场调查报告；按表述手法的不同，可分为陈述型市场调查报告和分析型市场调查报告。

（二）营销策划案

营销策划案，也称营销策划书或推广策划书，指策划以某种有形或无形的产品为依托，通过对市场的调研分析和产品的优劣评定，再做出切实可行的、具有创意的营销规划，之后以文本的形式系统有序地表现出来，就是营销策划方案。目的是引起消费者的关注与认同，最终唤起消费者对产品的需求，从而持久、有力地影响消费者的购买决策。营销策划方案一般具有以下特点：

1. 创意的组合性

营销策划方案要突出创意，创意不仅要体现在经济学、营销学、广告学、公关学、管理学、文学等学科知识的组合上，还要把抽象思维、形象思维和灵感思维交叉运用，从而实现创意的流畅、灵活和富有个性。

2. 表述的程序性

营销策划方案在表述上要讲究程序，一方面要按市场定位、竞争研究、卖点发掘、甄定市场、营销组合、推广组合、费用预算、实施步骤八个程序进行策划；一方面要保证文案的科学、规范，杜绝漫无目的的设想和缺乏章法的随心所欲。

3. 策划的分析性

策划的精髓是分析，分析要做什么，怎么做。营销策划方案要体现分析和调查，对不清楚的问题一定要刨根问底，尽量将目标数据化。

（三）产品说明书

产品说明书是一种常见的说明文，是生产者向消费者全面、明确地介绍产品名称、用途、性质、性能、原理、构造、规格、使用方法、保养维护、注意事项等内容而写的准确、简明的文字材料，也称使用说明书，具有真实性、科学性、条理性、通俗性、实用性等特点。它的作用是宣传产品，指导消费；扩大消息，促进消费；传播知识，创造品牌等。

（四）广告策划书

广告策划就是对广告的整体战略与策略的运筹规划；是广告策划人员在对市场调查研究的基

础上，根据公司要求，对广告活动进行全面、系统、科学的论证分析后，提出广告决策、实施广告决策、检验广告决策全过程所作预先的考虑与设想用文字表达而成的文案。广告策划不是具体的广告业务，而是广告决策的形成过程。具有目的性、整体性、创意性、事前性等特征。

（五）广告文案

广告文案是以语词进行广告信息内容表现的形式。广告文案有广义和狭义之分，广义的广告文案指通过广告语言、形象和其他因素，对既定的广告主题、广告创意所进行的具体表现。狭义的广告文案则指表现广告信息的言语与文字构成。广义的广告文案包括标题、正文、口号的撰写和对广告形象的选择搭配；狭义的广告文案包括标题、正文、口号的撰写。

三、掌握要点，模拟写作

（一）市场调查报告

1. 示例

（1）销售情况调查报告。

××市白酒市场调查报告

一、前言（略）

二、市场总概

（一）××市，辖××、××、××3个区，××、××、××3个市和××县，总面积6 638平方公里，467万人口；城区973平方公里，108万人口。近期政府投资90亿元进行大规模的城市改造，将老城区旧建筑和临街店面西迁到新区。

（二）××市人均收入每月大概在700～800元，但由于大规模的市政建设以及旅游经济的发展，市民增加了许多隐性收入。

（三）××市饮食市场大，饭店生意火爆，有×××路（大美食街）、×××路（小美食街）这样比较集中的消费地，主要以淮扬菜和川味火锅为主。

（四）超大卖场正在兴起。在××区新建的"广润发"和"时代"两大超市，购物者众多。

（五）××区是新兴的城市居住区，房价在每平方米2 000元左右。

（六）市区有出租车2 300辆，以普通桑塔纳为主，起步价6元。

三、白酒市场总概

（一）消费者（略）

（二）消费形态（略）

（三）消费偏好（略）

（四）品牌认知（略）

四、通路考察

（一）终端类型（略）

（二）通路价差及畅销品牌在通路里所获得的毛利（略）

（三）进店费用以及返利结算（略）

五、未来市场需求分析（略）

六、建议（略）

××××年××月××日

（2）消费者情况调查报告。

儿童用品消费意向调查

××××年×月，××市百货公司采用问卷调查法，对独生子女消费百货商品的情况做了一次调查。调查共发出问卷250份，收回149份，其中填写较全的有112份。

从这112份问卷调查表汇总来看，得到以下三方面情况：

一、消费水平高

从调查得知，独生子女消费百货商品的数量几乎都成倍高于全市总人口平均的消费数量，有些商品甚至高出两倍半。如表1所示：

表1 独生子女消费百货商品调查

消费品	人均年消费量		（1）：（2）
	独生子女平均（1）	全市人口总平均（2）	
汗衫背心（件）	2.62	1.31	200%
棉毛衫裤（件）	2.92	1.21	241%
绒线（市斤）	2.74	0.79	345%
伞（把）	0.24	0.17	139%

在这112份问卷中，6岁以下的39人，6岁的22人，6岁以上的51人。除个别品种外，6岁以下孩子的消费量又高于6岁以上的孩子。详见表2：

表2 不同年龄段独生子女消费百货商品调查

消费品	每人年消费量		（1）：（2）
	6岁以下（1）	6岁以上（2）	
汗衫背心（件）	2.69	2.43	111%
棉毛衫裤（件）	3.22	2.10	153%
绒线（市斤）	3.30	1.36	243%
尼龙袜（双）	1.67	1.50	111%
玩具（件）	4.79	1.60	299%
腈纶套装（件）	0.52	0.60	87%

总的来说，独生子女营养好，生长快，又没有兄弟姐妹，因此，衣着用品基本上只穿一年，年年要购置。上述112名独生子女，人均年消费汗衫背心和棉毛裤分别为2.62件和2.92件，明年准备购买数仍达2.51件和2.10件。其他用品也有类似情况。

二、消费要求高

（略）

三、消费不断扩大

（略）

另外，112份问卷调查表所反映的情况，也为百货行业儿童用品的经营提出了问题，指出了方向。

1. 数量少，品种少。在问卷调查中，有66.4%的家长就数量、品种提出了意见。毛袜、长丝袜、三角裤、网眼背心、棉毛衫裤、童毯、汗衫、智力玩具、儿童牙膏等用品的数量和品种太少。特别是童车，可以折叠、适合于上下楼携带的品种极少，难以买到。可见，儿童用品必须增加数量，扩大品种，以适应市场需要。

2. 服装用料太好，价格太高。根据问卷调查归纳，有69位家长对儿童服装用料太好、价格太高提出意见，建议改革用料，降低售价。因为只有一个孩子，营养好，生长发育快，有些衣服甚至只能穿一季，所以，只要求式样新、价格低。如用料太好，价格太高，反而会造成浪费。商业企业应当引导工厂多生产一些式样新颖的"粗料"产品，以降低成本，降低售价，适应消费需求。

3. 玩具质量差。在调查中认为目前儿童玩具质量差的有30人，占28.8%。有的家长反映，花4.50元买了一只小熊猫拍照，"玩了一天，发条断了，灯也不亮了，真叫孩子伤心。"玩具"卖出算数，无处修理"的现象亟待改变。因此，工商企业部门急需提高产品质量，并为消费者提供维修服务。

总之，儿童用品是一个广阔的市场，前景很好。但要采取措施，改革儿童用品的生产、销售及售后服务，以适应不断扩大的市场需求。

××××年××月××日

（3）市场供求情况的调查报告。

国内短信息服务市场调查报告

（××××年×月）

中国传统的移动通信业务一直以话音业务为主，但随着中国移动、中国联通移动用户的不断增长，用户对移动增值业务的需求在不断地变化。其中表现最明显的就是用户对短信息服务（即通过手机或互联网对手机、呼机、掌上电脑等终端设备发送信息的服务，也就是short Message service的意思，以下简称SMS）的需求急剧增加。通过CCID对国内SMS市场的研究表明，中国SMS市场存在着巨大商机和发展潜力，SMS不仅为中国移动、中国联通这样的移动通信业务运营商提供了新业务的增长点，以提高自己的综合服务水平和赢利能力，也为用户提供了更好的服务内容，刺激了用户的消费欲望。以提供I-MODE服务而成为移动互联网典范的日本IVIT DOCOMO公司也表示看好中国的移动互联网市场。

在××××年年底中国移动推出"移动梦网"计划，为中国用户提供移动互联网服务，在经历了半年的发展后取得了很大成绩，用户增长迅速的同时收入增长也很快。在××××年4月中国SMS市场总共24亿条的总容量中，"移动梦网"占有20%左右的市场份额。在中国移动的合作伙伴中，腾讯、搜狐、新浪、网易、掌门网、广东泰信等在其中又各具其优势和劣势。从总体来看，中国SMS市场有着巨大的市场发展前景，包括个人服务市场和企业服务市场。

一、SMS市场现状（略）

二、市场前景分析（略）

三、竞争环境

1. 运营商的竞争
2. SMS 服务商的竞争
3. 软件提供商的竞争

四、未来发展趋势研究

SMS 服务在国内开始是随着 GSM 在中国的发展而逐步产生的。但广泛地被用户接受并使用则是最近两年的事。移动用户目前基本都是话音方面的消费，用户除此之外的服务需求对移动运营商是非常重要的。在中国目前开通 WAP 服务或是无线接入服务，对于服务商和用户都没有太实际性的好处。尤其是在通话费较高的情况，让用户花费大量的钱去无线接入互联网是不现实的。

因此，在未来的一段时间里，SMS 在中国移动和中国联通的业务比重会迅速地增长。移动用户对 SMS 的需求也会越来越大，在个人用户迅速增长的同时，企业用户也将参与进来，进一步地扩大市场的规模，成为一个新的具有增长潜力的领域。

中国移动、中国联通提供基本网络和平台支持，运营商与 ISP、ICP 等服务商合作，为用户提供 SMS 业务，加上像手机、掌上电脑、PDA、寻呼机等功能强大的终端设备，形成一个新的服务链，为客户提供综合性服务，尤其是像广东泰信公司最近推出的网机，把 ISP、ICP、SMS 服务很好集中到他们开发的产品中，为用户提供综合性、一体化的服务，对用户极具吸引力。

×××（盖章）

××××年×月×日

2．写作要点

市场调查报告在结构上包括标题、导言、主体和结尾四个部分。

（1）标题。市场调查报告的标题即市场调查的题目。标题必须准确揭示调查报告的主题思想。标题要简单明了、高度概括、题文相符。如《××市居民住宅消费需求调查报告》《关于化妆品市场调查报告》《××产品滞销的调查报告》等，这些标题都很简明，吸引人。

（2）导言。导言是市场调查报告的开头部分，一般说明市场调查的目的和意义，介绍市场调查工作基本概况，包括市场调查的时间、地点、内容和对象以及采用的调查方法、方式。这是比较常见的写法。也有调查报告在导言中，先写调查的结论是什么，或直接提出问题等，这种写法能增强读者阅读报告的兴趣。

（3）主体部分。这是市场调查报告中的主要内容，是表现调查报告主题的重要部分。这一部分的写作直接决定调查报告的质量高低和作用大小。主体部分要客观、全面阐述市场调查所获得的材料、数据，用它们来说明有关问题，得出有关结论；对有些问题、现象要做深入分析、评论等。总之，主体部分要善于运用材料，来表现调查的主题。

（4）结尾。主要是形成市场调查的基本结论，也就是对市场调查的结果作一个小结。有的调查报告还要提出对策措施，供有关决策者参考。有的市场调查报告还有附录。附录的内容一般是有关调查的统计图表、有关材料出处、参考文献等。

最后写上成文日期。供决策参考的调查报告，还应在结尾处署上撰写人姓名或部门名称，以示负责。

3. 根据材料内容拟写一份调查报告

要求：

（1）力求客观真实、实事求是。

（2）调查资料和观点相统一。

（3）突出市场调查的目的。

（4）语言要简明、准确、易懂。

（5）使用计算机 word 文档拟写，与材料提供的内容相符。

4. 文稿诊改

要求：

（1）掌握充分的材料和数据，并运用科学的方法，进行分析研究判断。

（2）中心突出，条理清楚。运用多种方式进行市场调查，得到的材料往往是大量而庞杂的，要善于根据主旨的需要对材料进行严格的鉴别和筛选，给材料归类，并分清材料的主次轻重，按照一定的条理，将有价值的材料组织到文章中去。

（二）营销策划方案

1. 示例

"××"系列茶品营销策划书

名　　称："××"系列茶品营销策划书

企划单位：四川××茶叶公司

策 划 人：四川××茶叶公司营销部

撰 稿 人：×××

完成日期：××××年××月××日

一、前言

茶，作为一种大众饮品，在中国已有数千年的历史，当今随着人们生活水平的显著提高，一方面各类饮品蜂拥兴起，新花色、新品种层出不穷，另一方面饮茶依旧是广大中国人的传统习惯。就目前茶叶现状而言，市场是巨大的，整体的茶叶需求量也是很大的。

二、分析

四川××茶叶公司是一家集产、供、销为一体的大型茶叶公司，拥有一流的茶园、一流的技术、一流的管理。现今四川××茶叶公司提出"弘扬国饮，振兴川茶"的理念，推出"××"牌系列茶品，肩负起了"振兴川茶"的领军重任。随着社会的不断进步，人民生活水平的不断提高，人们的消费观也在不断地转变，而××公司推出的"××"系列高品质茶品，从产品定位方面主要针对白领阶层、品茶爱好者、机关企事业单位人员、知识分子等有一定消费水平的广大群体;从"××"系列茶品的消费层来说,主要是以高档茶楼、茶铺、各大商场、专卖店、酒店、中高档娱乐场所,以及机关、大中型企业单位人员、会议为主的集团性消费。

四川××茶叶公司"××"牌系列茶品以"高品质的承诺,质量的保证,售后服务的完美"三大承诺为中心,满足消费者的需求。在市场经济观念的指导下,××茶叶公司市场营销根据"××"茶的定位和消费群众状况,运用市场营销组合,采取各种策略和手段,去占据目标市场,让广大消费者及早品尝到"××"的风采,力争在一年的时间内,立足成都,辐射全川,达到年销售额1 500万元以上。随着××公司的不断壮大,争取两年内占领全川走向全国。

三、思路和实施

1. 营销思路

××公司根据市场状况,成立营销部,招聘30名业务骨干,负责市场的开拓。首先对业务员进行茶叶及营销知识方面的培训,灌输××公司"弘扬国饮,振兴川茶"的理念。树立起"××"茶的"品质、质量、服务"三大承诺为中心的责任感。在营销计划中,将营销思路分为两个部分,一方面以中高档产品为主打方向,强化"××"这一品牌意识,通过品牌战略吸引消费者,另一方面针对大众档次以(低档茶为主)非品牌战略面向广大普通消费者,通过部分批发渠道销售或直接进入低档茶铺、茶馆。

2. 实施手段

根据"××"的产品定位和消费群体(场所),将业务员分成若干个业务小组,从各个领域去开发市场。

第一阶段:××××年1月25日—××××年4月30日。

按消费行业及场所分类或按区域划分组建以下业务组(主要以成都地区市场为主打目标):中高档茶楼业务组;大中型商场超市业务组;企事业单位、会议(集团性消费)业务组;宾馆、酒店及高档娱乐场所业务组;有实力的干杂店和小型商店业务组;市茶叶公司和茶叶批发商业务组。共六组,每组5人。六大业务组力争在三个月时间内全面拓展业务,迅速占领市场,同时配合以各种促销手段和广告宣传,力争在成都市区茶饮行业掀起一股"××"浪潮。各业务组安排如下:

第一组,中高档茶楼业务组:……

第二组,大中型商场超市业务组:……

第三组,企事业单位、会议(集团性消费)业务组:……

第四组,宾馆、酒店及高档娱乐场所业务组:……

第五组,有实力的干杂店和小型商店业务组(品牌和非品牌同时营销):……

第六组,市茶叶公司和茶叶批发商业务组(非品牌营销):……

第二阶段:××××年4月底—××××年年底。

××公司经过3个月的努力,基本上成都市区主要茶叶经营及消费网点已建成。在强大的广告配合下,"××"已进入较为正常的营销领域,为了扩大经营范围,应开始在成都周边12个市区县建立营销网点,在营销部的业务员中,抽调12位有能力的业务员组成周边营销业务组,每人负责一个市、区或县,直接与当地的茶楼、商店或宾馆以及茶叶公司建立直销关系,也可根据当地实际情况,待到时机成熟时,委托当地1~2家茶叶代理商全权代表"××"的经营和销售。

第三阶段：××××年1月10日—××××年5月底。

随着××公司不断地经营发展，在立足成都市场的基础上，逐步辐射全川，让"××"走进省内其他消费城市。我们选取具有一定经济实力和消费水平的省内九座二级城市：绵阳、乐山、西昌、内江、宜宾、自贡、泸州、遂宁、南充作为营销网络城市。在这些城市设立办事处或分公司，由成都××公司总部派一名长驻人员负责当地各经销点的业务联系工作。办事处或分公司的其他工作人员可以从当地招聘，从而进一步拓展业务渠道。

第四阶段：××××年6月初—××××年年底。

"××"在全川站稳脚跟后，逐步拓展省外业务，有计划、有步骤地在全国省会城市建立分公司或办事处，或者委托当地一家茶叶代理商全权代理营销。

四、费用预算（略）

五、销售预测

1. 第一阶段预计

（1）茶楼业务组：茶叶均价100元／斤，200家茶楼每家日均销售量2斤，按"××"占销售的50%计，（2斤×100元×200家×365天）×50%=730（万元）

（2）商场超市业务组：80个商家，每月每家均售5 000元，5 000×80×12=480（万元）。

（3）集团消费业务组：1 000家，平均每家年消费3 600元，3 600×1 000=360（万元）。

（4）宾馆酒店业务组：200家，每家年均消费2 000元，2 000×200=40（万元）。

（5）干杂店和小型商店业务组：选定500家，每家年均售1 500元，1 500×500=75（万元）。

（6）茶叶公司及批发商：50家，年均售30 000元，30 000×50=150（万元）。

2. 第二阶段预计

成都市周边12个市县区，每地累年10万销售额，100 000×12=120（万元）。

四川××茶叶公司全年茶叶销售总额总计730+480+360+40+75+150+120=1 955万元（保底1 500万元）。

六、营销管理

1. 营销人员管理（略）

2. 营销工作程序（略）

3. 营销工作任务的核定及奖惩办法（略）

七、参考文献（略）

八、同类方案备份（略）

2. 写作要点

一份完整的营销策划方案，其结构形式主要由封面、标题、文头、正文、参考文献、其他策划备份等几部分组成。

（1）标题。标题必须写在营销策划方案的封面，也可同时写在营销策划方案文本第一页的上方居中。标题的结构有两种：第一种是策划单位、策划对象和文种三个部分组成，如《××公司化妆品营销策划方案》；第二种是由策划对象和文种组成，如《富丽花园营销策划书》。

（2）文头。文头部分在标题的下方，须有名称、企划单位、策划人、撰稿人和完成日期五个部分，每部分占一行。名称是广告策划的名称，基本和标题相同；企划单位是广告策划产品的生产单位；策划人是具体参与策划的人员，人员可以是一个，也可能是多个；撰稿人是具体的文字组织人；完成日期是完成策划书的时间。

（3）正文。这一部分主要由前言和主体部分构成。

前言主要介绍营销策划的缘起、背景、目的、意义及必要性。

主体部分包括情况分析、营销策划、费用预算和效果预测。

第一，情况分析。这一部分在写作时可以选择性地包括以下几个内容：① 市场状况分析。在调研的基础上，分析整个市场的现状、规模和趋势。② 消费群体分析。消费者的年龄、性别、职业、学历、收入、家庭结构、对市场现状的心理状况、消费特征和消费习惯等。③ 竞争对手分析。包括竞争对手的产品策略、促销策略、媒体策略、销售状况等。④ 产品状况分析。在本产品与竞争品牌产品比较中，分析产品竞争力够不够，营销渠道设计合不合理，广告策略是否有误。⑤ 企业情况分析。在上述分析中，找出营销中存在的难题，弄清楚在目前的环境下我们和竞争对手相比有什么样的优势、劣势，有什么样的机会和威胁。

第二，营销策划。这一部分在写作时可以选择性地包括以下几个内容：① 产品定位：一是根据消费者对同类产品的需求情况和认知程度，将产品定位在或满足消费者的需求，或顺应消费者的认知。二是考查同类产品的竞争对手是直接的还是间接的和产品功能的依据，决定是做低档市场，还是做中档市场或做高档市场。② 价格定位：价格是跟随竞争对手，还是要低于或高于竞争对手；目的是快速地占领市场，还是要实现利润最大化。③ 销售渠道：产品从企业到消费者眼前需要怎样的渠道，是做直销还是寻找代理商，寻找代理商需要什么样条件的代理商，对经销商应该实行什么样的政策才能最大限度地调动他们的积极性。④ 促销与推广：促销与推广以什么为主，促销活动怎么做，推广是分段进行还是一次完成，针对的消费群体有哪些特征，怎样将产品信息通过最简单最有效的办法传递给消费者，是做电视广告，还是报纸广告或网络广告，还是媒体组合一起做，各占比重多少，公关活动怎么做。⑤ 实施手段：如组织机构、人员配置、责任分工、标准程度、步骤措施等。把目标量化、细化、标准化；把任务责任化、重点化、程序化；把推广阶段化、渐进化、步骤化；把效益数据化。

第三，费用预算。预算要按项目进行，每个项目的费用计算应尽可能准确，主要包括项目列支、项目的费用分配等。

第四，效果预测。说明营销策划方案实施的有益之处，表述营销策划方案实施后的预期效果，预测方案会给企业带来的转机或盈利。

（4）参考文献。这一部分是在正文之后，主要是把策划过程中的调研资料和所参考的资料列出来，以增强策划方案的可信度。所列参考资料要根据实际有选择地列出。

（5）其他方案备份。策划一般要针对一个项目或内容，作出多份策划方案，放在主方案之后，以供决策者参考、选择，以备不时之需。

3. 根据材料内容拟写一份营销策划方案

要求：

（1）两个原则：营销策划方案的写作必须把握操作性和先进性的原则。操作性就是方案是可行可操作的，先进性就是方案有创意，不是人云亦云。

（2）四个因素：营销策划方案的写作不是销售计划，也不是简单的促销计划，而是一个动态的战略，需把握产品策略、定价策略、分销策略与促销策略四个营销中可控的重要因素。

（3）主题明确：写文案的思维应大跨度跳跃，敏而不浮、跳而不滑，能够快速从客户提供的资料中分析出产品的核心诉求，并以此为基点作概念延伸，把产品功能与概念相结合，力求做到主题明确，要点突出。

（4）注重调查：策划人员做每一个项目，都应到实地与相关人员进行询问、交流、启发和诱导，从而最大限度地发现要寻求问题的答案，并及时做详细记录，以备策划之需。

（5）使用计算机 word 文档拟写，与材料提供的内容相符。

4. 文稿诊改

要求：

（1）结构完整，要素齐全。

（2）语言表达简洁明了，效果预测具体。

（3）按要求修订、审核、打印、发送、存档和保密。

（三）产品说明书

1. 示例

有害气体监控仪使用说明书

● 用途和性能

本产品系中华人民共和国专利产品（专利号 8620610××），是根据日本高压气体协会关于消费者使用报警产品为依据，由××电子仪器厂、××大学技术研究所和××电子产品监督检验所共同研制而成的 QS991-I 有害气体监控仪，符合国家标准，并达到国内外同类产品的先进水平。

本产品能对油烟、一氧化碳、天然气、石油液化气、煤气、酒精、汽车和香烟烟雾长期不断地监视控制，主要适用于煤气管道漏气、煤炭燃烧不完全和燃器热水淋浴器漏气形成一氧化碳气体。只要浓度达到危度人身安全时，报警器就能发出声光报警信号。该仪器还能自动开启换气设备，更加安全可靠。

● 主要技术指标

1. 额定电压频率 220 V～22 V、50 Hz-60 Hz。

2. 环境温度 0 ℃～40 ℃。

3. 空气相对温度×80%（40 ℃）。

4. 大气压力 86.6～106.6 kPa。

5. 监控仪输出口负载能力 AC220V2A。

6. 报警声压在前方距 1 m 处其声压级不小于 90 dB（分贝）。

7. 延时功能 1～3 min（分钟）。

8. 灵敏度与动作规范：接通电源灯发光，以丁烷气为例，浓度超过 0.3%红灯发光，当浓度达到 0.75%自动报警。耗电不大于 3 W。

● 安装使用方法

1. 在安装前检查性能，将电源插头插入 220V 电源插座，绿色指示灯亮，发出"嘀"声，表示自检，5-10 分钟后仪器工作。

2. 如需自动排气，可将风扇或其他排风设备电源插在仪器外壳上即可。

3. 本仪器用于办公室、会议室与换气设备配套使用，当室内香烟烟雾达到一定浓度时，自动启动换气设备向外排烟。对于这一用途，仪器应放在墙壁的适当高度。

4. 本机作为液化气泄漏报警，应安装在靠地面的墙壁上，并保证通气良好，以确保本机性能的全面发挥。

本品从销售日起一年内，确实存在质量问题，本公司负责保修、保换、保退。如需特殊规格，可按用户要求定做。我公司备有现货，规格齐全，欢迎选购，代办托运。

开户银行：××省××市××银行	账号：××××××××
公司地址：××××××	电话：××××××××
公司网址：××××××	邮箱：××××××××

2. 写作要点

产品说明书的结构通常由标题、正文和落款三个部分构成。正文是产品说明书的主题、核心部分。

（1）标题。说明书的标题通常由产品名称或说明对象加上文种构成，一般放在说明书第一行，要注重视觉效果，可以有不同的形体设计。或者只写文种，如"使用说明书"。

（2）正文。正文是产品说明书的主体部分，主要内容有：①产品用途等基本情况。②产品的规格、性能和特点。③产品的使用方法。④产品的保养与维修。⑤注意事项。⑥其他事项，如获得的荣誉、安全警示等。

（3）落款。即写明生产者、经销单位的名称、地址、电话、邮政编码、E-mail 等内容，为消费者进行必要的联系提供方便。

3. 根据材料内容拟写一份产品说明书

要求：

（1）内容要齐全。要将商品的各方面情况介绍清楚，使消费者能正确使用，以免发生意外。

（2）表述要准确。表述要明确具体，让人能正确理解，避免产生歧义。

（3）特点要突出。对商品的主要特性、消费者关心的主要问题要重点介绍。

（4）语言要简洁通俗。用最经济的语言直接说明，通俗明白。

（5）使用计算机 word 文档拟写，与材料提供的内容相符。

4. 文稿诊改

要求：

（1）校对产品说明书正文内容是否齐全、恰当。

（2）认真核对说明书使用的数据，确保产品说明的准确性。

（四）广告策划方案

1. 示例

（1）综合媒体广告策划书。

××洗发水广告策划方案

名　　称：××洗发水广告策划方案
企划单位：×××公司广告策划部
策 划 人：×××
撰 稿 人：×××
完成日期：××××年××月××日

一、前言

本公司代理××洗发水产品的全盘广告作业，至今已将近两年，两年来，本公司无时不以兢兢业业的敬业态度，为该系列产品的市场行销及广告策略等做积极的策划，在广告上除了力求表现外，更时时配合蒸蒸日上的业务，促进产品销售。

本公司代理洗发水广告，第一年的广告重点是放在××香皂上，对于商品知名度的扩大及印象的加深有不可轻估的贡献，该篇广告并因而荣获××日报主办的广告金桥奖。第二年为配合贵公司的经营方针，前半年度以××洗发水为广告之主力的商品，强调头皮屑不可忽视，即采取行动，我们选用的标题是"对付头皮屑要选择好的洗发水"，教育消费者正确选择洗发水观念及方法，也收到良好的效果，同时亦荣获××日报主办的广告最佳创意"优胜奖"。

然而，根据分析，洗发水的市场虽然较大，但因竞争品牌众多，广告投资量大，欲争取较高的市场占有率，殊非易事。本公司建议明年度销售及广告诉求重点，应放在指名购买及衔接2013及2014年广告投资重点上，并以××洗发水为主。以下即本公司根据市场及消费者心理各项因素所研拟的2015年××洗发水广告企划案，不吝斧正。

二、广告商品

××洗发水公司——××洗发水

三、广告目的

（一）促进指名购买

（二）强化商品特性

（三）衔接2013、2014年广告

（四）传播影响程度：不知名—知名—了解—信服—行动

四、广告期

2015年6月—2016年6月

五、广告区域

全国各地区（以城市为主）

六、广告对象

所有居民用户

七、策划构思

（一）市场大小变化情况：

1. 量的变化——随着人口的自然增减而变化。

2. 质的变化——随着社会形态（如农业进入工业区）、价值观念、文化水准等而变化。

（二）旧市场占有率的提升（即袭夺其他品牌的市场）

（三）使用及购买频度的增加

1. 促使消费者指名购买××。

2. 促使洗发店老板主动推荐××。

八、广告策略

针对消费者方面——

1. 针对各阶层消费者，运用不同媒体做有效的诉求。

2. 制作 STICKER 张贴计程车上，公共椅背上及公共电话或公司行号的电话机上，以随时随地地提醒消费者注意，弥补大众传播媒体之不足，并具有公益及 PR 作用。

3. 制作小型月历卡片，于元旦前散发赠送各界人士利用，譬如置于洗发店、商业区（服务台）供人随意索取，也可夹于杂志页内，赠送读者。

4. 除正式大篇幅的广告外，在报纸杂志上另可采用游击式的策略，运用××日报的插排（孤岛广告）和联合、中时的分类广告版，不定期刊登小广告，一则省钱，二则可弥补大广告出现频次不够多的缺失。只要设计得简明、醒目，依旧有很大的效果。

九、广告主题表现及媒体运用

（一）卡片及广告牌的广告内容

好的头发，选择××。

在广告牌上画一个美女，重点体现在她的头发上，还有××品牌。在卡片上同样如此，不过可以附送试用品。让用户感受效果，让他们买得更放心。

（二）电视广告策划

在电视台的黄金时间播出。

画面：一个美丽的女孩，一头飘逸的长发，边走边抖动者，街上的人都回头看她，然后她说了一句，想要好的头发吗？学我啊！爱生活，爱××。

（三）广播台

广播内容就是介绍××，例如请嘉宾，做一个××专访。

（2）单一媒体广告策划书。

公交媒体广告投放策划方案

为了进一步更好、更有效、更低成本地宣传我公司企业形象及各项促销政策，提升我公司知名度及商品销量，优化市场竞争力，经市场部调查分析各项宣传推广途经，建议开展公交车媒体广告投放。

以下就投放事宜作相关介绍：

一、公交媒体简介（略）

二、公交媒体优势

1. 信息的强制接触

2. 针对性强

3. 流动性强

4. 不可抗拒的视觉冲击力

5. 到达率高、覆盖面广

6. 直观性及可信度高

三、公交媒体广告投放方案

1. 玻璃窗以下车身两侧广告（大巴，18 000 元/辆·年）

① 优势

左右逢源的品牌推广专家；整体核算战略成本低，收益颇丰，认购了双侧广告就意味着拥有了一辆公交车；同时使用多辆巴士，其强劲促销攻势更是立竿见影，效果突出。信息直接明了，传递迅速，与受众近距离接触，具亲和力、视觉效果好、制作快，有很高的到达率的特点；一辆单层公交车每日受众达 4 万人次，一个发布周期（一年）广告受众可达 1 300 万～1 500 万人次。

② 发布内容

主要针对我司整体形象宣传，如标识、形象宣传广告语及宣传画等。版面要求美观、精致，视觉冲击力大，有一定的亲和力。

③ 投放路线及数量

××路（公汽总站——××客运码头）

数量：1 台

备注：主要是在××电器在××地的知名度未打开之前，抢先树立良好企业形象，确定市场主动权。

④ 效果图示（略）

备注：本图为初稿，便于了解车侧身广告，图中人物需调整。

2. 车尾广告（大巴，3 600 元/辆·年）

① 优势

价格低廉，但其影响与效果却不可小看。它是过往行人视觉停留时间最长的广告位置；对尾随公交车的驾驶人来说，更有着超级的视线吸引力；适合短期商品促销宣传。更便于对各乡镇进行我司短期促销信息轰炸，受众广，频率高，便于解决乡镇信息不灵通的弊病。

② 发布内容

主要配合我司促销活动宣传，有针对、有目标的发布活动期间宣传内容及标语。版面要求美观、促销重点突出。

③ 投放路线及数量

××路（职业中专——火车站）××路（体育馆——××创业园）

数量：2 台

备注：主要是加强附近各镇农村市场的开发，针对农村信息接收慢，渠道少的弊病，采取投资成本低、信息传播广的车尾广告来代替以往的横幅宣传，主要是宣传短期促销内容。

④ 效果图示（略）

3. 费用预算

路 线	途经路线	车辆类型	价格（元/辆·年）	备注
××路	职业中专——火车站	江淮（大巴）	3 600	车尾广告，含首次设计，制作费
××路	公汽总站——客运码头	江淮（大巴）	18 000	车两侧广告，含首次设计，制作
××路	体育馆——××创业园	亚星（大巴）	3 600	车尾广告，含首次设计，制作费
合计			25 200	

备注：以上路线基本上普及×城所有主要道路及乡镇，平均每辆车每天费用约30元。

2. 写作要点

一份完整的广告策划书一般由标题、文头和正文组成。

（1）标题：由策划单位、策划对象和文种组成，如《××公司电热器广告策划方案》，也可以省去单位。

（2）文头：写清楚名称、企划单位、策划人、撰稿人和完成日期。

（3）正文：主要是以下八个方面的内容。

①前言：简明概要地说明广告活动的时限、任务和目标，必要时还应说明广告主的营销战略。内容不宜太长，以数百字为佳，也称执行摘要。②市场分析：包括企业经营情况分析、产品分析、市场分析、消费者研究等。③广告战略或广告重点：根据产品定位以及市场调研结果，阐明广告策略的重点，说明使用何种方法使广告产品在消费者心目中建立深刻的印象。④广告对象或广告诉求：主要根据产品定位和市场研究来测算出广告对象有多少人、多少户。根据人口研究结果，列出有关人口的分析数据，概述潜在消费者的需求特征和心理特征、生活方式和消费方式等。⑤广告地区或诉求地区：应确定目标市场，并说明选择此特定分布地区的理由。⑥广告策略：详细说明广告实施的具体细节。撰文者应把所涉及的媒体计划清晰、完整而又简短地设计出来，详细程度可根据媒体计划的复杂性而定。也可另行制定媒体策划书。一般至少应清楚地叙述所使用的媒体、使用该媒体的目的、媒体策略、媒体计划。如果选用多种媒体，则需对各类媒体的刊播及如何交叉配合加以说明。⑦广告预算及分配：根据广告策略的内容，详细列出媒体选用情况及所需费用、每次刊播的价格，最好能制成表格，列出调研、设计、制作等费用。⑧广告效果预测。说明经广告主认可，按照广告计划实施广告活动预计可达到的目标。这一目标应该和前言部分规定的目标任务相呼应。

在实际撰写广告策划书时，上述八个部分可有增减或合并分列。如可增加公关计划（公关策划）、广告建议等部分，也可将最后部分改为结束语或结论，根据具体情况而定。

3. 根据材料内容拟写一份广告策划方案

要求：

（1）量力而行。广告要根据自身特点及企业的财力进行策划。即使是创意也不能脱离实际。要备至少3个方案供选择。

（2）重点明确。目标要清楚，操作性强，效果可预测。

（3）整体性强。媒体的选择、宣传时间、受众层次等要综合考虑。

（4）使用计算机 word 文档拟写，与材料提供的内容相符。

4. 文稿诊改

要求：
（1）检查策划书的正文内容是否已经具备常规要素。
（2）检查表达上是否已经条理清楚，无错漏，图表准确等。
（3）按要求修订、审核、打印、发送和存档。

（五）广告文案

1. 示例

（1）广播广告文案。

我有我的混音天地

嘿！相信吗？我的手机能让耳朵兴奋！只要一拿起它，我就能摇身变成混音师！没错！就是飞利浦 530!它独特好玩的 BeDJ 混音功能，只要通过几个按键就能把音效、节拍、乐器混得像鸡尾酒一样炫。更过瘾的是，我能把几首爱死了的曲子串起来，加一段，删一段，节拍随意变！亲自混出来的音乐，不仅能作为天下无双的铃声，惊动所有人的耳朵，还能通过多媒体短信（MMS）发送给死党们，让他们见识我的厉害！

产品口号：想怎么混就怎么混！

LOGO：××××××××××××

地址：××××××××××××

电话：×××××××

网址：×××××××

（2）报纸广告文案。

三菱空调广告

标题：如果爱侣说："这个真不错"，我选择三菱电机的空调。

正文：迅速地使房间每个角落都变得舒适，这就是世界上具有特色的"气流控制"。

外出回来后，一按键钮，迅速地使房间的每一个角落都变得舒适。三菱电机空调的先进气流控制，根据您的喜好和房间的特点，搭载有可选择的"自由""手动""摆动"三种气流控制的机能。不论是谁都认为舒适性非同一般，这就是世界一流水平。

广告语：不同之处，在于世界水平——三菱电机。

LOGO：××××××××××××

地址：××××××××××××

电话：×××××××

网址：×××××××

2. 写作要点

广告文案的结构一般包括标题、正文、广告标语和随文四部分。

（1）标题。标题是广告文案的眉目，在广告文案中占有重要的地位。标题若能吸引人，可以说是成功了一半，人们才会接着往下看。广告文案的标题应达到三个要求：一是体现了广告的主旨；二是反映了广告的基本内容；三是能吸引人。

广告文案的标题根据其诉求方式可分为三类：① 直接标题。在标题中直接介绍产品或劳务信息。如"十月份影片预告""美的空调，原来是更美的"。② 间接标题。标题本身并不直接介绍产品或劳务信息，而是选用文学描写方式加以描绘，从而引起消费者的关注。如"不打不相识"（某打字机广告）。③ 复合标题。就是采用新闻标题的写法，包括引题、正题和副题。引题用来说明产品的意义或交代背景，正题用来点明广告的主要内容，副题是对正题内容的补充。

（2）正文。正文是广告的最重要部分。在广告中，标题的作用是吸引人，而正文的作用则是说服人。如何用有力的事实介绍商品的长处或企业的情况，使公众看完广告后能付诸行动，这是正文所要完成的使命。商品广告的正文内容主要包括：商品的性能、名称、特点、品种、规格、功效、使用方法、出售方式、时间、地点、联系方法、售后服务等。

广告文案正文的结构一般由开头、主体、结尾三部分组成：① 开头。最常见的是紧接标题，对标题所提供的商务、劳务或事实、问题进行必要的说明和解释，并引出后文。其语言具有高度概括性，起提纲挈领的作用。② 主体。又称中心段，是广告正文的心脏，这一部分要对广告标题及开头所提挈、许诺的事项加以说明、引证，是广告主题的具体化。一般多用有力的事实和根据来说明商品的优点和特征，提出推荐购买的理由。③ 结尾。是广告正文的结束语，这部分通常敦促人们去购买商品。

在追求广告创意的今天，广告文案的写作日益趋于灵活。借助于作者的创意、巧妙的构思，广告的风格多样。正文的体式常见的有陈述体、证书体、问答体、目录体、幽默体、议论体、抒情体、描写体和文艺体等。

（3）广告标语。广告标语，也称为广告口号或广告语，它是广告主从长远的营销利益出发，在相当长的一段时期内在广告中反复使用的口号性宣传语句，它是艺术化、口语化的广告主题。如"维维豆奶，欢乐开怀"（江苏维维集团）、"文曲星虽小，功能不得了"（文曲星广告）、"农夫山泉有点甜"（农夫山泉矿泉水）。

（4）随文。商品广告的随文主要用于说明厂商名称、地址、电话、E-mail、传真、联系人、邮编等，以便消费者联系。

3. 根据材料内容拟写一份广告文案

要求：

（1）准确规范、点明主题。

首先，要求广告文案中语言表达规范完整，避免语法错误或表达残缺。其次，广告文案中所使用的语言要准确无误，避免产生歧义或误解。再次，广告文案中的语言要符合语言表达习惯，不可生搬硬套，自己创造众所不知的词汇。最后，广告文案中的语言要尽量通俗化、大众化，避免使用冷僻或者过于专业化的词语。

（2）简明精练、言简意赅。

广告文案在文字语言的使用上，要简明扼要、精练概括。首先，要以尽可能少的语言和文字表达出广告产品的精髓，实现有效的广告信息传播。其次，简明精练的广告文案有助于吸引广告受众的注意力和迅速记下广告内容。最后，要尽量使用简短的句子，以防止受众因繁长语句产生反感。

（3）生动形象、表明创意。

广告文案中的生动形象能够吸引受众的注意，激发他们的兴趣。国外研究资料表明：文字、图像能引起人们注意的百分比分别是22%和78%；能够唤起记忆的文字是65%，图像是35%。这就要求在进行文案创作时采用生动活泼、新颖独特的语言的同时，辅以一定的图像来配合。

（4）动听流畅、上口易记。

广告文案是广告的整体构思，对于其中诉之于听觉的广告语言，要注意优美、流畅和动听，使其易识别、易记忆和易传播，从而突出广告定位，很好地表现广告主题和广告创意，产生良好的广告效果。同时，也要避免过分追求语言和音韵美，而忽视广告主题，生搬硬套，牵强附会，因文害意。

（5）使用计算机 word 文档拟写，与材料提供的内容相符。

4. 文稿诊改

要求：
（1）语言不要绝对化。一般不说"最好"或"100%"。
（2）广告语切记不要贬低他人的商品，以免引起矛盾。
（3）语言要严密，符合逻辑；要雅致，富有文化韵味。

四、多看多读，拓展与迁移

要求：
（1）留心观看、观察报纸、刊物和电视的广告，组织座谈活动，交流心得。
（2）到广告公司观摩广告制作流程，学习广告的相关知识，如广告策划书评审要求等。
（3）收集你所在地区企业的广告信息，并说说你感触最深的广告。

第三节　商务信函·传真·备忘录

一、阅读材料，身临职场

××科技发展有限公司是一家生产空气能热水器的大型厂家之一，已有10多年的历史。空气能热水器，是继燃柴、燃煤、燃油、燃气、电热、太阳能热水器之后的第五代创新产品，节能环保，式样多，质量好，深受海内外客户的欢迎，欲寻找资金扩大生产规模。2014年5月20日，该公司通过中国商会介绍得知××鼎湖公司想投资空气热水器生产项目，欲与该公司建立生产、贸易的合作关系，于是 2014 年 6 月 3 日撰写了一封表示愿意与对方建立合作关系的函并通过电子邮件发送到对方的项目负责人邮箱。对方收到函件后，通过电话，双方公司的项目负责人就合作关系进行了初步的了解，有了合作的意向，但深层次的问题尚需实地考察后再面谈。2014 年 6 月 20 日，××鼎湖公司项目负责人吩咐自己的秘书给××科技发展有限公司发了一份传真，要求 6 月 25 日参观考察对方的生产设备、产品质量及规模等情况。××科技发展有限公司表示欢迎并做好了接待的各项工作。参观考察后，6 月 28 日在上海××路××酒店双方项目负责人就本项目的合作进行了初步协商。依据双方的会谈，甲方（××鼎湖公司）同意就合资生产销售空气能热水器项目进行投资，投资方式待进一步磋商。乙方（××科技发展有限公司）用现有的厂房、场地、技术作为投资，其作价原则和办法，有待进一步协商；关于利润分配原则，没有取得一致意见，甲方认为自己的投入是资金，促使生产启动快，保证公司资金的运转，应占 50%～60%，乙方则认为应按投资比例分成。甲方代表表示，利润分配比例愿意考虑乙方意见，希望另定时间协商确定；合资项目生产的产品，甲方承诺在国际市场上销售产量的 30%，乙方希望甲方提到 40%～50%，其余的在内地市场销售。工厂规模、合资年限及其他有关事项，尚未详细讨论，双方都认为待第二项内容向各自的上级汇报确定后，再商议。参加此次会谈的除了项目负责人外，还有项目小组的成员。为了以后合作的进一步推进，双方就会谈情况作了备忘录，并分别提交各自的公司领导层作进一步合作的决策参考。

二、任务分析，明确文种及处理

在日常的商业活动中，为了沟通信息、促进合作等事务经常以书信的形式交换意见，需要如下文书辅助。

（一）商务信函

商务信函是在日常的商务往来中用以传递信息、处理商务事宜以及联络和沟通关系的信函、电讯文书。常用的商务信函主要有商洽函、询问函、答复函、请求函、告知函和联系函等。

（二）传真

传真是通过有线电、无线电或国际互联网传送的一种文书。在当今社会是最常用的文书之一。传真具有下面三个特点：一是保留真迹。它传送文书，是原原本本的原样文书，保留原来的真迹。二是传送便捷。传送时不用作任何的特殊处理，立即传给对方，非常方便快捷。三是真实可靠。不管是文字还是图像，传送到对方时，都不会改动原状，更不会出现错漏。

（三）备忘录

备忘录是提醒自己应办的事、传递信息或记录人际活动的一种简化书面形式。作为简化形式的备忘录通信，常用于各级机关、企事业单位、群众团体内部人员之间的交流。其特点如下：一是形式灵活多样。备忘录一般装订成簿册，或放置案头，或随身携带。二是写法不拘一格。只要写清楚，能起到提醒、备忘的作用即可。备忘录可分为三类：一是提醒自己的备忘录；二是用于通信的备忘录；三是用于人际间活动的备忘录。

三、掌握要点，模拟写作

（一）商务信函

1. 示例

```
                    ××公司标准信笺

        地址：×××××××        电话：×××××××
        传真：×××××××        E-mail：×××××××
        编号：×××××××        日期：××××年××月××日

尊敬的××经理雅鉴：
    事由：由××上市公司提出的××××××××××××××××××××××××
    正文：我公司邀请你在××××年××月××日抵达深圳×××××××××××××××
    有何需要，请不吝赐教。
    顺祝
商祺！
    附件：1.×××
         2.×××


                                            ××公司（盖章）
                                         副总裁：×××（手签）谨启
                                            ××××年××月××日

    抄送：××××，×××××，×××……
```

2. 写作要点

商务信函一般由：信头、称呼、事由、正文、祝颂语、附件、落款等组成。

（1）信头，指发信人的姓名（单位名称）、地址和日期，一般写在信纸的右上角。一般公函或商业信函的信纸上都印有单位或公司的名称、地址、电话号码等，因此就只需在信头下面的右边写上写信日期就可以了。

（2）称呼，是写信人对收信人的称呼用语。顶格书写收信单位名称或收信人姓名。写给个人的，一般是姓名后加上职务，没有职务的称先生或小姐、女士。接着写上"台鉴""惠鉴""雅鉴"等敬辞。

（3）事由，标注信的内容要点。在公务信函中，通常在称呼与正文之间，有"Re:"或"Subject:"（事由）字样。一般在信纸的中间，也可与"称呼"对齐。还应在底下加横线、加粗等，以引起读信人的注意，使收信人便于在读信之前就可了解信中的主要内容。

(4)正文,由开头语、主体、结尾组成。

开头语开门见山,直说发文意图。如:"我公司专营×××,希望建立合作关系"或"贵公司×年×月×日来函收悉"等。

主体是信函的中心内容。主要阐明发函者的意见、目的、意图。文字要简,事由要讲清楚,力求有理有据、有分寸,使得对方能够接受。作者应依内容的多寡,或分段写,或分条列项,或列表格等。确保条理清楚,言简意赅,层次分明、简单易懂。

结尾是表明希望或要求。

(5)祝颂语,表示礼节性的关心、问候、祝贺或期盼之语。如"顺祝贵公司商祺""此致敬礼"等。按常规书信的写法,另起一行空两格写"顺祝"或"此致"字样,再下一行顶格写"商祺"或"敬礼"等。

(6)附件,指随函附送的相关材料。如发票、装运单、质量检验书、保险单、提货单、报价单等。

(7)落款,写明发函单位的名称、签章等。如"×××公司",如有负责人签字,须注明职衔,名字后写上敬告语,如"谨启"或"拜启"之类的。年月日要写全。

3. 根据材料内容拟写一份信函

要求:

(1)准确。商务信函的内容多与双方的利益有着直接的利害关系,因而要完整、精确地表达意思,包括标点符号都要做到准确无误,以免造成不必要的麻烦。

(2)简洁。在做到准确、周到的前提下,应用最少的文字表达真实的意思,不能拖沓冗长。

(3)具体。信函所要交代的事项必须具体明确,尤其要注意需要对方答复或对双方关系产生影响的内容,绝不能语焉不详。

(4)礼貌。要掌握礼貌、得体的文字表达方式,以有利于双方保持良好的关系。

(5)体谅。要学会换位思考,能够站在对方的立场上思考问题。这样容易获得对方的认同,有利于双方达成有效的沟通。

(6)使用计算机 word 文档拟写,与材料提供的内容相符。

4. 文稿诊改

要求:

(1)精通业务,掌握商贸业务专业知识以准确表达。

(2)格式规范,内容完整准确,语言庄重有礼貌。

(二)传真

1. 示例

××市商业局传真

收件人:×××　　　　　　　　单　位:×××××××××

抄　　送：×××　　　　　传真号：×××××××
发件人：×××　　　　　　日　　期：××××年××月××日
传真号：×××××××　　　电　　话：×××××××
页　　数：1
主　　题：请××县商业局写材料
要　　求：　　□紧急　　　□请审阅　　　□请答复　　　□请传阅

××县商业局：

　　我局初拟在下季度召开一次商业服务工作会议，传达上级有关会议精神，总结我市上半年工作情况，布置下半年的工作。你县局在商业支农服务工作中做了大量工作，取得了可喜的成绩，受到农民的好评。因此，请你们总结一下这方面的做法和经验。希望写成3 000至4 000字的材料，于六月初送到我局办公室。

××市商业局办公室
××××年××月××日

2. 写作要点

传真的结构包括标题、首部和正文三部分。

（1）标题。标题一般写上单位名称和文种，如××局发送传真，标题就写"××局传真"。也有只写"传真"二字的。

（2）首部。首部写明：收件人姓名、单位；抄送人姓名、传真号；发件人姓名、发件日期、传真号、电话、页数；主题及回复要求选项。

（3）正文。正文指传送出去的文书原件。原件的格式按常规信函的格式，有称呼、正文、落款。通常各级机关、企事业单位、群众团体的传真信纸是统一印刷，在信纸上方印有单位名称和时间。若无，则要在正文下面落款写清楚发传真的单位和日期。

3. 根据材料内容拟写一份传真

要求：

（1）语言要简洁。

（2）字迹或图像要清晰。

（3）传真文稿传出后，应主动电询收件单位是否收到。

（4）使用计算机word文档拟写，与材料提供的内容相符。

4. 文稿诊改

要求：

（1）掌握常规的传真格式。

（2）语言表达简洁、流畅，准确，没有错漏字。

（三）备忘录

1. 示例

（1）提醒自己的备忘录结构较简单，只要写上标题、列出事项即可，如：

备 忘 录

1. 今天上午，10点到总经理办公室汇报工作。
2. 下午3点去商场采购办公用品。
3. 下午5点到办公室开会，布置明天职工大会的有关工作。
4. 下午6点到××酒店接待到访的客人。
5. ……

（2）用于通信的备忘录，其正文则要分成两部分：第一部分写明基本情况，即写明收信人、发信人、发信时间和信件主题。第二部分写清要办的事。如：

通信备忘录

发给：章××——秘书

发自：张××——办公室主任

日期：××××年××月××日

内容：刘副市长来县的接待工作

刘副市长下周一到我县检查计生工作，希望你到县招待所落实好住宿和伙食之事。同时通知各乡镇书记下周星期一9点到第一会议室开会。情况如何，明天给我电话。

（3）用于记录人与人之间活动的备忘录，其正文必须真实地记录各种人际间活动情况，商谈的有关问题，相同的看法和不同的意见。如：

IFIA与CAI会谈备忘录

　　发明家协会国际联合会（IFIA）主席××××博士于××××年7月8日至12日访问北京，与中国发明协会（CAI）就××××年10月16日在××市共同举办第六届国际发明展览会事宜举行了会谈，双方达成如下共识：

◇ 国际发明展

1. 中方（含港、澳、台）参展者及参观者的组织工作由中国发明协会负责。
2. 国外参展者的组织工作由发明家协会国际联合会负责。

（1）发明家协会国际联合会将参展国、组织单位、参展发明项目及人员的数量于7月20日前告知中国发明协会。

（2）为办理签证邀请信，所有国外参展人员名单（姓名及护照号）、参展代表名单（代表团名称、团长姓名、电话号码、传真号、通讯地址及电邮）连同参展项目清单（项目名称、发明者姓名、项目简介及知识产权保护信息）必须在8月17日前寄送中国发明协会。上述信息同时由发明家协会国际联合会网站发布。

(续)

　　（3）发明家协会国际联合会必须在 8 月 17 日前将国外参展展位建议平面图提交给中国发明协会。

　　（4）"计算机实用发明世界杯赛"是国际发明展的组成部分。参赛的评选工作将分开进行，评选专家组和评选工作由发明家协会国际联合会负责。中国发明协会负责向世界杯赛推荐 15 名中国候选人。

　　3. 台湾地区参加国际发明展的协调人是中国发明协会成员×××先生。

　　4. 第六届国际发明展览会将按照中国发明协会评奖原则和传统做法进行评奖，由中国发明协会与 IFIA 专家组负责评选；发明家协会国际联合会对 5 人以上的国外 IFIA 成员参展团协商推荐一名评委参加评选组，并于 8 月 17 日之前向中国发明协会提交参加评选组的人员名单（含单位名称、姓名及通讯等）。国际发明展览会正常颁奖准备工作由中国发明协会负责。展会专项奖由中国设立的由中国发明协会组织，IFIA 成员设立的由发明家协会国际联合会负责组织。这类专项奖每个国外参展团限提 2 个，专项奖获得者由设奖者决定。

　　◇ 庆祝活动、全会及研讨会

　　1. 发明家协会国际联合会全会和庆祝活动的筹备由 IFIA 负责；

　　2. 借庆祝活动机会将向中国颁发最多不超过 10 个 "国际发明家荣誉奖"；

　　3. IFIA 提出在展览会期间举办一个以 "科技创新与未来" 为主题的小型研讨会。研讨会规模 50 人以内，时间半天。在讨论会上将安排 3 个主题发言和 5 个简短发言。上述发言人由发明家协会国际联合会和中国发明协会共同组织和邀请；中国发明协会负责中国参会者（大学生、科技人员等）的组织工作。

　　◇ 住宿和机票补贴

　　发明家协会国际联合会将在 7 月 20 日前提交接受住宿补贴的人员名单（每个 IFIA 代表团一位领导及一位评委）。

　　◇ 其他

　　中国发明协会协调人是×××教授。

　　发明家协会国际联合会协调人是××××博士。

　　IFIA 主席签字：××　　　　　　　　CAI 秘书长签字：×××

　　　　　　　　　　　　　　　　　　　　　　　　××××年×月×日

2. 写作要点

（1）提醒自己的备忘录，是自己看的，尽可能简洁、易记，只要自己看得明白，哪怕用自己熟用符号也可以。

（2）用于通信的备忘录，因为是给别人看的，那就必须写得明白、条理、清晰。

（3）用于记录人际之间活动的备忘录，更要求真实、明确、规范。

3. 根据材料内容拟写一份备忘录

要求：

（1）分条列写要备忘的事。用于商务谈判的备忘录，由导言和主体构成。导言记录谈判基本情况，主体记录讨论的事项，相同的看法和不一致的意见。通常采取分条列项的写法，令人一目了然。

（2）使用计算机 word 文档拟写，与材料提供的内容相符。

4. 文稿诊改

要求：

（1）所备忘的事项要求真实、明确、规范。

（2）会谈备忘录整理后切记要负责人手签姓名。

四、多看多读，拓展与迁移

要求：

（1）查阅并研读商务信函、传真、备忘录的范例，力争熟能生巧地应用于工作。

（2）熟悉电子邮件、传真发送及收件的操作方法。

（3）注意养成对工作信函等材料及时整理及存档的习惯。

第七章 司法文书

司法文书是公安机关、人民检察院、人民法院等法律机关在处理刑事案件、民事案件或行政案件等执法活动中,企事业单位、机关、团体、公民在进行诉讼活动、民事往来等有法律意义活动时,依法制定的,具有法律效力、法律价值或法律意义,并能引起法律后果的文书。

第一节 遗嘱·赠与书·公证书

一、阅读材料,身临职场

钟××,男,七十八岁,病重,想立下遗嘱,对他所有的财产作处理:坐落在××省××市××街××号的房产×栋×间遗留给他的妻子叶××。储蓄在××省××市××储蓄所的定期存款×万元遗留给他的女儿钟×红。其余财产(财产名称)全部遗留给他的儿子钟×强。但他不知道怎样写这个遗嘱,你能代他拟写出来吗?

张××,男,七十六岁,近年来年老多病,又无子女,生活全仗外甥刘××夫妇尽心尽力照料。他们对他的照料胜过亲生子女,所以,张××愿在逝世之后将全部财产赠送给他们。这些财产包括:房屋壹间(即张××现在之住房,有房契),家中什物以及存折中的存款叁拾万元。他的后事,也由他们夫妇二人料理。为了防止其他兄弟争抢,遗嘱写好后还特地到公证机关做了公证。张××的赠与书该怎样写?如果你是公证机关的工作人员会写规范的公证书吗?

二、任务分析,明确文种及处理

根据材料反映的情况,需要撰写以下文书。

(一)遗嘱

遗嘱是一个人在临终或生前用来申述自己死后愿望和对后事安排时使用的文书。这种文书是遗嘱人在法律允许的范围内,按照法律规定的方式对其遗产或其他事务所作的个人处分,并于遗嘱人死亡时发生效力。遗嘱按其内容划分,分国事遗嘱、家事遗嘱和心愿遗嘱。国事遗嘱属公文的范畴,家事遗嘱一般不属于公文。

（二）赠与书

赠与书，指财产所有权人在法律允许的范围内，自愿将个人的财产无偿地转让给受赠人所出具的文书。赠与人应当是有行为能力的公民，未成年人或精神病患者的赠与行为是无效的；接受赠与的即受赠人，可以是普通公民，也可以是国家、机关、团体或其他组织。

赠与是双方的法律行为，其核心是公民出于自己的意愿将个人所有的合法财产（包括钱和物）所有权进行转让，受赠人表示同意，并接受转让。

赠与一般应采取书面形式，同时应通过公证机关公证，以防止和减少纠纷发生。不动产如房屋等，价值较大的动产如车辆、船只等，赠与时还应当经有关部门办理过户登记手续。

（三）公证书

公证书是国家机关依据当事人申请公证的事项，依照法定程序，对事实的真实性和合法性予以证明的法律文书。

国家公证机关通过国家规定的公证程序，可出具证明合同、委托、遗嘱、继承权、财产的赠与和分割、收养关系、身份、学历、履历、出生、婚姻、生死、文件上的签名和印鉴，以及文件的副本、节本、译本、影印本同原本相符的各种公证书。公证书是一种法律行为，其特点有：

1. 合法性

公证书是依照法定程序办理的，所以具有合法性。一经公布，就具有一定的法律效力。它是国家行使证明权的具体体现，只有国家公证机关才能制发公证书。国家公证机关没有隶属关系，无论哪一个公证机关制发的公证文书，都具有同样的效力，不受行业、国籍、职业、行政级别、地域的限制，这是其他机关的文书所不具备的。

2. 效力性

经过司法机关制作的公证书，具有法律效力和证据效力。经过公证的文书和事实，可以确认其真实性，证明其合法性，使其具有法律上的可靠性，从而产生证据上的效力，以保护公民、法人或者其他组织的人身的合法权益和财产的所有权、转移权。

3. 证明性

公证书的主要任务是为国家机关、企事业单位、社会团体、公民等证明遗嘱、继承、转让、委托、房屋买卖等的法律行为，证明结婚、离婚、学历、经历、出生、死亡、失踪、亲属关系等具有法律意义的文书和事实。这些经过国家公证机关证明的文书是非诉讼性的，因此，与审判机关制作的诉讼文书不同。

经审查无误后，公证处应将制作好的公证书正本以及当事人要求的副本发给当事人。正本与副本的法律效力相同。

三、掌握要点，模拟写作

（一）遗嘱

1. 示例

（1）自书遗嘱。

高××遗嘱

立遗嘱人，男，八十八岁，××省××县人，住本市××路××号。我在重病中立本遗嘱，对我所有的财产，作如下处理：

坐落在××省××市××街××号的房产×栋×间遗留给我的妻子刘××。

储蓄在××省××市××储蓄所的定期（或活期）存款×万元遗留给我的女儿高××。

其余财产：××（财产名称）全部遗留给我的儿子高××。

本遗嘱委托章××（现住××省××市××街××号，身份证：××××××××）执行。

本遗嘱制作一式叁份，一份由我收执，一份交章××收执，一份由×××公证处保存。

立遗嘱人：（签名盖章）
××××年××月××日

（2）双见证人遗嘱。

李××遗嘱

立遗嘱人李××，男，八十六岁，××省××县人，住本市××路××号。

我近年来年老多病，又无子女，生活全仗侄子×××（身份证号×××……×××）和×××（身份证号×××……×××）夫妇尽心尽力照料。他们对我确实胜过亲生子女，我心中感激不尽，所以，愿在逝世之后将全部财产赠送给他们。这些财产包括：房屋壹间（即我现在之住房，有房契），家中什物以及存折中的存款叁拾万元。我的后事，也由他们夫妇二人料理，其他人不得干涉。恐口说无凭，特立遗嘱作为凭证。

立遗嘱人×××（签名盖章）
身份证号：
证明人：×××（签名盖章）
身份证号：
证明人：×××（签名盖章）
身份证号：
××××年××月××日

2. 写作要点

遗嘱的结构可分四部分：

（1）名称。在第一行当中处写明"×××（立遗嘱人姓名）遗嘱"。

（2）立遗嘱人的基本情况。主要包括姓名、性别、年龄、籍贯、住址、身份证信息等。

（3）遗嘱说明的事项。这是遗嘱的实质部分。如死后财产由谁继承，或无偿赠与何处、何人，以及其他的一些要求。要具体说明遗产的分配，每个继承人继承的财产份额、名称和数量。数据要大写。财产安排中有特殊情况，一般也应说明。

（4）签名盖章。立遗嘱人要签名盖章。有证明人及代书人的均要签名、盖章（或按手印），并写明立遗嘱的年月日。

3. 根据材料内容拟写一份遗嘱

要求：

（1）用第一人称表述。

（2）有明确的遗嘱对象。

（3）语言要平实、庄重。

（4）遗嘱人如不能亲自书写，应由本人签字或按手印，并注明代笔人、证明人以及年月日。

（5）为防止纠纷，代笔遗嘱一般应办理公证手续。涉及财产处理的遗嘱应符合《中华人民共和国继承法》的有关规定。

（6）使用计算机 word 文档拟写，与材料提供的内容相符。

4. 文稿诊改

要求：

（1）当事人的意愿表述简洁、恰当、准确。

（2）立遗嘱的相关人员的信息准确、齐全，不含糊。

（二）赠与书

1. 示例

（1）一般格式。

赠 与 书

赠与人：刘××，女，19××年×月×日生，壮族，××省××县××镇人，××镇政府工作人员，住×小区第×幢×单元×室。

受赠人：张××，男，19××年×月×日生，瑶族，××省××县×××镇人，××大学学生，住该县城××街×号。

受赠人张××系赠与人姨表姐之子。其父母两年前因意外事故不幸去世，张××孤身一人，艰难求学。为资助其学业，赠与人自愿将属于个人的私人房产赠与张××所有。

赠与房屋（房产证号为"××县××管房证字第×号"），坐落在××县××镇××街×号，临街面东，砖木平房，共两间，面积 31.6 平方米。该房产本系赠与人继承父亲的遗产，因本人工作在外地，多年来由姨表姐夫妇借用居住。现本人考虑到张××的特殊遗孤及生活需要，决定赠与其所有，永不反悔。特立此据为凭，并邀当地街道办事处工作人员邓××、梁××为证。

赠与人：刘××（盖章）
受赠人：张××（签名）
公证员：邓××（盖章）
梁××（盖章）
××××年××月××日

（2）合同格式。

房屋赠与合同

甲方（赠与人）：　　　　（写明姓名、住址）

住所：

有效证件号码：

乙方（受赠人）：　　　　（写明姓名、住址）

住所：

有效证件号码：

甲方自愿将其名下所有的不动产房产赠与乙方。按照合同法等有关法律规定，双方自愿达成赠与房产协议如下：

第一条：甲方自愿将其房产赠与给乙方，乙方自愿接受该房屋。该房屋具体状况如下：

（一）坐落于北京市_____区，建筑面积____平方米

（二）赠与房屋的所有权证证号为____，房号为____

（三）房屋平面图及其范围见附件

（四）土地使用权取得的方式

该房屋占用范围内的土地使用权随该房屋一并赠与。

该房屋的相关权益随该房屋一并赠与。

第二条：因甲方经济原因，所购此房产的所有房款和税费均已由乙方代甲方支付，由甲方所购该房产并取得该房产房产所有权证。经协商一致甲方愿将该房屋赠与乙方。并在乙方能办理过户手续时积极协助办理。

第三条：甲方保证房屋在此赠与合同签订前以及合同签订后一直到过户完毕期间该房屋权属状况完整和其他具体状况完整，并保证房屋不受他人合法追索。

第四条：甲方没经乙方同意不得将此房产抵押、转卖或出租给他人，否则抵押、转卖或出租行为无效。如因上述行为造成乙方不能取得赠与房产的，甲方应如数补偿或退还乙方代为支付的所有房款和代交的其他所有税费。

第五条：甲方赠与乙方房产，本合同在双方签订经公证处公证后不可撤销。

第六条：在乙方能办理该房屋过户手续时，甲方应按约定积极协助乙方转移办理过户手续。

第七条：甲、乙双方定于××××年××月××日××时正式办理过户该房屋，双方定于××××年××月××日××时前向有关部门申请办理相关附属设施和相关权益的更名手续。在乙方领取《房屋所有权证》后，按有关规定向土地管理部门申请办理该房屋土地使用权变更手续。甲方未按规定履行以上义务的，则按下列约定承担违约责任：_____。

第八条：甲、乙双方确认，虽然房屋所有权证未作记载，但依法对该房屋享有共有权的权利人均已书面同意将该房屋赠与给乙方。

第九条：本合同未尽事宜，甲、乙双方可另行订立补充条款或补充协议。补充条款或补充协议以及本合同的附件均为本合同不可分割的部分。

第十条：本合同经甲乙双方签字后成立，经公证后生效。

第十一条：甲、乙双方在履行本合同中若发生争议，应协商解决。协商不成的，提交××仲裁委员会仲裁。

第十二条：本合同一式四份。其中甲方留执一份，乙方留执一份，为公证留执公证处一份，为申请房屋所有权转移登记提交房屋权属登记机关一份。

第十三条：甲、乙双方约定补充条款如下：_____。

附件：文本：房屋平面图

甲方（签章）：   乙方（签章）：
身份证号码：   身份证号码：
地址：   地址：
联系电话：   联系电话：
签约日期：   签约日期：

2. 写作要点

赠与书，从实践中通常使用的模式看，其结构由开头、正文和结尾三部分组成。

（1）开头。

写明标题和当事人的基本情况两项内容。标题通常写上"赠与书"三字，占据中间，字体稍大。当事人是公民的，写明姓名、性别、出生日期、民族、籍贯、职业或职务与工作单位、住址等；受赠人是国家机关、社会团体和其他组织的，写明其单位全称、所在地址及其法定代表人或代表人姓名、职务。

（2）正文。

写明赠与原因、赠与事项和对受赠人的要求等内容。

① 赠与原因。一般应简明交代赠与人与受赠人之间是什么关系，因什么原因做出赠与决定等。例如，一位回国定居的华侨给家乡的赠与书开头是这样写的："文某自幼到海外谋生，旅居新加坡50多年。现只身回乡定居，以偿叶落归根夙愿。数年来得到当地政府和乡亲悉心照料，不胜感激。自忖妻室亡故，又无子嗣，为支援家乡建设，自愿将一生积蓄赠与村委会。"

② 赠与事项。主要写明赠与财产的名称、范围、数量（数额）等具体情况。这项内容要根据赠与物的不同情况来写。如房产应写明位置、结构、间数、证书编号及有何附属物等情况；现金要写明币种及数额；存款除写明数额外，还应写清存款银行账户及办理过户手续等事宜，要写得明确、具体。

③ 对受赠人的要求或希望。有的对受赠人在赠与财产的使用方面提出具体要求，有的则提出建议或希望，也有的不写这项内容。例如，上述某归国华侨赠与书中，要求村委会将所赠款项"用于改善家乡小学办学条件和举办妇幼保健方面公益事业，并于每年初将各项开支向全体村民张榜公布"，即是赠与人的具体要求，相当于赠与行为的附加条件。

正文写完，以"特立此书，以资证明"或"特立此为凭"等语作结。
(3) 结尾。
① 在赠与人、受赠人的右下方签名盖章，并写明日期。有证明人的，证明人也应签名盖章。
② 附项。于正文左下方写明本赠与书一式几份及执、存事项。

需要说明的是，赠与书是以赠与人个人的名义出具的文书，应写明附项，而经过公正机关公证的赠与书，是公证书的附件，其尾部不需要再写附项。

3. 根据材料内容写一份赠与书

要求：
(1) 赠与的标的与法律不冲突。
(2) 格式规范，手续齐全。
(3) 使用计算机 word 文档拟写，与材料提供的内容相符。

4. 文稿诊改

要求：
(1) 当事人的意愿表述简洁、恰当、准确。
(2) 相关人员的信息准确、齐全，不含糊。

（三）公证书

1. 示例

公证书
〔200×〕湘证字第 1912×号

兹证明吴××（男，1975年出生）是《长沙年鉴》（2005年刊）中《湘美食品有限公司》、《工贸结合，"湘彩"生产发展》和《中国中部城市旅游投资手册（长沙）》（2005年12月刊）中《技术基础和协作条件》、《物资供应》等条目的编写者。

中华人民共和国湖南省长沙市公证处（印章）
公证员：×××
××××年××月××日

2. 写作要点

公证书由首部、正文、尾部三个部分构成。
(1) 首部。首部由标题、编号组成。
(2) 正文。正文也称证词，其撰写应根据当事人申请办理的公证事项来确定，不同性质的公证事项，书写的内容是不同的，详略和侧重点也不一样。
(3) 尾部。尾部由制作公证书的机关、公证员签名、制作公证书的时间以及公证处印章四个部分组成。

3. 根据材料内容拟写一份公证书

要求：
（1）符合事实，格式规范。手续齐全。
（2）使用计算机word文档拟写，与材料提供的内容相符。

4. 文稿诊改

要求：
（1）对公证的事项要依法核准，表达简洁、恰当、准确。
（2）格式规范，材料装订符合要求，加盖公章。

公证书的装订首先是封面，其次是公证书。如果是证明申请人签字属实的公证书，则应把申请人提出的文件排在最前面，公证机关的公证书排在后面，最后是封底。国家公证书可以不加封面、封底。装订好后，用钢印加封，即除封面、封底外的所有各页合在一起，在左下角加盖钢印。

四、多看多读，拓展与迁移

要求：
（1）查阅行政起诉状、刑事起诉状、仲裁协议书等司法文书的写作范例。
（2）学习《中华人民共和国侵权责任法》《中华人民共和国公务员法》和《中华人民共和国教师法》。

第二节　起诉状·上诉状·答辩状·申诉书

一、阅读材料，身临职场

黄甲，男，75岁，有一个被父母领养的哥哥黄乙93岁，其妻年轻时候因哥哥没有儿子经常打骂嫂子。兄弟48年前已经分家，父母名下的宅基地五分之四已经归他所有，分家时，他将原来居住房子的瓦片和砖头全部搬空。黄甲的房子在哥哥房子的后面，心满意足的他在其妻的要求下在兄弟的房子之间筑起高高的围墙，从此不再理会哥哥的事情。哥嫂的独女出嫁后，也互不来往，相安无事。1997年5月20日，76岁的嫂子陈某过世，弟弟一家无人到场，连村里人到场插一支香的惯例也不做。据此，村委会干部征得哥哥及其女婿、女儿的同意，把照顾老人的事情委托给隔壁的堂兄弟黄丙，承诺老人的住宅地和责任田地归黄丙管理使用，黄甲当时没有什么意见。但2003年后，看着××市城区建设的征地往其村发展，就在村里对别的村人说，哥哥的住宅地是他老祖宗留下的，应该归其所有。哥哥觉得口说无凭，在村干部的主持下召开村民代表会议，把住宅地的边界确认后并书写了住宅地委托管理使用书，有村委会的盖章及村民代表16人的签字。黄甲无话可说。2011年10月16日哥哥的独女因病过世，黄甲又惦记起哥哥的住宅地。2012年8月23

日黄甲夫妇突然在哥哥的宅基地开工修路,不顾还活着的哥哥的生活。黄乙妻子报村委会干部处理。黄甲不但不听劝告,反而点起香火咒骂黄丙家人及村干部并强行开工,黄丙妻子逼于无奈只能按农村风俗用粪水泼地上驱邪,为此黄甲夫妇为了施工不但用石灰泼洒黄丙妻子,其妻还扑上去打人。黄甲为了帮助其妻子也要扑上去打人的时候自己摔倒,头磕着自己堆放的水泥砖受了点轻伤。于是其妻报警。当时,派出所不但把当事人带走,还叫了在场群众 3 人做了询问笔录,询问笔录上明确记录着没有打人,双方没有殴打的情况发生。村干部也到派出所做了说明。之后,黄甲借头上有伤到骨科医院住院 18 天,要求黄丙赔偿住院费、人工费 12 000 元,但医院提供的材料表明其头顶上仅有一处 3 厘米的"气滞血瘀型"的头伤(中医诊断),双膝有严重关节炎一并治疗。黄丙认为责任是他自己造成的,关节炎也不是一时造成的,没有理由赔偿他。黄甲以黄丙一家 4 人打他受伤入院治疗花了 12 000 元为由,将黄丙一家告至港北区法院要求赔偿。黄乙因为自己没有打人,也有村委干部的证明,也有村人的证明,事实清楚,何况其住院治疗的还有关节炎,就写了答辩状并按时出庭应诉,想不到法院竟然判决赔付 60%,只好继续上诉。让人不解的是,中级法院不顾村干部及村民的证词,不问医院治疗的是关节炎而非什么受伤治疗的费用,也不管《中华人民共和国侵权责任法》第二十七条规定:损害是因受害人故意造成的,行为人不承担责任的条文,依然判决赔偿。尽管赔偿有所减少但仍然不符合事实,黄丙不服,村民更不理解。在村民和村干部的支持下,黄丙继续申诉,全村人期待法律能真正维护村民自治的尊严,惩恶扬善,让尊老爱幼的社会风气得到肯定。

在以上事件中,司法文书有哪些呢?

二、任务分析,明确文种及处理

在以上事件中,会出现以下司法文书。

(一)起诉状

起诉状亦称"诉状",是公民或法人因自身合法权益遭受侵害而向人民法院提起诉讼请求的文书。根据诉讼的性质和目的不同,起诉状可以分为民事起诉状、行政起诉状和刑事自诉状三类。

(二)上诉状

上诉状,是民事、行政或刑事案件的当事人对地方各级人民法院作出的第一审民事、行政或刑事判决或裁定不服,按照法定的程序和期限,向上一级人民法院提起上诉时使用的文书。

(三)答辩状

答辩状是案件审理过程中处于应诉地位的被告、被上诉人、被申诉人,针对起诉状、上诉状和申诉状的诉讼请求,根据事实和法律进行回答和辩论的书状。答辩是一种应诉行为,是法律赋予被告人或被上诉人的诉讼权利。答辩状,是一种富有论辩性和针对性的应诉书状。通过答辩,可以全面披露案情真相,便于法院兼听当事人双方意见,作出公正裁判;通过答辩,有助于保护答辩人的合法权益。

（四）申诉书

申诉书是刑事、民事、行政案件的当事人或法律规定的其他人，对已经发生法律效力的判决、裁定、不起诉决定等不服，按照审判监督程序提出申诉，要求人民法院或者人民检察院重新处理的诉讼文书。

根据刑事诉讼法、民事诉讼法和行政诉讼法的有关规定，有权提出申诉的主体，刑事案件是当事人、被害人及其家属或者其他公民，民事案件和行政案件则限于当事人。

申诉书与上诉状相比，两者都是认为原判决或裁定有错误而要求依法重新处理的诉讼文书，但区别较大：

第一，对象不同。申诉是针对已经发生法律效力的判决或裁定，包括二审终结的甚至已经执行完毕的判决、裁定；上诉只限于对尚未发生法律效力的第一审判决或裁定。

第二，案件管辖不同。接受申诉的可以是原审人民法院或上级人民法院，刑事案件还可以向人民检察院申诉，而接受上诉的只能是作出第一审判决或裁定的上级人民法院。

第三，受理与否不同。申诉书是否引起审判监督程序的发生，要视原裁判在认定事实或适用法律上是否确有错误来决定，而上诉状则必然会引起上诉审判程序。

第四，受理期限不同。申诉除申请再审外，一般不受时间限制，而上诉应在法定期限内提出，无正当理由耽误期限的，逾期不能上诉。

三、掌握要点，模拟写作

（一）起诉状

1. 示例

民事起诉状

原告：××市卷烟厂。地址：××市×街×号，电话：××××××××。

法定代表人：李×，××市卷烟厂厂长。

被告：××市××公司。地址：××市××路××号，电话：××××××××。

法定代表人：何×，××公司经理。

诉讼请求：

一、要求被告立即予以退货，退还货款60 000元人民币并支付违约金5 400元人民币；

二、诉讼费用由被告负担。

事实与理由：

××××年10月19日，我厂与被告签订了一份《烟草过滤机买卖协议》（以下简称协议）（证据1）。××××年10月29日，过滤机安装调试完毕，开始使用。前两周运转比较正常，但从11月中旬起，过滤机频出故障，如停机、过滤效果差等。我厂通知被告后，被告派员来检修过，但过滤机仍旧无好转。经××市××研究所检测，这三台过滤机为质量不合格产品，其中c、f两项技术指标达不到国家标准（证据2）。我厂根据《协议》第十九条的约定，"产品质量不合格，应向对方退款并支付货款总额8%的违约金"，为此要求被告予以退货，同时退还我厂货款并支付违约金。但被告拒不同意。

根据《中华人民共和国合同法》第一百五十三条:"出卖人应当按照约定的质量要求交付标的物。"被告向我厂交付质量不合格产品,其行为已构成违约,应按《协议》将60 000元货款退还我厂并支付5 400元违约金。特提起诉讼,请贵院支持我厂诉讼请求。

此致
××市××区人民法院

具状人:××市卷烟厂
××××年××月××日

附:
1.《过滤机买卖协议》。
2.××市××研究所检测报告。

2. 写作要点

起诉状的结构由首部、正文和尾部组成。

(1)首部。首部由标题和当事人的基本情况组成。① 标题。标题由诉讼案件性质和文种组成,应当写明"民事起诉状"或"民事诉状"等起诉状的性质。② 当事人的基本情况。当事人基本情况,包括原告、被告及第三人的姓名、性别、年龄、民族、工作单位和地址。如当事人是法人或其他组织,应写明其名称、所在地及法定代表人的姓名、职务。如果有数个原告或数个被告,应逐一列明。

(2)正文。正文由诉讼请求、事实与理由和证据表述组成。① 诉讼请求。诉讼请求是起诉人要求人民法院解决民事纠纷的具体事项,是原告人(或自诉人)起诉的目的和要求。写作时应注意:请求要合法合情,内容简明扼要,请求事项要全面明确。有多项请求时应分项列明。② 事实与理由。第一,事实部分。诉讼是摆事实、讲道理的过程。要求:一是完整概括案情;二是围绕"诉讼请求"叙述事实,凡是有利于实现诉讼请求的具体材料,均应写进诉状,与诉讼请求无关的材料,则不应写进诉状;三是叙事要真实,不违背常理;四是随写重要事实,随举证据。第二,理由部分。这一部分中,起诉人要依据前面叙述的事实,讲出起诉的道理,即证明被告依法应承担相应的民事责任,自己的诉讼请求是正确的。阐述理由时应注意,理由必须与事实、诉讼请求相一致,援引法律条款要全面、准确和规范。③ 证据表述。证据表述的表述方式为:A.书证××(名称)×份;B.物证××(名称)××件;C.证人×××(姓名、住址、电话)。

(3)尾部。① 尾语。写"此致××人民法院"。② 落款。写起诉人的姓名。③ 成文日期。在具状人的下一行写年月日。④ 附件。写诉状副本份数、物证件数、书证份数等。

3. 根据材料内容拟写一份起诉状

要求:

(1)以纠纷发生、发展的时间为顺序,突出中心写。

(2)采用综合归纳的方法,围绕纠纷的原因和焦点来写。起诉理由的叙述,不是简单地重复事实,应该在叙述事实的基础上,分析行为性质,说明是非曲直,表明所请求的合理性与合法性。

(3)边叙述事实边列举证据。

（4）要以事实为根据，以法律为准绳。起诉状在阐明理由时，必须遵循这一原则。尤其要注意以法律规定为理论依据，论证当事人诉讼请求的合法性和正确性。

（5）先事实，后理由。在行文上，文字要表意明确、简练，避免歧义，避免口语化；事实叙述条理清晰，不能含糊其辞、模棱两可；理由的陈述要摆事实、讲道理、重证据，不要空口无凭。

（6）使用计算机 word 文档拟写，与材料提供的内容相符。

4．文稿诊改

要求：

（1）格式规范，注意人称要一致。

（2）一份好的诉状，应该做到"以事动人""以理服人""以情感人"。在写法上，应当是寓观点和情理于叙事中，让事实具有感染力，具有不可辩驳的力量，对不同的案件、不同的事实，采取不同的表达方式。

（二）上诉状

1．示例

民事上诉状

上诉人（原审被告）：胡×国，男，汉族，生于19××年×月×日，个体工商户，住××县××乡×××村三组（身份证号码×××……×××）。

被上诉人（原审原告）：胡×敏，女，汉族，生于19××年×月××日，学生，住××县××乡×××村三组。

被上诉人（原审原告）：胡×鑫，男，汉族，生于20××年×月××日，学生，住××县××乡×××村三组。

上列被上诉人的法定代理人李××，女，汉族，生于19××年×月×日，农民，住××县××乡×××村三组（身份证号码×××……×××）。

案由：上诉人因不服××县人民法院于二〇〇八年十月七日作出的（2008）××民初字第××号民事判决书，现提出上诉。

上诉请求：

1. 依法撤销××市××县人民法院作出的（2008）××民初字第××号民事判决书。

2. 依法发回重审或者判决驳回被上诉人的诉讼请求。

上诉理由：

一、原审法院审理程序违法。

1. 原审法院违背程序法规定，没有送达给上诉人起诉状和开庭传票而进行开庭审理，作出了判决。因上诉人从没有收到原审人民法院寄交的起诉状和开庭传票等物件，只是在二〇〇八年十月二十六日收到××县人民法院社坛法庭邮寄的判决书壹份。

2. 原审法院在审理判决中对原告的权利人予以错误认定，构成随意性，没有依法进行审理。首先李××不是原告而原审法院却在判决时作为原告身份予以认定为原告享有权利。其次胡×鑫按照分割比例已经实际享有超额赔偿款，不能对此争议壹拾万元再享有请求权，而一审法院却在没查清的事实上予以认定。此属于增设权利人，理应对胡×鑫的请求予以驳回。

二、原审判决由上诉人胡×国返还存款壹拾万元给被上诉人是错误的，理应驳回被上诉人的诉讼请求，因胡×国的存款行为是案外人，即被上诉人的法定代理人予以认可而产生的合法行为，这一行为实际上是上诉人受死者胡×东安排和对被上诉人合法权益的保护而作出的行为，因为被上诉人的法定代理人李××是一个对家庭不负责任的人。上诉人为了更好地保护被上诉人的利益，在征求李××同意的情况下（因李××有身份证可以自由存取款）。双方协商在被上诉人确需要资金时方能去按需要取款，即一个拿存折，一个输密码。这一行为是双方真实意思，而李××却以忘记密码为由想把委托上诉人控制的资金据为己有，从而达到其个人能任意挥霍的目的。这一行为原审法院也查明属上诉人用身份证存款，李××留密码。

三、原审法院认定上诉人有过错而判决其承担诉讼费用不能成立。本案的起因是被上诉人的法定代理人李××记错密码不能取款，此款是存于银行，上诉人又不想据为己有。如果李××确因密码忘记，需要上诉人去挂失就理应支付差旅费，叫上诉人去办理或者由李××一起去办理。但李××在没有提出这样要求的情况下而诉至法院，想利用一些不正当的人际关系达到非法占有资金的目的，据于此上诉人不应承担过错之责。

综上所述，一审法院审理此案在程序上违法、事实上没查清的情况下作出判决，理应根据《中华人民共和国民事诉讼法》第一百四十七、第一百五十三条第三、四项之规定，特诉至贵院，请求依法判决。

此致
××市第三中级人民法院

上诉人：胡×国
××××年××月××日

附：1. 本上诉状副本×份。
　　2. 书证×件。

2. 写作要点

上诉状由首部、正文、尾部三部分组成。

（1）首部。① 标题。根据案件的具体情况，在状纸顶端居中写明"民事上诉状""刑事上诉状""行政上诉状"等。② 当事人的基本情况。与起诉状相比，上诉人在写当事人基本情况时略有不同。在写上诉人和被上诉人的时候，应当括号注明他们各自在一审中的诉讼地位。如"上诉人（原审被告）""被上诉人（原审原告）""上诉人（原审第三人）"等。当事人是自然人的，写明其姓名、性别、年龄、民族、职业或工作单位和职务、住所。住所与经常居住地不一致的，要写经常居住地。当事人是法人的，写明法人名称和住所，并另起一行写明法定代表人及其姓名和职务；当事人是不具备法人条件的组织或字号的个人合伙的，写明其名称或字号和住所，并另起一行写明主要负责人及其姓名和职务；当事人是个体工商户的，写明业主的姓名、性别、年龄、民族、住所；起有字号的，在其姓名之后用括号注明"系……（字号）业主"。有法定代理人或指定代理人的，应列项写明其姓名、性别、职业或工作单位和职务、住所，并在姓名后括注其与当事人的关系。有委托代理人的，应列项写明其姓名、性别、职业或工作单位和职务；如果委托人是律师，只写明其姓名、工作单位和职务。③ 案由。一般由过渡性的、程式化的文字组成。在当事人的基本情况栏下，另起一行写明案由、原审人民法院的名称、原审判决或裁定的时间、文书编号、文书名称。可以表述为："上诉人因××××（案件性质）一案，不服××人民法院××××年××月××日×字第×号民事判决（或裁定），现提出上诉。上诉的请求和理由如下。"

（2）正文。

① 上诉请求。上诉请求即上诉人所要达到的目的，也就是上诉人对第二审人民法院审理提出的要求。上诉请求是针对第一审人民法院的判决和裁定的，而不是针对被上诉人的。上诉请求的内容，应当概括地、准确地，有针对性地说明一审判决何处不当，请求第二审人民法院撤销、变更原审的判决或裁定，或者要求重新审理，上诉请求必须明确、具体，切忌空洞。

② 上诉的理由。上诉的理由，主要是写明上诉人不服一审裁判时提出上诉的依据。在整个上诉程序中，上诉理由是否充分，是二审能否取胜的关键。上诉的理由，可以从三个方面着手，有针对性地对一审裁判予以辩驳。一是认定事实方面。事实胜于雄辩，正确的裁判必须建立在准确认定事实的基础上。当原审裁判在认定事实上或者不实，或者不清，或者不准，或者不当，或者认定的事实全部错误时，上诉人就可以根据上述情况，有针对性地反驳一审法院的错误认定，陈述正确的事实，举出有关的证据，摆明其中的道理，提出上诉理由。无论哪类性质的案件，如果事实不清，都可以据此提出上诉。二是适用法律方面。上诉人如认为一审认定的事实无误，但一审裁判在适用法律上不当时，应当找出适用法律不当的关键所在。或者因为错误地理解了法律条文而不适当地引用了法律；或者因为认定事实上有错误而不适当地引用了法律等。应该在上诉状中明确指出错误援引法律的具体条款，说明其错误引用法律条款的原因，同时说明正确适用法律的依据，以备二审人民法院进行全面的、正确的审查。三是运用程序方面。上诉人认为原审裁判是违反民事诉讼程序的，如应当回避的人员而没有回避，应当传唤新的证人而没有传唤，证据应经过相互质证而没有质证，都可以作为上诉的理由提出。上诉理由是二审法院裁决维持、发回重审或改判的依据，必须有的放矢，运用反驳法，反驳应有理、有据、有力，合情、合理、合法。

（3）尾部。① 在正文的左下方，写明上诉状提交的人民法院名称，分两行写"此致""×××人民法院"。② 正文的右下方，写明上诉人的全称，加盖上诉人公章。法定代表人或主要负责人签名或盖章。注明提出上诉的年月日。③ 附项写明。A.本上诉状副本××份；B.物证：××件；C.书证：××件。

3. 根据材料内容拟写一份上诉状

要求：

（1）要有针对性。即针对原判的不服之处提出明确的主张。在写作中，必须针对一审裁判的事实认定错误、法律适用错误、程序不当等提出自己的主张。因此，上诉状中摆事实、讲道理、援引法律都应紧密围绕上诉人所不服的原裁判中的问题，而不应盲目地或不着边际地陈述无关紧要的事实和理由。

（2）辩驳性要强。一般是先摆明不服的论点。可对一审判决或裁定进行综合归纳，然后再针对原审的判决集中反驳，或摆一点驳一点。不管是哪种方法，都可以摘引反映原审裁判的基本观点的原判决或裁定中的原话。如一审判决的观点不大明确，可以用上诉人的口气加以转述。批驳时要摆事实讲道理，针锋相对，有的放矢，注意逻辑性，切忌强词夺理。在反驳过程中要同时阐明自己的观点和主张，以达到上诉的目的。

（3）要实事求是。上诉状中提出的事实和证据，必须实事求是，真实可靠，经得起二审人民法院的调查核对，绝不能随意歪曲或捏造事实。

（4）使用计算机 word 文档拟写，与材料提供的内容相符。

4. 文稿诊改

要求：

（1）格式规范，注意人称要一致。

（2）明确上诉的主张和要求。

（三）答辩状

1. 示例

民事答辩状

答辩人：××部××救助局。住所地：××市××××号。邮编：512×××。

法定代表人：李××，职务：局长。

答辩人：××部××救助局××基地（原××部××海上救助打捞局××救助站）。住所地：××市×××路××号。

负责人：章××，职务：主任。

被答辩人：×××建筑公司第二施工段。住所地：××市×××路×号。

负责人：成如×，职务：经理。

答辩人因××救助站建筑工程欠款纠纷一案[（××××）城民一初字第×号]，现提出答辩如下：

一、本案已过诉讼时效

被答辩人诉称××救助站建筑工程欠款纠纷，发生在××××年10月至××××年3月间，距今已15年余，早已超过2年的诉讼时效。虽然被答辩人诉称：××××年11月，曾委托××市××法律事务所向××打捞局追偿所欠工程款，诉讼时效因此中断。但被答辩人在长达15年余中，从未向上述二答辩人提出过主张。同时，被答辩人的诉称是诉讼时效的有力证据，有力地证明本案已过诉讼时效。应依法驳回被答辩人的诉讼请求。

二、答辩人不是本案的民事责任主体，依法不应承担民事责任

××××年6月，国家救捞体制改革，原××部××海上救助打捞局分为××部××救助局（答辩人）和××部××打捞局（简称：打捞局），并成立了××部××救助局××基地。根据国家六部委文件精神：原××部××海上救助打捞局的资质、债权、债务以及原××部××海上救助打捞局××救助站的债权债务均由打捞局继受。本案所涉及的××救助站建筑工程施工合同是被答辩人与原××部××海上救助打捞局××救助站签订，与现在的答辩人和××部××救助局××基地不存在法律关系，××部××打捞局才是本案的直接利害关系人。

三、本案的直接关系人是××部××打捞局

救捞体制改革后，××××年9月9日两局关于债权债务的协议约定：××××年7月1日前，以"××部××海上救助打捞局"或"××部××海上救助打捞局××救助站"名义签订的合同，且至××××年7月1日前已履行完毕或已解除的，所产生的债权、债务及纠纷由打捞局享有、承担、

处理。该民事纠纷发生在××××年10月至××××年3月间。部局领导在我局《关于原××救助站债务纠纷问题的报告》上的批示中已进一步明确××站的纠纷由打捞局来承担、处理，因此，打捞局才是本案的权利享有者和责任承担者，是本案的直接利害关系人。

综上所述，二答辩人对于被答辩人提出的诉求，认为早已超过诉讼时效，而且答辩人根本就不是合格的诉讼主体，因此请求人民法院依法公正判决，驳回被答辩人的诉请。

此致
××市城郊人民法院

答辩人：××部××救助局
××部××救助局××基地
××××年×月×日

2. 写作要点

答辩状由首部、正文、尾部组成。

（1）首部。①标题，写明"××答辩状"字样。②答辩人的基本情况，写明答辩人的姓名、性别、年龄、民族、职业、住址等。当事人是法人或其他组织的，写明其名称、所在地、法定代表人的姓名与职务。③答辩缘由，写明答辩人因××案进行答辩。

（2）正文。①答辩的理由。应针对原告或上诉人的诉讼请求及其所依据的事实与理由进行反驳与辩解。要清晰地阐明自己对案件的主张和理由。②答辩请求。是答辩人在阐明答辩理由的基础上向人民法院提出的要求和主张。写答辩请求，要有事实根据，要符合法律规定，要针对当事人的诉讼请求列举有关法律规定，论证其主张的正确性，请求人民法院保护其合法权益。③证据。答辩中有关举证事项，应写明证据的名称、件数、来源或证据线索。有证人的，应写明证人的姓名、住址。

（3）尾部。①致送机关，分两行写"此致"和"××人民法院"。②答辩人签名、盖章。如果委托律师代书答辩状，应在最后写上代书律师所在的律师事务所名称。③答辩时间。④附项，在附项中，应注明有关的人证、物证、书证等，如物证××件。

3. 根据材料内容拟写一份答辩状

要求：

（1）做好充分的答辩准备。在写作之前，应全面熟悉对方当事人的诉状内容，列出可辩事项；要抓住要害，确定答辩重点。要按先主后次顺序设计答辩内容的层次，准备好过硬的证据。

（2）答辩状应有针对性。应针对对方诉状的诉讼请求进行驳辩。在概括说明对其诉讼请求的基本看法后，可从事实、法律、逻辑等方面展开论辩。可针对对方不实之词进行反驳，虚假的事实必然导致错误的判断。要想澄清是非，否定对方的诉讼请求，最为有效的方法是指明其所谓"事实"的虚假性；针对其举证错误进行反驳，用确凿的事实反驳对方诉状举证的虚假、不当，是最有力、最简便的方法；针对对方理由论证的错误进行反驳，无理的诉讼请求难免在说理过程中出现语言逻辑混乱，观点与材料相矛盾，违背常情事理等破绽，答辩状如果能准确而尖锐地指出这些破绽，常常可以出奇制胜，使对方当事人陷入被动局面。

（3）对起诉状的答辩，要考虑有无提起反诉的条件。如具备反诉条件，可结合答辩状写，也可以分开另写反诉状。另外，答辩状副本份数，应按原告的人数提交。

（4）要很好地运用反驳的方法和立论的方法。

反驳的运用，其目的是使对方败诉。运用反驳方法的步骤：一是先抓住对方在诉状、上诉状中所陈述的错误事实，或所引用法律上的错误，作为反驳的论点；二是由被告人、被上诉人列举出事实与证据，作为反驳诉讼请求的论据；三是运用逻辑推理论证。运用反驳方法时，要尊重事实，抓住关键，尖锐犀利。

立论方法的运用，其目的是提出自己的主张。其步骤是：第一，从整个事实中经过归纳、提炼出答辩人的观点；第二，提出法律根据，举出客观证据，列出事实凭据作为立论的论据；第三，经分析论证，得出结论。运用立论方法的要求：一要简明扼要，不横生枝蔓；二要有针对性；三要逐条论证。

（5）使用计算机 word 文档拟写，与材料提供的内容相符。

4.文稿诊改

要求：

（1）格式规范，注意人称要一致。

（2）明确答辩的事实依据及法律条文。

（四）申诉书

1.示例

民事申诉状

申诉人：××市××食品商店　　地址：××市××路××号

法定代表人：×××　　　　　　职务：经理

被申诉人：××市××贸易公司　　地址：××市××路××号

法定代表人：×××　　　　　　职务：经理

申诉人因经济合同纠纷一案，不服××市××区人民法院××××年××月××日法经字〔××××〕第×号判决，特依法提出申诉。

申诉请求：请求××市人民法院依法受理申诉人诉××市××贸易公司因经济合同纠纷致使申诉人遭受经济损失一案，要求撤销原判，重新审理，做出合法、合理之判决。

申诉事实和理由：

申诉人与被申诉人之间因经济合同纠纷一案，经××市××区人民法院审理，该院于××××年××月××日给当事人送达了×法经字〔××××〕第×号民事调解书，该调解书裁定如下：

1. 原告（即本案被申诉人）××市××贸易公司，将 6 560 千克的工业奶粉退还给被告（即本案申诉人）××市××食品商店；被告于××××年××月××日前，将 35 250 元货款返还原告。

2. 被告赔偿原告差旅费 185 元、鉴定费 480 元的经济损失（与上项同时给付）。诉讼费 430 元由被告全部负担。

申诉人认为，以上裁定是有悖于事理的，是不公正的。因为上述调解书中载有这样一段关键的事实："原告在拿到被告提供的化验单后，又经××市卫生防疫部门的检验允许，将此工业奶粉售给××冷饮厂。"调解书中这段记载与一审原告提出的"经济起诉状"记载完全相同。由此可见，本案中申诉人发到被申诉人处的工业奶粉是经过××市卫生防疫站检验认定为"作为工业奶粉可以使用"的合格奶粉，而不是不合格奶粉。据被申诉人自称，被申诉人收到发货的时间是××××年××月××日（见起诉状第×页第×行），于同年××月××日（见起诉状第×页第×行）送样品到××市卫生防疫站检验，检验结果："作为工业奶粉可以使用"（见起诉状第×页第×行）。以上事实充分证明，申诉方售给被申诉方的工业奶粉是完全合格的。

××××年××月，被申诉方则根据××市卫生防疫站提供的检验报告单，以检验合格为证据，又将这一批工业奶粉顺利转售给××冷饮厂。但是，当该冷饮厂将此工业奶粉用于加工生产冷饮食品并且在已经使用670千克后，于××××年××月××日再次到××市卫生防疫站进行检验，此次的检验结果却为"不合格"。于是，××市××贸易公司便于××××年××月××日起诉于××市××区人民法院。

对此，申诉人认为，我方售出的同样商品，经过同一检验单位（××市卫生防疫站）的科学检验，前三次的检验结果都是合格奶粉。但转入××冷饮厂并且已经使用了部分奶粉之后再行检验，却成了不合格奶粉。其中造成这一批工业奶粉出现质量问题的责任方究竟是谁，岂不是不辩而自明？更何况我方售出的工业奶粉是××××年××月，在此期间被申诉人取样进行检验，结果证明是合格奶粉，被申诉人才将这一批工业奶粉转售给××冷饮厂。至于转到××冷饮厂之后出现什么问题，这与申诉方又有什么关系呢？

因此，申诉人特要求人民法院在查明事实真相的情况下，撤销原判，对本案重新审理，做出公正的裁决。并要求通过人民法院追回××市××贸易公司无理纠缠给我方带来的一切经济损失。

此致
××市人民法院

申诉人：××市××食品商店（公章）
法定代表人：×××（签章）
××××年××月××日

附：1. 本申诉状副本2份。
　　2. 原审民事调解书复印件1份。
　　3. 书证4份。

2. 写作要点

申诉书由首部、正文、尾部构成。

（1）首部。① 标题。刑事申诉、行政申诉写"申诉书"，民事申诉写"再审申请书"。② 当事人的基本情况。申诉人或申请人是公民的，写明姓名、性别、出生年月日、民族、籍贯、职业或工作单位和职务、住址等。是法人或其他组织的，写明单位名称、所在地址、法定代表人或代表人的姓名、职务。刑事案件如果不是当事人本人申诉的，要注明申诉人与当事人之间的关系。③ 案由。这段文字包括原处理机关名称、处理时间、处理文件的名称、编号、提出申诉的意愿等内容。具体表述为：申诉人（或申请人）×××，对×××人民法院××××年××月××日（年度）××字第×号××××，提出申诉（或申请再审）。

（2）正文。① 请求事项。请求事项部分，应当写明申诉人或申请人请求人民检察院或人民法院解决的具体问题。先说明原受到的处理有何不当，再说明是请求人民检察院自行复查，还是按照审判监督程序向人民法院提出抗诉。或说明是请求人民法院自行再审、直接提审，还是指令下级人民法院再审。最后原则性地说明要求达到什么样的目的。② 事实与理由。先用综合方法概述案情事实、原来的处理经过和最后的处理结果；然后重点阐述原来的处理决定的不当之处，具体说明原决定书、判决书或裁定书是认定事实错误，还是适用实体法不当，抑或是因适用程序法不当而造成错误处理的结果；再列举证据和法律依据加以充分论证，证明原认定事实有错误或适用法律不当；最后自然引出申诉或申请再审的具体请求，使申诉请求成为论证的必然结论。

（3）尾部。① 致送机关，申诉人签名或盖章，申诉的时间等。② 附项。申诉人如系在押犯，写明：申诉现押于×××监狱或者劳动改造场所、看守所。物证：___名称___件。书证：___名称___件。有证人的，列出证人姓名、住址。附上已生效判决书、裁定书。

3. 根据材料内容拟写一份申诉状

要求：

（1）叙事清楚，注意新证。要想达到申诉的目的，关键是要引起人民法院的重视。因此，在制作申诉状时，应特别注意将申诉的事实与原裁判对事实的认定和处理加以对照，叙写清楚。尤其要注意使用新的事实和证据，因为新的事实和证据可能全部或部分地推翻、改变已经发生法律效力的裁判。

（2）驳证结合，依法行文。辩驳是申诉状中最常用、最有效的方法，它往往与证明方法结合起来，抓住原判中的关键建立反驳论点，以事实和法律为依据，进行申辩、反驳和论证。

（3）使用计算机word文档拟写，与材料提供的内容相符。

4. 文稿诊改

要求：

（1）格式规范，诉求表达简洁准确。
（2）明确申诉的事实依据和法律依据。

四、多看多读，拓展与迁移

要求：

（1）经常看中央电视台的《法律讲堂》。
（2）有意识地多学习法律方面的知识。

参 考 文 献

[1] 张保忠．党政机关公文格式国家标准应用指南与范例全书[M]．北京：研究出版社，2012．
[2] 崔玉霞，罗永妃．秘书理论与实务[M]．南昌：江西高校出版社，2007．
[3] 姬瑞环，卢颖，崔德立．商务文书写作与处理[M]．北京：中国人民大学出版社，2004．
[4] 周立．应用写作与口头表达[M]．北京：北京工业大学出版社，2006．
[5] 刘建新．毕业论文写作与答辩[M]．北京：新华出版社，2006．
[6] 陈子典．实用文书写作[M]．北京：中国传媒大学出版社，2010．
[7] 王婕，于新秋．应用文写作[M]．北京：中国传媒大学出版社，2009．
[8] 易大东，等．办公室文秘写作与范例大全[M]．北京：红旗出版社，2008．
[9] 杨安华．办公室常用应用文写作与范例全书[M]．北京：中国华侨出版社，2008．
[10] 孙荣利．大学生常用应用文写作教程（修订版）[M]．北京：世界知识出版社，2010．